traficantes de sueños

Traficantes de Sueños no es una casa editorial, ni siquiera una editorial independiente que contempla la publicación de una colección variable de textos críticos. Es, por el contrario, un proyecto, en el sentido estricto de «apuesta», que se dirige a cartografiar las líneas constituyentes de otras formas de vida. La construcción teórica y práctica de la caja de herramientas que, con palabras propias, puede componer el ciclo de luchas de las próximas décadas.

Sin complacencias con la arcaica sacralidad del libro, sin concesiones con el narcisismo literario, sin lealtad alguna a los usurpadores del saber, TdS adopta sin ambages la libertad de acceso al conocimiento. Queda, por tanto, permitida y abierta la reproducción total o parcial de los textos publicados, en cualquier formato imaginable, salvo por explícita voluntad del autor o de la autora y sólo en el caso de las ediciones con ánimo de lucro.

Omnia sunt communia!

Útiles es un tren en marcha que anima la discusión en el seno de los movimientos sociales. Alienta la creación de nuevos terrenos de conflicto en el trabajo precario y en el trabajo de los migrantes, estimula la autorreflexión de los grupos feministas, de las asociaciones locales y de los proyectos de comunicación social, incita a la apertura de nuevos campos de batalla en una frontera digital todavía abierta.

Útiles recoge materiales de encuesta y de investigación. Se propone como un proyecto editorial autoproducido por los movimientos sociales. Trata de poner a disposición del «común» saberes y conocimientos generados en el centro de las dinámicas de explotación y dominio y desde las prácticas de autoorganización. Conocimientos que quieren ser las herramientas de futuras prácticas de libertad.

Primera edición: *Libres y sin miedo. Horizontes feministas para construir otros sentidos de justicia*, Buenos Aires, Tinta limón, 2024.

1ª edición: Octubre de 2024
Título: *Libres y sin miedo. Horizontes feministas para construir otros sentidos de justicia*
Autora: Susana Draper

Maquetación y diseño de cubierta:
Traficantes de Sueños

Edición:
Traficantes de Sueños
Tinta Limón

C/ Duque de Alba 13, 28012 Madrid.
Tlf: 915320928
e-mail:editorial@traficantes.net

@editorial.Traficantes
@Traficantes_Ed

Impresión:
Cofás artes gráficas

ISBN: 978-84-19833-27-3
Depósito legal: M-22642-2024

Libres y sin miedo

Horizontes feministas para construir otros sentidos de justicia

Susana Draper

tinta limón
-EDICIONES-

traficantes de sueños

Índice

Palabras iniciales

Comienzo con una imagen-recuerdo que viene del ala de mujeres en la cárcel de Rikers en Nueva York, cuando entraba para dar un taller de escritura en español para las mujeres hispanohablantes encarceladas, y que condensa elementos que son las bases de este libro: la cárcel de mujeres, las demandas de justicia, la comprensión múltiple de las violencias. Se trata de un cartel que había en el baño de la cárcel que decía: «Denuncia la violencia sexual». Es una imagen-hojaldre que habla de muchos niveles y constela preguntas que tienen que ver con el latido y la tonalidad de este libro. Por un lado, la posibilidad de «denunciar» el abuso sexual dentro de la cárcel es un paso muy importante que se vincula con la lucha por el reconocimiento de la violación y la violencia de género que acontece en las cárceles. Engarza también con luchas y demandas colectivas organizadas por mujeres, personas trans y disidentes de género en el año 2017 en California, bajo la consigna #MeTooBehindBars / #MeTooTrasLasRejas, que instalaron el tema de la violencia sexual en las cárceles y que repercutieron en varios lugares.[1] En ese contexto de lucha, también se hicieron

---

[1] Se puede ver información sobre el movimiento en «#MeTooBehindBars Lawsuit and Grassroots Campaign» de la California Coalition for Women Prisoners (Coalición de Mujeres Presas de California) en https://womenprisoners.org/our-programs/metoo-

distintas demandas en la cárcel de mujeres de Nueva Jersey que dieron pie a un intento de cierre de la web por la asociación directa que había entre cárcel y violación por parte de los guardias a las mujeres presas.[2] La noticia circuló y abrió una sensibilización hacia un tema que, como tantos de los vinculados con las cárceles, se mantienen invisibilizados y excluidos de lo que suena relevante en el mundo corporativo mediático.

Volviendo al cartel en el baño de Rikers, lo que me incomodaba era que esa denuncia asumía la cárcel como un sitio *aparte y separado* de esa violencia sexual que instaba a denunciar, *invisibilizándola* como espacio en el que acontecen cotidianamente múltiples violencias (abuso de autoridad, silenciamiento, explotación laboral, privación de aire, violación permanente a la salud de cuerpos sin luz, aislados, encadenados, a veces esterilizados sin consentimiento). El desafío entonces es recorrer el problema en toda su extensión, es decir, no quitarle la fuerza al cartel en el que se materializaba una lucha importantísima por parte de quienes se animaron a empezar una demanda colectiva frente al abuso sexual y, al mismo tiempo, poder articular esa demanda en un horizonte más amplio. ¿Cómo definimos el comienzo y el fin del abuso de género en el contexto de violencia que es la cárcel? *¿De qué formas podemos usar las denuncias de la violencia sexual en la cárcel como estrategia para problematizar la cárcel misma como sitio de «resolución» de problemas?*

¿Cómo anudar esas demandas en formas que no se limiten a la mera protesta y exigencia de que el sistema responda en su retórica de justicia patriarcal, racista, clasista,

---

behind-bars-lawsuit-and-grassroots-campaign/ y el panfleto «Know your rights» (Conoce tus derechos), «MeTooBehindBars KNR Pamphlet», en https://nlgsf.org/metoo-behind-bars-kyr-pamphlet/

[2] No existen muchas noticias a las que hacer referencia, pero se puede ver aquí el reporte de Joe Hernández en *National Public Radio*: «New Jersey is closing its only women's prison after rampant abuse by guards», *npr.org*, 7 de junio de 2021, disponible online.

heterosexista y fóbica a las disidencias de género? Si reducimos la demanda a respuestas de justicia patriarcales, se nos borra la relación entre la violencia interpersonal y la sistémica, es decir, perdemos la lectura de las violencias que los feminismos populares están poniendo en el centro del mapa. Esa limitación dejaría de lado la pregunta más grande y compleja: ¿cómo construimos otro mundo en formas creativas y singulares, dentro de las dinámicas de este, mientras resistimos?

La escritura de este libro ha sido para mí un proceso que intenta conectar mundos en los que he participado a lo largo de una década en la ciudad de Nueva York, en la que todavía soy un poco extranjera. Intento mapear y enlazar preguntas y reflexiones que salieron de diferentes prácticas y luchas. Por un lado, el aprendizaje que viene de la participación en Critical Resistance[3] y la lucha por la abolición del sistema carcelario en un país marcado históricamente por prácticas esclavistas, racistas, clasistas, imperialistas e intervencionistas. Al usar el término *abolición* en la lucha anticarcelaria, se traza una continuidad múltiple con el sistema de esclavización de personas, en donde vigilancia y encarcelamiento sostienen e intensifican formas de control, subordinación y explotación.[4] En ese sentido, siendo Estados Unidos uno de los países del mundo con más personas tras las rejas y siendo estas personas en su mayoría negras, de color, latin*s, migrantes, la cárcel es un espacio que marca la separación entre las vidas que se conciben como

---

[3] Critical Resistance es una organización histórica de EEUU que lucha desde 1998 por la abolición del sistema carcelario. Desde el inicio, se planteó políticamente una teoría de cambio a partir de tres pilares: desmantelar, construir, cambiar. Para comprender más sobre su historia y análisis, ver https://criticalresistance.org/

[4] Ver el minucioso trabajo de Dorothy Roberts en «Abolition Constitutionalism» (*Harvard Law Review*, núm. 133, 2019, pp. 3-122), donde se trazan varias líneas históricas de análisis en la lucha por la abolición; y «¿Qué es el complejo industrial penal? ¿Qué es la abolición?» de Critical Resistance, disponible online en https://criticalresistance.org/mission-vision/not-so-common-language/

vivibles y las vidas que el sistema califica, de antemano, casi como desechables. Como dice Ruth Gilmore, dentro de una sociedad carcelaria, se condensa la muerte prematura como destino.[5] En la lucha abolicionista carcelaria, se trama la búsqueda para responder a la pregunta: ¿cómo imaginamos un mundo en el que la cárcel no exista como forma de «solucionar» y «responder» a una multiplicidad de problemas que fueron generados y creados por el capitalismo? Se trata de un movimiento múltiple que recobró fuerza en la década de los años noventa y que ha generado muchos de los saberes que recorren este libro.

Otro hilo viene de los diferentes procesos en los que he participado desde la irrupción de Occupy Wall Street, en torno al rol crucial de la construcción de comunes como modos de generar alternativas al capitalismo desde el ahora.[6] En ese proceso, se fue tejiendo una relación con

---

[5] Ruth Gilmore, *Golden Gulag: Prisons, Surplus, Crisis, and Opposition in Globalizing California*, Los Ángeles, University of California Press, 2007, p. 28.

[6] Occupy Wall Street (OWS) emergió en 2011 como un movimiento social heterogéneo que denunció la precarización total de la vida en la sociedad capitalista, proponiendo diferentes líneas de acción y análisis que iban más allá de la protesta, para generar capacidad colectiva de abrir alternativas al sistema. A partir de la ocupación de la plaza Zuccotti, que comenzó el 17 de septiembre de 2011 en el distrito financiero de Wall Street en Nueva York, se fueron multiplicando formas de ocupar lugares en diferentes barrios y ciudades del país. El discurso de Occupy se agrupó bajo la idea del 99 % («We are the 99 % / Somos el 99 %»), apelando directamente a la desigualdad en la distribución de la riqueza, concentrada en el 1 % de la población, y a la realidad de una vida organizada en torno al endeudamiento. Se usó la consigna «occupy» para abrir otro tipo de reflexión política capaz de resistir los efectos del capitalismo financiero y crear diferentes alternativas en todas las áreas de la vida. Así, se crearon grupos de trabajo destinados a reorganizar y reimaginar formas de educación, economías alternativas y solidarias, formas de energía no destructoras del planeta, cooperativismo, arte y trabajo, teatro y cine colectivos. Una singularidad del movimiento fue su carácter conectivo y transversal, sobre todo considerando la historia de

las preguntas por el sostenimiento de la vida, la tierra, el agua y los cuidados a múltiples niveles. Generalmente, los grupos en los que participé en relación con los comunes estaban compuestos en su mayoría por personas que migramos de otros países de América Latina y del sur de Europa.[7] A través de este hilo, emergieron las conexiones

---

un país como Estados Unidos, en donde hay un interés político fuerte en dividir los movimientos y en guetizar las formas de entender diferentes identidades en casillas fijas y separadas. Occupy abrió otro tipo de experiencia política que se alejaba también de la figura del activista profesional y la financiación de las ONG. Dentro de este mapa, lo común emergió como una forma de poner en lenguaje el deseo de construir otros tipos de vida y comunicar y conectar diferentes realidades sociales, atravesadas sin embargo por problemas compartidos. Mucho de la organización en torno a los comunes vino del cruce de experiencias internacionalistas en ese momento, sobre todo en conexión con el movimiento desplegado en el sur de Europa.

[7] En el momento posterior al allanamiento policial para evacuar la plaza ocupada, la organización en torno a lo común permitió conectar y tejer lo que los diferentes grupos de trabajo seguían elaborando, volviéndose un espacio clave de encuentro. A partir de la organización del primer foro de OWS sobre los comunes en febrero de 2012, se abrió un espacio de reflexión y conversación para hacer visibles lógicas y relaciones sociales que no pasaran por los circuitos capitalistas de la deuda y el dinero (economía solidaria, luchas por el derecho a la vivienda, jardines y huertos comunitarios, propuestas de educación y universidad libre, grupos de estrategias comunitarias para lidiar con el daño y la supremacía masculina, cooperativas de granjer*s en el ámbito rural de Nueva York, historias de organización del trabajo doméstico y cuidados, estrategias para producir energía alternativa, etc.). Como dijo Silvia Federici al abrir el primer foro de los comunes, era importante plantearnos lo común como horizonte de lucha y generar redes dentro de un mapa más grande de acción a largo plazo. Diferentes crónicas del momento apuntan a explicar ese tejido, entre ellas, Alexa Bradley, «Making new worlds possible. A report from the Occupy Wall Street Forum on the Commons», 26 de febrero de 2012, disponible online; Amador Fernández-Savater, «Occupy después de Occupy. Entrevista con Begoña Santa-Cecilia, Luis Moreno-Caballud, Susana Draper y Vicente Rubio», *El Diario*, 21

singulares con los feminismos que han ido desplegándose en estos últimos años, con las preguntas que los nutren de diferentes maneras al apostar por otros horizontes de sostenimiento de la vida.

En la ola de #MeToo, en Estados Unidos, empezaron a surgir una serie de preguntas claves sobre la relación que necesitábamos establecer entre el universo de la denuncia, que usualmente se engarza con el sistema judicial y penal patriarcal, y la incomodidad que la exigencia de más penalización implica para quienes venimos del universo abolicionista penal donde el énfasis está puesto en cómo terminamos con las relaciones abusivas en medio de un sistema capitalista abusivo.[8] Esa incomodidad ha sido productiva para la gesta de diferentes movimientos en los últimos cinco años y ha permitido empezar a enhebrar toda una serie de preguntas sobre los múltiples sentidos que puede tener hablar de justicias desde los feminismos populares.

Este libro se inscribe en ese campo. Comenzó en la forma de talleres sobre «Mujeres, luchas sociales y feminismos» en 2018 y «Feminismos y justicias. Diálogo surnorte» en 2019, con las compañeras del Colectivo Minervas en Montevideo. Tras los talleres, me vino la idea de transformarlos en capítulos, porque las conversaciones habían sido importantes para abrir y conectar horizontes que surgen del abolicionismo del ideal punitivo en lo que llamaré aquí «los sures del norte» y los que emergen de la lucha por el sostenimiento de la vida en los feminismos que laten en lo que llamo los «sures del sur». Desde Harlem, militando en ese horizonte que llamamos a veces el «acallá» para hablar del vivir siempre un poco acá y un poco allá con el corazón, el amor y el deseo de un mundo

---

de septiembre de 2012, disponible online; Vicente Rubio Pueyo y Susana Draper, «Making Worlds: los comunes y la práctica del encuentro», *Teknocultura*, núm. 10, 2013, pp. 231-244.

[8] Sobre la tensión en torno a la consigna del #MeToo, ver *Where Freedom Starts: Sex Power Violence #MeToo. A Verso report*, Nueva York, Verso, 2018.

que sea justo y sin violencias, este libro ha sido un modo de procesar ese estar siempre en muchas partes que también implica políticamente estar en luchas que no necesariamente comparten una misma lengua. En ese sentido, el tejido viene de aprendizajes que espero sean útiles a otras personas, aun desde la crítica. También, y sobre todo, creo que las palabras abren universos y nos conectan. Cuando hacemos internacionalismo, nos queda siempre pendiente la posibilidad de compartir historias de saberes que nacen en las luchas tras la urgencia de coordinar acciones, firmas, etc.

Este libro viene de un deseo de hilar formas de lucha y análisis que no siguen un formato nacional ni se ajustan a una división entre norte y sur como unidades monolíticas y homogéneas. Al participar en luchas anticarcelarias y feministas, la noción de un «norte» que es todo rico, todo conservador y todo acrítico borra una multiplicidad de luchas políticas que no son nuevas, sino que cuentan con muchas historias a lo largo del tiempo. La capacidad de entender el colonialismo interno en un país imperialista implica también la posibilidad de articular conexiones con otros lugares. No son noticias de la CNN ni libros de historia oficial, incluso desde las capturas permanentes que se hace a las luchas antirracistas. En este sentido, articular historias que nos conectan a partir de problemas que se visualizan y pueden percibirse como comunes tiene que ver con un deseo histórico y filosófico en el que trazamos geografías posibles desde la afectividad y el deseo de poder seguir cohabitando una tierra cada vez más destruida. Se trata de un libro que surge de saberes que han emergido desde luchas recientes y de cómo estos saberes me hicieron ir más atrás en el tiempo, para comprender líneas subterráneas que hablan una lengua que nos dice e inspira mucho en el presente.

Desde que terminé el primer borrador del manuscrito en el año 2020, ha habido una proliferación de debates, publicaciones y discusiones en torno a los cruces entre feminismos y antipunitivismos. En aquel momento, cuando lo discutí y compartí con más compañeras, el análisis de los cruces entre feminismos populares y luchas abolicionistas penales eran algo que todavía sonaba raro y cobraba sentido en circuitos subterráneos de lucha contra las cárceles. Sin embargo, en los últimos años, ha habido un giro histórico novedoso en el que las discusiones han salido de una suerte de gueto de algunas militancias para volverse un tema que se ha expandido y popularizado en múltiples circuitos. Esta diseminación nos habla de una urgencia que habitamos en este presente de fuerte militarización de la vida e intensificación de las violencias machistas. Aunque me ha sido imposible incorporar todas las discusiones y materiales que se han generado desde entonces, es importante atender al hecho de que la proliferación de palabras y procesos imaginativos nos permiten semillar algo que hasta hace poco parecía ser de otro planeta. Así, luchar por un mundo sin violencia feminicida ni sistema carcelario se ha ido engarzando con el deseo de transformar todos los aspectos de nuestras vidas, que las luchas feministas recientes pusieron en la mesa desde sentidos concretos que despliegan nuevos horizontes políticos.

Finalmente, quiero hacer dos aclaraciones sobre el uso de las palabras *mujeres* y *abolición*. Cuando hablo de *mujeres*, remito a un abanico amplio e inclusivo de mujeres trans y travestis, disidencias y cuerpos feminizados, comprendiendo *mujeres* como sujeto político. En el trabajo con textos históricos, uso la palabra *mujeres* tal y como aparece en esos contextos. Al hablar de *abolición*, remito siempre a la abolición del sistema industrial penal que es la forma en la que la palabra se articula políticamente desde la lucha anticarcelaria.

Introducción

La poesía no solo se compone de sueños y visiones; es
la estructura que sustenta nuestras vidas. Es ella la que
pone los cimientos de un futuro diferente, la que tiende
un puente desde el miedo a lo que nunca ha existido.

Audre Lorde, La hermana, la extranjera.

Memoria de saberes y poéticas de lucha

Desde el cruce en sintonía de diferentes lugares geográfi-
cos, con sus historias y contextos particulares, todos atra-
vesados por la violencia de los procesos de acumulación
capitalista, las movilizaciones feministas recientes han
generado un momento crucial para abrir *nuevos modos de
politicidad*. Las diversas formas de articulación que se pro-
pagaron desde las consignas de #NiUnaMenos y #MeToo,
seguidas por los llamados al paro internacional, abrieron
el contexto de una intensa transformación de los horizontes de lucha feminista. Desde entonces, se ha ido gestando una voz colectiva, heterogénea y múltiple que rompió el silencio para nombrar las violencias en su carácter
político, transformando el duelo en lucha y delineando
formas de intervención en múltiples dimensiones.[1] Este

---

[1] Mariana Menéndez, «8 de marzo: entre el acontecimiento y
las tramas», en VVAA, *8M: Constelación feminista. ¿Cuál es tu
huelga? ¿Cuál es tu lucha?*, Buenos Aires, Tinta Limón, 2018, pp.
73-84; Verónica Gago, «#Nosotras paramos. Notas hacia una

pasaje implica abandonar el lugar pasivo e individualizante de la víctima designada y esperada por el sistema para desplegar procesos colectivos en los cuales retomar la capacidad de *actuar y dar sentido* a nuestra vida.

Al hacer memoria del inicio de las movilizaciones a nivel internacional, un centelleo de saberes feministas que fueron clave para el análisis de las violencias en otro momento histórico entraban en diálogo con el presente. Mantras ambulantes circulaban y circulan en las movilizaciones y las redes sociales, expresando una búsqueda de historicidad que nos puede ayudar a construir otros caminos.[2] Recuerdo que, en la marcha del Paro de Mujeres del 8 de marzo de 2017, en Nueva York, las palabras de Audre Lorde caminaban con nosotras en muchas pancartas que instalaban su poética en la calle, citando una historia de saberes cruciales para los feminismos disidentes. Una mujer llevaba un cartel grande con las palabras del ensayo «Edad, clase, raza, sexo: las mujeres redefinen la diferencia»: «El futuro de la Tierra puede depender de la capacidad de las mujeres para identificar y desarrollar *nuevas definiciones del poder y nuevos modelos de relación entre las diferencias*. Las viejas definiciones no han sido beneficiosas para nosotras ni para la tierra que nos sustenta».[3] Ese mismo día, en Buenos Aires, en una marcha masiva, se proyectaba en edificios la imagen de la portada de *Calibán y la bruja. Mujeres, cuerpo y acumulación originaria* de Federici. Los grafitis: «Eso que llaman amor es trabajo no pago» recorren los muros de países en América Latina y España junto al canto: «Somos las nietas de todas las brujas que no pudieron quemar». Meses antes, en su discurso en la

teoría política de la huelga feminista», en ibídem, p. 7.

[2] Gargi Bhattacharyya analiza la presencia de las palabras que se llevan a las marchas en términos de «mantras ambulantes» en «The poetics of justice: aphorism and chorus as modes of antiracism», *Identities,* núm 27(1), 2020, pp. 53-70.

[3] Audre Lorde, «Edad, clase, raza, sexo: las mujeres redefinen la diferencia», en *La hermana, la extranjera. Artículos y conferencias,* Madrid, Horas y horas, 2003.

marcha masiva de mujeres en Washington, Angela Davis había puesto en el centro el análisis posibilitado por los feminismos negros desde la imbricación de opresiones y la interseccionalidad como clave para volver a construir un feminismo capaz de conectar las diferentes violencias y luchas (territoriales, laborales, migrantes, ecológicas, etc.). El 8 de marzo de 2019, una de las actividades en la ciudad de Nueva York consistió en una conversación abierta entre miembras del Combahee River Collective, en el Centro Schomburg de Investigación de la cultura negra, en Harlem. El evento fue difundido con la foto de una de las marchas contra los feminicidios en Roxbury, en 1979, donde, junto con Audre Lorde, sostenían una pancarta que decía: «Mujeres del Tercer Mundo: No podemos vivir sin nuestras vidas».[4]

Las palabras que se sacan a andar en las marchas, las lecturas y los talleres, la creación de fanzines artesanales y traducciones caseras han ido movilizando formas singulares de reconectar con la rebeldía y análisis que enlazaban análisis feministas y el deseo de una transformación radical de las condiciones de vida. De forma fragmentaria, pero expresando una sincronía, se va generando la necesidad de recrear una memoria intergeneracional singular. Digo singular porque se trata de formas múltiples de acuerpar y circular saberes que se van compartiendo y van generando la sensación de habitar una historia heterogénea y común. Lo internacional de los primeros llamados al paro logró tejer una posibilidad que quedó abierta para elaborar formas de internacionalismo novedoso. Sin borrar las singularidades de cada lugar con sus historias y complejidades internas, se perciben los ritmos que instalan sistemas similares de despojo capitalista a nivel internacional y que nos instan a pensarnos con relación a otros mapas. Muchas formas de análisis de violencias imbricadas que emergen

---

[4] Esta frase citaba una parte del libro de Barbara Deming, *We Cannot Live Without Our Lives* que a la vez se inspiraba en Emily Brontë, cuando decía en *Wuthering Heights*: «¡No puedo vivir sin mi vida! ¡No puedo vivir sin mi alma!».

desde fines de los años setenta constelan con el presente y nos dan una lengua para poner nuevamente en el centro una comprensión múltiple de las violencias contra las mujeres, enfatizando la pregunta por las condiciones de sostenimiento de la vida en medio de una intensificación de su precariedad. Dentro de estos itinerarios, la presencia de luchadoras y pensadoras como Angela Davis, Silvia Federici y Audre Lorde nos habla de la instalación de saberes que se van acuerpando en las luchas del presente y de un deseo de reconectar con formas de análisis generados en el pasado. Su presencia y diseminación popular en los últimos años sugiere un afán de memoria que conecta con una lengua crítica y un deseo de transformación radical de la vida colectiva capaz de salirse del marco de desarrollo capitalista en el que se fueron domesticando demandas feministas para ajustarse al esquema neoliberal.

¿Qué nos dice este diálogo múltiple entre tiempos y lugares, que atraviesa saberes, luchas sociales y regiones a partir de una pregunta por la intensificación de la violencia contra las mujeres y la necesidad de conectar imaginarios para resistirla? ¿Qué deseos se manifiestan en el arte de esos cruces entre tiempos, conceptualizaciones y luchas? Las claves que emergen desde esos saberes hacen posible articular la comprensión de la lucha contra las violencias patriarcales en un mapa más complejo de lucha por un tipo de vida en donde las condiciones dignas para la reproducción social no sean vistas como un privilegio, donde las cárceles y la militarización de la vida cotidiana no sean la forma de lidiar con los problemas creados por el propio sistema capitalista y donde la capacidad poética e imaginativa no se vea como un lujo, sino como dimensiones claves para la supervivencia y la generación de otras formas de vida colectiva.[5] Se generan así formas de «reconocimiento transformativo»[6] que nos permiten vislum-

---

[5] Audre Lorde, «La poesía no es un lujo», ob. cit., pp. 3-4.

[6] Imani Perry habla de «reconocimiento transformativo» en *Vexy Thing. On gender and liberation*, Durham, Duke University Press, 2018.

brar *una conexión afectiva y un legado* de luchas mientras se construyen «linajes feministas» que rompen el «mandato de orfandad» a través del cual el patriarcado impone una pérdida de memoria.[7] *Esto abre la posibilidad de poéticas transfronterizas de luchas feministas para articular otros lugares desde donde hablar, decir e imaginar. En este sentido, historicidad y lengua son lugares claves de lucha, ya que, al nombrar, abrimos nuestra imaginación y nuestra capacidad para determinar sentidos y disputarlos, haciendo frente* al drama que enfrentamos para poder *construir sentidos* para lidiar con diferentes violencias en un mundo que las intensifica. Este es un punto clave desde donde tracé los itinerarios de este libro, dando relevancia a la capacidad de disputar sentidos desde nuevos horizontes de organización, que luchan contra los mecanismos que el sistema que genera esas violencias nos propone como soluciones automatizadas.

Comprender las violencias en relación y multiplicidad

El grito de «¡Basta!», que dio pie a las movilizaciones que se activaron desde 2016, articulaba el deseo de otra vida. Al decir «Vivas y libres nos queremos», «Libres y sin miedo», «¿Soy la próxima?», «De vuelta a casa quiero ser libre, no valiente», «Si nuestras vidas no valen, produzcan sin nosotras», «Ni las mujeres ni la tierra somos territorio de conquista», se ha ido abriendo la posibilidad de redefinir la vida en medio de procesos de cercamiento y devaluación cada vez más intensos en la maquinaria de violencias estatales y capitalistas. Uno de los puntos claves de la sintonía entre el presente y los saberes desplegados desde las luchas feministas de otros tiempos viene de la posibilidad de reconfigurar las maneras de entender las violencias contra las mujeres, disidencias, travestis, personas trans y no binarias en la complejidad de múltiples procesos de expropiación de

---

[7] Remito al estudio detallado de María Noel Sosa en *De la orfandad al linaje. Luchas feministas en el Uruguay post-dictadura*, Guadalajara, CIESAS, 2021.

la vida. En este sentido, lo que empezó como una denuncia a los feminicidios y al abuso sexual en la vida cotidiana se fue convirtiendo en una forma compleja de análisis sobre violencias entrelazadas en múltiples dimensiones. La centralidad y diseminación popular que ha tenido la obra de Silvia Federici en los feminismos populares permite entender una historia corta y larga de la relación entre capitalismo y violencia contra las mujeres, haciendo visible cómo cada ola de acumulación capitalista va acompañada de una intensificación de violencia hacia las mujeres en la que se reactualizan formas de desvalorización de la vida, los cuerpos y los trabajos reproductivos.[8]

Verónica Gago plantea que una singularidad de lo que se fue generando en las luchas feministas actuales ha sido la «pluralización» de las maneras de definir las violencias, donde se fue dejando de hablar de violencia contra las mujeres y cuerpos feminizados como algo separado o aislado y se empezó a poner el énfasis en la relación «con un conjunto de violencias sin las cuales esta no se explica, ni menos aún se comprende con respecto a su incremento histórico».[9] Este poner-en-relación es clave para poder generar sentidos y conectar de manera diferente las luchas, dado que pasamos de la violencia de género concebida como asunto individual (usualmente engarzado a la figura de la víctima) a la problematización del *mundo en el que esta violencia acontece dentro de una secuencia mayor de violencias*. Gago plantea esa pluralización de las violencias como una estrategia que nos permite hacer legibles diferentes

---

[8] Silvia Federici, *Calibán y la bruja. Mujeres, cuerpo y acumulación originaria*, Buenos Aires / Madrid, Tinta Limón / Traficantes de Sueños, 2010. Para lecturas situadas de la obra de Federici, ver por ejemplo el análisis que ofrecen Cristina Cielo y Cristina Vega desde Ecuador, «Reproducción, mujeres y comunes. Leer a Silvia Federici desde el Ecuador actual», *Nueva sociedad,* núm. 256, marzo-abril de 2015, pp. 132-144.

[9] Verónica Gago, *La potencia feminista o el deseo de cambiarlo todo*, Buenos Aires / Madrid, Tinta Limón / Traficantes de Sueños, 2019, p. 61.

formas de explotación y extracción de valor de los cuerpos que son feminizados.[10] En este sentido, la posibilidad de elaborar más la relación entre diferentes violencias abre una capacidad de análisis que se fuga de las casillas en las que se separan usualmente diferentes violencias que, sin embargo, actúan en la vida cotidiana de forma inseparable y diferencial. Al descentrar el imaginario de significación liberal de la justicia en el que se individualiza, moraliza y separa el tratamiento de cada violencia, se plantea una pregunta profunda sobre los sentidos para comprender y significar la palabra justicia cuando la conectamos a formas de justicia social.

La pregunta que organiza los diferentes itinerarios e historias es: ¿cómo conectamos la manera compleja de entender las violencias contra las mujeres que los feminismos populares han puesto nuevamente en el centro con la pregunta por los sentidos de justicia que desde ahí se despliegan? ¿Es posible dar con sentidos de responsabilización que no sean regidos por los paradigmas cada vez más punitivos que se han ido instalando en los procesos neoliberales, en correspondencia con una suerte de transposición del paradigma de lo desechable, en el consumo y las relaciones sociales? Se trata de una pregunta que está emergiendo en diferentes contextos y realidades del norte y sur de América, así como en diferentes partes de Europa. Tomo ese latido común como una urgencia actual y propongo una suerte de caleidoscopio que nos permita abordar la pregunta desde diferentes lugares, enfatizando así la historicidad del problema desde saberes que las luchas y las tomas colectivas de palabra fueron gestando. En este sentido, *propongo pensar juntas formas de nombrar y analizar que vienen de luchas del pasado y del presente para poder conectar diferentes niveles de violencias contra las mujeres y visualizar un cerco invisible trazado por sistemas de criminalización y vigilancia cada vez más intensos, desplegados al compás de las llamadas guerra antidrogas y las políticas de securitización*

---

[10] Verónica Gago, *La potencia feminista*, ob. cit., p. 62.

impuestas por el neoliberalismo. Al enfatizar recorridos a través de tiempos y geografías dispares de luchas en el sur y norte de América, me interesa iluminar la posibilidad de dar con puntos comunes que nos ayuden a pensar diferentes senderos para desplegar e imaginar otros sentidos y ejercicios de justicia y responsabilización frente a las violencias interpersonales y sistémicas.

La intensificación de violencias estructurales generada por las políticas económicas neoliberales ha ido acompañada por una primacía de los paradigmas de seguridad, presencia policial y políticas punitivas con las que se criminaliza la pobreza y la conflictividad social. Como argumenta Loïc Wacquant, las políticas neoliberales generan la sensación de que hay un aumento en el «crimen», cuando lo que acontece es un aumento en los procesos de criminalización selectiva que han acompañado sus políticas.[11] Al analizar la reestructuración del Estado en el neoliberalismo, Maristella Svampa habla de «Estado de Seguridad» para nombrar una geografía político-jurídica en donde se incrementó la presencia y el poder policial para tratar la conflictividad a partir de formas de criminalización que se van extendiendo a diferentes grupos (por ejemplo, jóvenes pobres, personas migrantes, organizaciones político-sociales).[12] En este mapa, son sintomáticas las propuestas para bajar la edad de imputabilidad penal en diferentes países de América Latina en la última década, con debates que siguen presentes en las agendas electorales.[13] Si mira-

---

[11] Ver Loïc Wacquant, *Castigar a los pobres. El gobierno neoliberal de la inseguridad social*, Madrid, Gedisa, 2010; y *Las cárceles de la miseria*, Buenos Aires, Manantial, 2004.

[12] Maristella Svampa, *La sociedad excluyente. La Argentina bajo el signo del neoliberalismo*, Buenos Aires, Taurus, 2005, p. 38.

[13] En Uruguay, en 2014, triunfó en un plebiscito el rechazo popular a la medida de bajar la imputabilidad penal a los 16 años, luego de una campaña masiva que decía «NO a la baja». En Argentina, desde que se propuso como parte del proyecto de ley del Sistema de Responsabilidad Penal Juvenil en 2019, la posibilidad de bajar la edad de imputabilidad a los 14 años es un tema

mos desde la situación de las vidas y las comunidades cada vez más criminalizadas, pedir más control desde arriba termina reforzando formas sistémicas de violencia. *Desde este prisma, la capacidad de entender las luchas para terminar con las violencias va de la mano de la necesidad de transformar el mundo en el que esas violencias existen, se metamorfosean e intensifican a lo largo del tiempo con diferentes dispositivos.* Esta es una clave para poder pensar otros horizontes de responsabilización y justicia, ya que la respuesta usual que nos impone el Estado frente a la violencia de género está ligada al reforzamiento de los mecanismos de seguridad del propio Estado patriarcal y neoliberal. Sin embargo, estas medidas acontecen como parte de los diagramas de *securitización* que han generado también un aumento en el encarcelamiento de mujeres jamás visto en la historia. Entonces, intervenir contra las violencias en un momento histórico de fuerte tendencia a la criminalización y encarcelamiento nos impone la práctica de afinar el análisis y multiplicar los sentidos de justicia. Esto es algo que veremos al analizar la toma colectiva de palabra que viene

---

clave que recorre las diferentes agendas políticas electorales. En Brasil, si bien hay una forma de imputabilidad selectiva que se aplica desde los 12 años, como en El Salvador, Panamá y Honduras, también se puso en la mesa una propuesta de enmienda que aprobara una baja de la mayoría de edad penal de los 18 a los 16 años. En Chile, aparecieron propuestas de bajar la imputabilidad a los 14 años. Volveré a esta relación entre neoliberalismo, seguridad y encarcelamiento en el capítulo que analiza los saberes generados desde la palabra colectiva de mujeres organizadas dentro de las cárceles. Para un estudio comparativo entre países latinoamericanos que analiza el progresivo aumento de población carcelaria en América Latina a partir de los años noventa, ver Lucía Nuñovero Cisneros, «Cárceles en América Latina 2000-2018. Tendencias y desafíos», *Cuadernos de trabajo*, núm. 50, Departamento de Ciencias Sociales, Universidad Pontificia de Perú, noviembre de 2019; y Alcira Daroqui, «Neoliberalismos y encarcelamiento masivo en el siglo XXI: de la resocialización a la neutralización e incapacitación», *Encrucijadas*, núm. 43, Universidad de Buenos Aires, febrero de 2008, disponible en http://repositoriouba.sisbi.uba.ar.

dándose desde la situación de las mujeres encarceladas, donde la denuncia a la violencia de género viene engarzada a una multiplicidad de despojos estatales y capitalistas, *instalando así la pregunta por la justicia dentro de un horizonte más amplio de justicia social y ética hacia la vida.*

Debates en torno a las capturas semánticas del poder punitivo y de la violencia neoliberal

Muchas tensiones y debates en torno a justicia y feminismo no son nuevos, pero se han intensificado al calor del despliegue de las denuncias de abuso sexual que se generaron a partir del #MeToo y de las luchas contra los feminicidios. A niveles más mediáticos y de disputas en las redes, los debates se fueron dirigiendo sobre todo a discutir la posición que sostiene que, para terminar con la violencia sexual y de género, hay que generar legislaciones que tipifiquen nuevos crímenes y se planteen condenas más largas como castigo.[14] Históricamente, las diferentes versiones de lo que se ha llamado «feminismos carcelarios», en debates desde Estados Unidos, o «feminismos punitivistas», en los de América Latina y España, remiten a posiciones en las que se plantea la criminalización y el aumento de condenas como manera de lidiar con determinadas expresiones de violencia contra las mujeres.

---

[14] Cristina Vega propuso un mapeo de los problemas que emergen en los debates y la necesidad de aclarar términos cuando se empezaron a intensificar las discusiones: «Reflexiones sobre impunidad, punitivismo y justicia en los feminismos en movimiento», *Sinpermiso.info*, 12 de enero de 2019, disponible online. Vikky Law propuso la necesidad de relacionar dimensiones de la cultura abusiva, enlazando una crítica al punitivismo desde la situación de encarcelamiento de mujeres: «How can we reconcile prison abolition with #MeToo?», *Truthout*, 13 de octubre de 2018, disponible online. A tono con esto, ver también la entrevista de Sarah Jaffe a Mariame Kaba, «From 'Me Too' to 'All of us:' Organizing to end sexual violence, without prisons», *In these times*, 17 de octubre de 2017, disponible online.

El término «feminismo carcelario» se acuñó para identificar las posiciones feministas que se alinearon con las políticas de criminalización de la trata y del trabajo sexual. «*Carceral feminism*» apareció en un artículo de Elizabeth Bernstein que rastreaba el contexto político y económico en el que el cristianismo evangélico se apropió de la palabra «abolición» para construir una campaña internacional contra el trabajo sexual y la trata. Desde la organización fundada por Gary Haugen, International Justice Mission (Misión de Justicia Internacional), se comenzó a elaborar una coalición entre evangelistas, feministas seculares, ONG y agentes estatales, que exigía formas más estrictas de criminalización, vigilancia y policía internacional. La campaña reunió fuerza y un gran apoyo económico desde el gobierno de George W. Bush, y se introdujo como actor político en las agendas neoliberales. Bernstein rastrea cómo lo que había sido una lucha por los derechos de l*s trabajador*s sexuales (que incluía una crítica a la violencia estatal contra ell*s) en los años noventa comenzó a transformarse en una campaña contra «la trata» en el marco legislativo (a nivel estatal y federal), borrando toda la crítica sistémica que estaba implícita en la lucha por los derechos al trabajo sexual. Posteriormente, la expresión «feminismos carcelarios» empezó a usarse de forma más general para referirse a las políticas de mujeres que se identifican como feministas dentro del sistema, haciendo *lobby* con representantes políticos y trabajando desde ONG influyentes económicamente para incidir en legislaciones que refuercen la criminalización como respuesta a violencias sexuales.[15] El término «feminismos punitivos» surge sobre todo

---

[15] Dentro de ese marco, se empieza a dar un giro en el que se empezó a igualar trabajo sexual con «delitos» de tráfico. Ver Elizabeth Bernstein, «The Sexual Politics of the 'New Abolitionism'», *Differen-ce. A Journal of Feminist Cultural Studies*, núm. 18(5), 2007, pp. 128-129 y «Militarized Humanitarianism meets carceral feminism: the politics of sex, rights, and freedom in contemporary anti trafficking campaigns», *Signs*, núm. 36(1), otoño de 2010, pp. 45-71. El movimiento que emergió a partir del #MeToo desplegó una gran cantidad de análisis y preguntas sobre la historia de los feminismos car-

en debates y polémicas en América Latina y España como modo de identificar la posición de feministas que exigen medidas de mayor criminalización y aumento de penas en los casos de violación y de feminicidio. En ambos casos, un problema que emerge cuando se limita y reduce la discusión sobre la justicia a la forma de administrar el castigo es que se neutraliza el rol del Estado, que ha sido históricamente un agente activo de violencias hacia las mujeres y cuerpos feminizados.

Hurgando en los puntos que van limitando la forma de «resolver» la violencia de género a partir de la asociación entre legislar y criminalizar, Fernanda Martins nos plantea que «aliar políticas de género a las formas naturalizadas de violencia que expresa el poder punitivo» implica «fomentar» o «crear» todavía más «tácticas de necroempoderamiento».[16] Llevando al ámbito punitivo el término propuesto por Sayak Valencia, Martins conecta estas tácticas con una «racionalidad punitiva capilar, cuyas conexiones se establecen invariablemente en los sustratos misóginos y coloniales de jerarquización de los cuerpos y de la captura de la vida».[17] Desde ahí, nos insta a preguntarnos por los lugares sociales desde donde estas técnicas puedan percibirse como estrategias políticas de reivindicación, cuando se está afirmando un sistema que refuerza la violencia en lugar de emanciparnos de ella.

Usualmente, cuando se discuten miradas feministas antipunitivistas, se tiende a enfatizar un debate a nivel legal o jurídico centrado en las posiciones o sentencias

---

celarios en Estados Unidos. Para referencias más actuales, ver por ejemplo, «#MeToo must avoid carceral feminism» de Alex Press, publicado en *Vox.com* el 1 de febrero de 2018, disponible online; y la serie de textos publicados en TransformHarm, donde se intenta relacionar varios debates sobre justicias transformadoras y feminismos: https://transformharm.org/category/carceral-feminism/

[16] Fernanda Martins, *Feminismos criminológicos*, Sao Paolo, Tirant lo Blanch, 2021, pp. 21 y 176.

[17] Ibídem, p. 197.

relacionadas con la violencia sexual o los feminicidios, separándolas del mapa más amplio de violencias en las que estos acontecen. Esto tiene consecuencias a diferentes niveles porque, por un lado, se omite que a mayor precarización de las condiciones materiales para sostener la vida, más aumentan las violencias, y a mayor aumento de violencias, más se refuerza un sistema de criminalización que castiga selectivamente a las vidas más precarizadas por este.[18] Este es un circuito de violencias que se retroalimentan y de donde se hace difícil salir. Por otro lado, también se abstrae que, al poner la confianza en el sistema judicial existente, se está planteando una solución que hace «como si» este fuera neutro y «como si» el Estado fuera una figura imparcial. Sin embargo, cuando miramos el problema desde la complejidad de una violencia interpersonal, estatal y capitalista, la cuestión punitivista deja de ser un asunto moral *para comprenderse en su trama neoliberal*. En otras palabras, dejamos de hablar de *punitivismo* o *antipunitivismo* como asunto moral sobre la posición correcta respecto del castigo, para hablar de la complejidad del neoliberalismo como política económica que se ha caracterizado por acentuar sistemas de criminalización que funcionan como mecanismos que acompasan las violencias generadas por la precarización de la vida que produce. Los recortes a las condiciones básicas de vida (vivienda, sanidad, educación), llamados «gasto» social en la era neoliberal, fueron generando una crisis profunda en las condiciones materiales de reproducción social de la vida, acentuándose en un ataque frontal al tipo de trabajos y tareas realizadas históricamente por las mujeres y los cuerpos feminizados. Al compás de la implementación de sucesivos ajustes estructurales en los años ochenta y recortes sociales en los años noventa, se fue instalando a nivel hemisférico una amplia política de «seguridad» en el encuadre neoliberal que instala la fórmula de «más seguridad» en términos de más policía, más militarización y más criminalización.

---

[18] Loïc Wacquant, *Castigar a los pobres,* ob. cit.

Los debates actuales nos instan a buscar y recrear *una histo-ria más larga y fragmentaria de los feminismos abolicionistas del sistema penal* (en el Norte) o *antipunitivistas* (en el Sur) cuyas *poéticas nos iluminan una historia extensa de análisis por la libe-ración y des/encarcelamiento social.* Es importante desplegar sentidos que no reiteren la equivalencia semántica entre «seguridad» y los sistemas de vigilancia, aparato policial y militar, para que nuestras luchas no queden presas en la cadena de producción de más represión y militarización de la vida cotidiana que genera, como sabemos, más violencia. Si desde arriba se impone un esquema que va separando la «seguridad» de las posibilidades de tener condiciones de vida, que se reduce a la gestión policial y militar, desde los feminismos se ha insistido en la capacidad de articular los sentidos de *seguridad* a la posibilidad de tener seguridad te-rritorial, vivienda, alimentos, educación y el deseo de vidas que valgan la pena vivirse. Al disputar su sentido, es clave forjar un análisis más allá de las formas en que nos deter-minan a pensar y a sentir para poder articular relaciones de mundos en los que queremos habitar. ¿Cómo podemos sentir seguridad en nuestras vidas en comunidades donde todas las vidas sean vivibles en dignidad? ¿Por qué los me-dios de comunicación y los aparatos policiales tienen tanto interés en hacernos sentir cada vez más miedo e inseguri-dad, victimizando a las personas que están más protegidas por el sistema y generando la necesidad de justificar la am-pliación de sistemas de control?

Siguiendo el mapeo sagaz y complejo que hace Clau-dia Cesaroni, necesitamos desplegar sentidos para pensar «seguridad» que no sean la limitación y negación expresa-das por muchos «que no» (que no me asalten, que no me roben, que no me violen).[19] Los medios de comunicación dominantes promueven el miedo asociado a esos «que no» sin incluir el miedo a que no me quiten la vivienda, a no tener qué comer, a no tener de dónde sacar un salario, a

---

[19] Claudia Cesaroni, *Contra el punitivismo. Una crítica a las recetas de mano dura*, Buenos Aires, Paidós, 2021.

que no suban los precios, a que no me echen del trabajo, a no endeudarme toda la vida solo para poder vivir. Dentro del esquema neoliberal, los discursos de «seguridad» se han ido limitando cada vez más a una relación con delitos y delincuencia, pandillas y narco, haciendo cada vez más angosta nuestra capacidad de imaginar vidas en las que la seguridad no venga de tener guardias, rejas, cámaras de vigilancia y policías, sino de comunidades capaces de sostener relaciones sociales dignas. Es por esto que se vuelve crucial enfatizar las formas de conectividad entre problemas para ampliar las dimensiones de luchas que se mueven en diferentes niveles y otorgan a la palabra «seguridad» múltiples sentidos diferentes en relación con la posibilidad de tener vidas dignas.

Mirar desde los cruces entre la lucha por la reproducción social y la abolición del sistema industrial penal

Elaborar sentidos de seguridad que no pasen por el imaginario policial y militar nos lleva a insistir en la importancia de generar pedagogías populares que nos permitan no solamente lidiar con daños y conflictos sin asumir y reforzar el imaginario punitivista, de corte liberal-individual, sino también desautomatizar muchos mecanismos en los que se nos ha educado a pensar la justicia desde el sistema criminal y penal. Si la precarización de la vida viene acompañada de procesos de mayor criminalización, que funcionan como «escudos» detrás del cual avanzan las agendas neoliberales, la apuesta por «des-encarcelar» el imaginario social punitivo va de la mano con la necesidad de plantearnos procesos que apunten a reforzar la sostenibilidad de la vida.[20] Desde América Latina, la capacidad

---

[20] Para el desarrollo de la idea de los procesos de militarización como escudos que han sido claves en el avance neoliberal, ver Andrea Ritchie y Mariame Kaba, *No more police. A case for abolition*, Nueva York, The New Press, 2022, p. 16.

de conectividad entre luchas, que ha complejizado la comprensión de las violencias, viene de la fuerza de los feminismos populares en la lucha por la reproducción social. En articulación con el análisis de Federici sobre la crisis de reproducción social, los saberes generados desde la defensa de la vida, los territorios, la tierra, la alimentación, el trabajo, los deseos y la salud dignos en heterogeneidad múltiple son puntos claves de las luchas feministas.[21] Con esto, se han iluminado puentes de lucha que conectan la devaluación y precarización permanente del trabajo reproductivo, la defensa del territorio, la tierra y la alimentación frente a la expansión capitalista expropiadora avalada y sostenida por el Estado y la lucha contra las formas de criminalización que acompasan la última década. Desde Estados Unidos, lo que empezó como un #MeToo de corte más espectacular desde Hollywood dio pie a otros procesos que han vuelto a poner en la mesa una larga tradición de saberes feministas de base que, desde la comprensión de las violencias interpersonales y sistémicas, articularon la lucha por la abolición del sistema industrial penal que se ha reactivado de forma intensa en los últimos años a partir de #BlackLivesMatter y, posteriormente, de #DefundThePolice.

---

[21] Dentro de una larga y necesaria labor de análisis y conceptualización, menciono algunos de los muchos textos claves. Silvia Federici, *Revolución en punto cero. Trabajo doméstico, reproducción y luchas feministas,* Madrid / Buenos Aires, Traficantes de Sueños / Tinta Limón, 2013 / 2018; *Reencantar el mundo. El feminismo y la política de los comunes,* Madrid / Buenos Aires, Traficantes de Sueños / Tinta Limón, 2020; Raquel Gutiérrez Aquilar, *Horizonte comunitario-popular. Antagonismo y producción de lo común en América Latina,* México, Pez en el Árbol, 2018; Cristina Vega Solís, «Reproducción social y cuidados en la reinvención de lo común. Aportes conceptuales y analíticos desde los feminismos», *Revista de estudios sociales,* núm. 70, octubre de 2019, pp. 49-63; Gladys Tzul Tzul, «Sistemas de gobierno comunal indígena: la organización de la reproducción de la vida», *El Apantle. Revista de estudios comunitarios,* núm. 1, Puebla, 2015, pp. 125-140; y «La forma comunal de la resistencia», *Revista de la Universidad de México,* núm. 3, 2019, pp. 105-111; Verónica Gago, *La potencia feminista,* ob. cit.

Cuando se propone la criminalización como modo de respuesta a los problemas generados por el capitalismo patriarcal y racista, se está borrando la complejidad del análisis feminista de las violencias en plural, y se nos está imponiendo *nuevamente* una lectura unidimensional de la violencia contra las mujeres. Se intentan imponer nuevamente soluciones individualizadas hacia individuos patologizados por el sistema de criminalización y centrar las luchas feministas en el tema de la violación como asunto «aislado» por parte de subjetividades también aisladas y patologizadas. En este contexto, propongo que se abren más posibilidades cuando conectamos la lucha por asegurar la reproducción social que los feminismos populares han puesto en el centro y la lucha por la abolición del complejo industrial penal desde la insistencia en la necesidad de sostener una vida digna y formas de relaciones sociales fuera del imaginario de lo descartable que rige la política económica y la invisibilización de las vidas en las cárceles.

Al tomar el cruce entre las *luchas feministas populares por la reproducción social* y las *luchas para abolir las violencias de la sociedad carcelaria* como dispositivo de lectura que marca los itinerarios de este libro, planteo que se hace visible *de forma más explícita una lectura compleja de las tramas de violencias interpersonales y sistémicas desde un rechazo al encuadre que propone al sistema de «seguridad» neoliberal como una solución.* Si una clave de los feminismos populares y abolicionistas del complejo industrial penal en el presente ha sido complejizar las formas de entender las violencias, parte de nuestra labor crítica viene de poder traducir esto en la forma en que imaginamos los modos de lidiar y de terminar con esas violencias en múltiples dimensiones. Esto implica también el esfuerzo de descentrar la pregunta múltiple sobre la justicia, que generalmente es entendida como la gestión de un castigo en el tiempo *después* de que pasó algo, para poder entrelazarla con una pregunta sobre las condiciones materiales y afectivas para poder vivir vidas dignas fuera de la intensificación de múltiples injusticias generadoras de más violencia.

«Abolición del complejo industrial penal» es el término
que propuso a fines de los años noventa Critical Resistance / Resistencia Crítica para nombrar el complejo cruce de
intereses gubernamentales y capitalistas que se ponen en
juego en los procesos de expansión del sistema carcelario
y de formas cotidianas de vigilancia policial que van ase-
diando a las personas y comunidades cuyas vidas son más
precarizadas por el neoliberalismo.[22] La expansión de este
sistema, al compás del achicamiento feroz de las condiciones materiales para la reproducción de la vida colectiva,
fue imponiendo una serie de sentidos en los que se empezó
a relacionar seguridad con vigilancia, policía y encarcelamiento. En este marco, las luchas abolicionistas de la sociedad carcelaria[23] han insistido en la capacidad de imaginar
otro modo de vida desde una pregunta clave: ¿Qué implica-
ría imaginar una vida social en común y en heterogeneidad
que no use la cárcel y la criminalización como recurso para
resolver una serie de problemas vinculados a las violencias
y formas de precariedad generadas por el propio sistema?
¿Qué precisaríamos para que esto fuera posible?

La pregunta es enorme y puede ser paralizante si la
enfocamos en la idea de encontrar una fórmula o un espacio abstracto que reemplace la cárcel. Como dice Angela Davis, es importante *comprender la sociedad carcelaria
como sistema*, es decir, no solamente asociarla con la figura
material de las cárceles como algo que necesitamos reem-
plazar con otro lugar similar (un depósito de problemas).
Una clave es poder comprender el conjunto de mecanismos que la sostienen: «Relaciones simbióticas entre comunidades penitenciarias, corporaciones transnaciona-
les, conglomerados mediáticos, sindicatos de guardias
y programas legislativos y judiciales».[24] Esta dimensión

---

[22] Critical Resistance, «What is the PIC? What is Abolition?», ob. cit.

[23] Aclaro nuevamente que la palabra *abolicionismo* y *abolición* en
este libro remite exclusivamente a la abolición del sistema carcelario punitivo.

[24] Angela Davis, «Alternativas abolicionistas», *Una historia de*

sistémica que está en la base de la lucha abolicionista del complejo industrial penal es importante, dado que imaginar su abolición implica elaborar otro tipo de estrategias con las instituciones.[25] Se trata de llevar el análisis «más allá del encarcelamiento literal de los cuerpos que son etiquetados como desechables para poder entender un set de constreñimientos crueles que inhabilitan y vigilan a comunidades enteras».[26] De ese pasaje de lo individual, al hacer inteligible la sociedad carcelaria desde un sistema de relaciones, surgen preguntas para pensar una capacidad estratégica concreta dentro un horizonte de sentido a largo plazo: ¿Qué consecuencias tienen a largo plazo una serie de operaciones políticas concretas de hoy? Por ejemplo, si exigimos más criminalización, ¿qué consecuencias tendrán estas medidas a largo plazo?, ¿a quiénes les afectará más si esto se plantea en un momento de crisis reproductiva? Sabemos que las cárceles son, como decía un grafiti, un lugar «al que los ricos nunca entran y del que los pobres nunca salen». En este sentido, *abolición* es «una herramienta organizativa y una meta a largo plazo»,[27] donde se plantea la posibilidad de articular visiones políticas de lo que sería «una sociedad re-estructurada».[28] Por esto, al igual que en las luchas feministas que ponen la reproducción social en el centro, se trata de intervenir *simultáneamente* en una multiplicidad de planos, tales como las luchas presupuestarias participativas a niveles municipales y estatales, para apostar más al fortalecimiento de la vida comunitaria con vivienda, educación, salud, cultura, entre otras cosas; las luchas por cerrar cárceles y apostar

---

la conciencia. Ensayos escogidos, Madrid, BAAM / Ediciones del Oriente y del Mediterráneo, p. 282.

[25] Ibídem, pp. 282-283.

[26] Angela Davis, Gina Dent, Erica R. Meiners y Beth E. Richie, *Abolition. Feminism. Now,* Chicago, Haymarket, 2022.

[27] Critical Resistance, «Our Communities, our solutions: an organizer's toolkit for developing campaigns to abolish policing»; disponible online.

[28] Andrea Ritchie y Mariame Kaba, ob. cit., p. 16.

a formas de organizaciones e instituciones comunitarias que permitan lidiar en serio con alternativas sobre cómo enfrentar y responsabilizar situaciones de conflicto, daño y masculinidades tóxicas; luchas específicas a nivel legislativo para despenalizar y achicar la expansión del sistema de vigilancia policial, etc.

Esto nos plantea varios desafíos que se vinculan con las condiciones para la reproducción social y las posibilidades de significar sentidos de seguridad y de responsabilización frente al daño interpersonal desde otros lugares. No es casual que, en un momento de intensificación de las violencias al compás de los procesos de expansión y expropiación capitalista, las luchas por la reproducción social de la vida común y por la abolición del sistema carcelario estén siendo clave. Se trata de procesos múltiples centrados en retomar y construir formas más integrales de existencia colectiva donde la seguridad se signifique desde otros lugares materiales que enhebran la posibilidad de establecer relaciones sociales dignas. En ese sentido, el presente de las luchas feministas y abolicionistas del sistema industrial penal que están aconteciendo en diferente intensidad y estilos (la primera más intensa en el Norte, y la segunda en el Sur) van haciendo posible abrir universos de sentidos para la supervivencia colectiva.

Búsqueda de alternativas al esquema capitalista de desarrollo y progreso

Es importante conectar la práctica de desencarcelamiento con lo que afirma Silvia Federici al hablar de *re-encantar el mundo* como la búsqueda y «posibilidad de reconocer la existencia de otras lógicas distintas a la lógica del desarrollo capitalista».[29] Necesitamos pensar la relación entre imaginarios desarrollistas e imaginarios punitivos dentro de una historia colonial y capitalista de «progreso» más

---

[29] Silvia Federici, *Reencantar el mundo*, ob. cit., pp. 267-268.

larga, en la que necesitamos engarzar la obsesión actual con los dispositivos de seguridad. Dentro de los imaginarios sociales liberales de principio del siglo XX y del siglo XXI, vemos que se imponen dispositivos carcelarios como si fueran formas de «avanzar» al «primer» mundo. A comienzos del siglo XX, la cárcel «palacio» de Lecumberri constituyó el orgullo del dictador Porfirio Díaz, con la inversión en el primer panóptico de América Latina que seguía los modelos de Bentham en un país latinoamericano. En este nuevo siglo, la reciente inauguración de la cárcel de máxima seguridad para luchar contra personas etiquetadas como «terroristas» y «pandilleras» (en su mayoría pobres y racializadas) en El Salvador contó con una serie de narrativas oficiales que la presentaban con cierto orgullo, al ser ahora la cárcel más grande de América Latina tras una inversión de cien millones de dólares.[30] *Medir «el progreso» con nuevas cárceles modelo nos indica una alerta del tipo de «avance» que plantea el capital y nos exige también revisar una historia más larga de este tipo de «soluciones».*[31]

A contrapelo de esto y retomando el hilo que nos plantea Federici, necesitamos pensar en la necesidad de insistir en alternativas a estas lógicas que hagan posible conectarnos con sentidos integrales de nuestra existencia colectiva. Sin pretender ofrecer fórmulas mágicas, las discusiones son esenciales para desentrañar las formas de opresión que están en juego y nos permitan ver algunos

---

[30] La información sobre los costos y detalles puede verse en el informe de Claudia Zaldaña, «El Salvador's New Mega Prison Sparks Controversy», *VOA News*, 13 de marzo de 2023, disponible online; y Carlos Maldonado, «Bukele exhibe a miles de presos como una demostración de poder sobre las maras», *El País*, 28 de febrero de 2023.

[31] Las cárceles han funcionado a lo largo del tiempo como arquitecturas de un tipo de poder que ha ido marcando la historia. Analizo esto en el esquema de la espacialización del neoliberalismo en la posdictadura en *Afterlives of Confinement. Spatial transitions in post-dictatorship Latin America*, Pittsburgh, Pittsburgh University Press, 2012.

problemas cruciales para (1) volver a articular memorias de resistencia a la violencia de corto y largo plazo en relación con las diferentes formas interconectadas de expropiación, propiedad y abuso y (2) mirar una secuencia más larga en la que las formas de imperialismo y las prácticas militares han continuado sus regímenes políticos y económicos a través de formas renovadas de encarcelamiento masivo. Las políticas represivas que implantaron las economías neoliberales desde los intereses imperialistas de Estados Unidos y de las elites locales y corporativas fueron metamorfoseándose con nuevos nombres. El marco de continuidad de concertación y sincronía policial internacional que existe en el presente es incluso más extenso que en los años dictatoriales. Estas operaciones tienen múltiples nombres, como la «guerra contra las drogas» y la «guerra contra el terrorismo». Durante las dictaduras militares en el Sur y los procesos represivos de las luchas por la liberación en Estados Unidos, se generó un proceso de encarcelamiento político de las mujeres que nunca había pasado antes. Décadas después, durante la implantación de las medidas internacionales asociadas a la guerra contra las drogas, las cifras de encarcelamiento de mujeres llegaron a ser las más altas de la historia. Este es otro punto importante que necesitamos incluir en una historia larga y corta de los procesos de criminalización de la disidencia política que fueron continuados por la criminalización de la pobreza en el neoliberalismo. La conciencia histórica múltiple nos permite mirar hacia procesos largos y evaluar también desde ahí qué es lo que han producido, qué es lo que han limitado y marginalizado. Tras décadas de imposición de lógicas de «más seguridad» en el contexto de más refuerzo policial y militar, la historización nos permite ver que estos mecanismos han fracasado. Nos proponen reforzar y expandir fórmulas que no han resuelto sino más bien intensificado las violencias.

Al mismo tiempo, recorrer tramas de historia no solamente nos permite entender problemas que se han continuado, metamorfoseado e intensificado con relación a las violencias, *sino que también permite mapear los caminos de lucha que quedaron truncos o marginalizados*. Cómo entendemos las violencias determina también cómo generamos formas de análisis para salir de ellas. Es en relación con esas historias que me interesa también trazar rutas de significación que no limiten la discusión de violencias y feminismos a los debates que están aconteciendo en torno al punitivismo y a los feminismos carcelarios. La centralidad que estos empezaron a tener en los últimos años requiere un encuadre también como escenarios en los que se están actuando y desplegando sentidos muy diferentes de entender la forma de lidiar y comprender las violencias. Al mismo tiempo, hurgar en la historia de discusiones similares en el pasado, sobre todo cuando entra en juego una manera de «resolver» la violencia doméstica y sexual desde la criminalización, puede alertarnos frente a los peligros de volver a caer en ese tipo de «única» resolución que acata lo que el sistema nos impone, porque esas supuestas «soluciones» fueron ya planteadas y procesadas antes. Se trata de maneras diferentes de entender las luchas y las preguntas que nos facilitan los saberes que de ellas emergen dentro de un momento de mucha potencialidad, para poder abrir pliegues que compliquen los tipos de soluciones que nos planteamos. En este sentido, más que plantear una disyunción excluyente, es importante poder generar lecturas relacionales que nos permitan nombrar y hacer visibles los problemas sin pretender encontrar «una» solución entera para todo. Si nuestras medidas implican expandir y reforzar el sistema penal carcelario en medio de un momento de precarización económica y social, estamos generando indirectamente condiciones que van a impactar negativamente en las vidas más vulneradas. Más criminalización crea más cárceles y más necesidad de subjetividades «criminales» que las justifiquen y las usen, además de todo un sistema de vigilancia y gestión de las vidas enredadas en ese sistema. Al romper el estereotipo de cárcel como un depósito para alojar los problemas, estamos proponiendo también una lectura capaz de entenderla

como una terminal de múltiples relaciones y operaciones
(incluidas las financieras).

Neoliberalismo y políticas de
encarcelamiento de mujeres

Cuando se habla de responder a la violencia de género con
medidas punitivas, se abstrae y borra el hecho de que el
sistema neoliberal de legislar criminalizando ha llevado a
un aumento en el encarcelamiento de mujeres nunca visto
en la historia. Es decir, se separa el sistema de criminalización como algo desvinculado de los efectos que estas políticas han tenido en la vida de las mujeres más afectadas
por el sistema neoliberal. Desde los años noventa, la población carcelaria mundial ha ido aumentando y, dentro
de esa tendencia, ha habido un *aumento proporcionalmente
mayor y sostenido de las tasas de encarcelamiento de mujeres, en
gran parte asociadas al marco de políticas de la «guerra contra
las drogas»*.[32] Tan solo entre 2006 y 2011, por ejemplo, el
encarcelamiento de mujeres en América Latina se duplicó.[33] Lo mismo ocurre en Estados Unidos, donde el ritmo

---

[32] Meda Chesney-Lind y Merry Morash, «Transformative Feminist Criminology: A Critical Re-thinking of a Discipline», *Critical
criminology*, núm. 21, 2013, pp. 287-304 y 296. Chinyere Oparah
analiza la situación en Estados Unidos desde los años setenta y
percibe un aumento del 2.800 por ciento en el encarcelamiento
de mujeres entre 1970 y 2001. Ver *Global Lockdown. Race, gender,
and the prison-industrial complex*, Londres, Routledge, 2005, p. xiv.
En el reciente estudio realizado por «Prison policy», se muestra
también un aumento de la población de mujeres en prisiones estatales a nivel nacional en las últimas cuatro décadas. Ver Wendy Sawyer, «The Gender Divide: Tacking Women's State Prison
Growth», 9 de enero de 2018, disponible en https://www.prison-
policy.org/reports/women_overtime.html

[33] Corina Giacomello, «Mujeres, delitos de drogas y sistemas
penitenciarios en América Latina», Documento informativo del
IDPC. Consorcio internacional sobre política de drogas, octubre
de 2013, p. 2; disponible en https://www.unodc.org/documents/

de aumento de encarcelamiento de mujeres en relación con el de varones es del doble. Según señalaron hace años Chesney-Lind y Morash, si consideramos el aumento de encarcelamiento de mujeres que han generado las políticas de la llamada «guerra contra las drogas», se hace legible una guerra frontal contra las mujeres, porque es la población que terminó siendo perseguida y encarcelada en proporciones cada vez más altas en casi todas partes.[34] Una mirada múltiple sobre las violencias desde el cruce entre feminismos populares y luchas anticarcelarias nos permite entender que, cuando reforzamos el sistema que opera criminalizando, estamos aumentando un sistema que no es ajeno a la violencia contra las mujeres, sino que más bien ha sido históricamente, y sobre todo en las últimas décadas, más duro con las mujeres en términos de formas de asedio y de castigo múltiple.

Para esto es importante atender a los saberes que producen las personas encarceladas y valorarlos cuando gestamos nuevas formas de análisis. Al compás del aumento de encarcelamiento mundial de mujeres, ha habido también una movilización desde dentro y fuera de las cárceles, generando procesos colectivos de toma de palabra y análisis desde la situación de encierro. Desde ahí, se empiezan a transformar la soledad, la individualización y la culpabilización impuestas por el sistema de criminalización moralizador y se ha ido generando una articulación de la palabra que enhebra una inteligencia colectiva para generar espacios de lucha y de «salida» real del sistema carcelario social neoliberal. Los materiales y procesos colectivos nos ayudan a entender la limitación de los modos de justicia abstraídos de la vida. Estos generan dispositivos que aterrizan las palabras *abolición* y *des-encarcelamiento social* apuntando a las condiciones materiales que harían posible una vida sin cárcel como un destino casi marcado para

---

congress/background-information/NGO/IDPC/IDPC-Briefing-Paper_Women-in-Latin-America_SPANISH.pdf

[34] Meda Chesney-Lind y Merry Morash, ob. cit., p. 296.

tantas personas. Como veremos más adelante, un grupo de mujeres que comenzaron a conversar y a organizarse dentro y fuera de prisión, organizadas bajo la consigna «Familias por una justicia como sanación», trabajan la abolición de la sociedad carcelaria a partir del uso de presupuestos participativos desde donde replantear la relación con el Estado; articularon en eso un abanico de conexiones entre diferentes luchas para generar contextos materiales de determinación colectiva que hagan posible un sostenimiento comunitario, en lugar de exigir solamente un presupuesto y esperar a que el Estado resuelva todo. Se saca también así la palabra *abolición* de un terreno abstracto para iluminar la posibilidad de una vida colectiva que no tenga la cárcel como destino casi fijo para muchas personas y familias. En este sentido, hicieron coalición con movimientos por la vivienda, la alimentación, los cuidados, la crianza, formas de responsabilización frente al daño, formas de interrumpir el despliegue de masculinidades tóxicas en los lugares de juego en la calle y las escuelas, etc. Con esto se redefinen también sentidos de seguridad y justicia desde la necesidad de enlazar condiciones materiales de vida y relaciones sociales comunitarias.

La base de las intervenciones viene de la exigencia de generar contextos materiales para encaminar soluciones *desde quienes atravesaron esas situaciones* y no desde la burocracia asistencialista del Estado con su maquinaria de moralización y disciplinamiento. Se hacen patentes relaciones que pueden sonar abstractas a otro nivel, como por ejemplo, cuando hablamos de la relación clave entre desencarcelamiento social, violencia doméstica y vivienda: ¿Cuántas mujeres siguen en situaciones de violencia en la casa porque no tienen adónde ir y/o porque la idea de «refugio» gestionado por el Estado dificulta muchas veces la decisión de irse? ¿Cuántas mujeres sobrevivientes que terminan en la cárcel no pueden salir de ciclos de reincidencia porque no tienen dónde vivir después de pasar por el sistema carcelario? La idea de «refugio», tanto para las sobrevivientes de violencia doméstica como para las sobrevivientes del sistema carcelario estatal, se parece a veces a una forma de encarcelamiento invisible: el paso de un tipo de control a otro. ¿Cuántas mujeres que entran al sistema penal juvenil son sobrevivientes de abuso que deciden salir del lugar de violencia y pasar a situación de calle, que es muchas veces un embudo directo a la cárcel? Entonces, cuando empezamos a conectar concretamente las múltiples violencias en lugar de separarlas, podemos también empezar a enlazar demandas e intervenciones. En este sentido, es importante poder movernos en múltiples planos en lugar de enfatizar solo uno, y poder enfatizar el carácter relacional de la lucha contra las violencias desde la pregunta: ¿cómo hacemos para pensar formas de lidiar con el daño y la violencia que no refuercen los dispositivos sociales que vienen siendo claves en la intensificación de la violencia y que nos ayuden a intervenir constructiva-mente en la generación de vida digna?

Desencarcelar la imaginación y los sentidos de seguridad: tejer y materializar otras relaciones sociales

Cuando pensamos sentidos de justicia capaces de man-tener esa complejidad, se nos plantea de inmediato una pregunta sobre la necesidad de dar con condiciones mate-riales de vida capaces de restablecer lazos comunitarios y condiciones materiales para una vida digna, sin lo cual el universo legislativo y jurídico se convierte muchas veces en una lógica abstracta. En el momento de despliegue de #MeToo, emergieron de inmediato una serie de preguntas y posicionamientos críticos, una historia importante de fe-minismos de base que quedaron marginalizados cuando se empezó a reducir la lucha por una vida sin violencias a for-mas de «tipificar» crímenes, pero que han seguido recrean-do otros lugares desde donde preguntar y enlazar la visión del abuso en una cultura y sistema político y económico abusivo. Como traza Vikki Law, hay una larga y persistente historia de luchas que son fundamentales para re-pensar

el horizonte de justicia desde los feminismos.[35] Muchos
laboratorios de experimentación comunitaria exploran las
maneras en las que generar procesos de responsabilización
que no asuman la violencia del sistema como medida, insis-
tiendo en la necesidad de recobrar un lenguaje para imaginar un cambio social profundo sin la automatización de la
fórmula carcelaria.[36]

*En este campo, los debates y conversaciones feministas re-
cientes en torno a otras justicias nos permiten plantear muchas
preguntas para hacer frente a diferentes formas de violencia ma-
chista a partir de un despliegue de laboratorios pedagógicos que
piensen y aborden en formas múltiples las relaciones sociales,
haciendo frente al abuso y a la impunidad.* Esto nos permite
traer al análisis lo que Davis nos recuerda sobre la necesidad de ver de qué formas «los impulsos retributivos del
Estado se inscriben en nuestras respuestas emocionales».[37]
Vemos, por ejemplo, formas de organización colectiva entre estudiantes de secundaria en el Sur, entre grupos de
mujeres dentro y fuera de las cárceles luchando por otras
justicias que sean transformadoras desde el Norte y el Sur,
entre gente joven que es encarcelada en prisiones de adultos y que empiezan a organizarse para defender sus casos

---

[35] Vikki Law, «How can we reconcile prison abolition with #MeToo?», ob. cit.

[36] Por mencionar algunas de las muchas intervenciones claves de Mariame Kaba, ver «The Apocalypse we need: #metoo and transformative justice part 1» y «The practices we need: #metoo and transformative justice part 2» en el podcast *How to survive the end of the world* (disponible por ejemplo en communityresourcehub.org, junio de 2018). También la serie de seminarios que organizó con activistas de movimientos por otras justicias, ver *Building accountable communities*, disponible en el sitio web de BCRW: http://bcrw.barnard.edu/event/building-accountable-communities/

[37] Angela Davis, «Feminism and abolition», *Freedom is a constant struggle. Ferguson, Palestine and the foundations of a movement*, Chicago, Haymarket, 2016, p. 106 [ed. cast.: *La libertad es una batalla constante. Ferguson, Palestina y los cimientos de un movimiento*, Madrid, Capitán Swing, 2017].

desde la comunidad en lo que se llama «defensa participativa». Parte de esta «defensa» tiene también zonas en
las que se genera poesía y arte colectivo para elaborar
también formas diferentes de pensar las emociones en una
sociedad represiva. Cuando abordamos abuso y violación
desde las palabras articuladas en colectivos de mujeres,
desde dentro de la cárcel o que han pasado por el sistema
penal en diferentes regiones, hay algo que se reitera: la necesidad de re-significar la violencia sexual y psicológica
como una dimensión que atraviesa una serie más amplia
y múltiple de despojos. No se trata de un problema episódico, sino de sistemas de continuidad entre múltiples
tipos de expropiación desde donde se hacen legibles otras
maneras de pensar y abordar estos temas que usualmente
se postulan siempre por separado.

*Necesitamos iluminar más estas continuidades para poder
desplegar otros horizontes de lucha para la vida, haciendo visible*
la confrontación directa con las ideas que más sostienen la
retórica de poder que hace *como si* la violencia sexual y el
abuso fueran situaciones *excepcionales que acontecen entre
personas desviadas, patologizadas y bestializadas.* ¿Por qué el
sistema ha necesitado de esta narrativa a lo largo de la historia? ¿Cuáles son los intereses en sostener una mirada a la
violencia sexual y abusiva como un «aparte» respecto a la
malla material de la vida cotidiana y ponerla como en un
«aparte» de seres monstruosos, psicopáticos y peligrosos?
Los feminismos actuales han sido claves para desmontar
estos estereotipos y para traer el problema a una pregunta
capaz de moverse en la cotidianeidad en la que los abusos
y violaciones pasan dentro de tramas complejas de más
violencias. Como ha quedado claro con la fuerza con la
que se diseminó #MeToo (#YoSíTeCreo, #NoEstásSola) en
diferentes modos y por todas partes desde 2017, el abuso
y la violencia de género, lejos de ser excepcionales y anec-
dóticos, permean los diferentes espacios de la cotidianeidad. Por eso, la palabra de las mujeres que se animan a
cruzar el silencio, organizarse colectivamente e intervenir
es central en este libro. De las intervenciones emerge una

capacidad de compartir y de hacer común un problema que históricamente fue tabú. Así, en los últimos años se están entablando conversaciones necesarias y debates cruciales para poder pensar en respuestas capaces de incidir en nuestra vida cotidiana. También es necesario plantear y hablar de lo que se mantiene como tabú en torno a la cultura del abuso y que diferentes colectivos de justicias transformadoras nos plantean como centrales: ¿Por qué el sistema evita hablar de cómo la mayoría de quienes abusan fueron también sobrevivientes de abuso? ¿Qué pasa cuando suspendemos un pacto de silencio patriarcal en donde la masculinidad se «hace», marca y se replica desde continuidades entre abuso y supervivencia? ¿Qué pasa cuando miramos hacia las mujeres sobrevivientes desde los itinerarios de vida de quienes fueron criminalizadas por no dejarse matar?

El abuso sexual infantil tiene cifras de pandemia y sin embargo es un tema del que no se habla, del que no hay una educación práctica que nos ayude a lidiar y a poder hablar de esto. Es un problema que quedó destinado a la criminalización, por un lado, y a la ONGización, por otro. No existe interés en apuntar a formas de narrar y de generar pedagogías para lidiar con este tema que nos permitan hablar desde la infancia. Generation 5 produjo uno de los primeros documentos sobre justicia transformadora en 2007, poniendo el foco en terminar con el abuso sexual infantil.[38] Muchos documentos de este tipo se enfocan

---

[38] En el año 2007, en el US Social Forum de Atlanta, Generation 5 generó el documento como parte de una conversación más amplia dentro de las izquierdas sobre la forma de responder a los incidentes específicos de violencia sexual infantil y otras formas de violencia interpersonal y comunitaria. Su mirada enfatizó la relación entre la violencia sistémica y la violencia estatal expresadas, y buscó documentar, imaginar y crear respuestas a la violencia que traten la justicia individual y la liberación colectiva como elementos fundamentalmente entrelazados. Ver «Toward transformative justice. A liberatory approach to child sexual abuse and other forms of intimate and community violence» (Hacia una Justicia Transformadora. Una

en modos de intervenir e interrumpir las secuencias que sostienen el silencio y la lógica del sistema jurídico como único lugar desde donde lidiar con los problemas cotidianos, generalmente cuando ya es tarde. Muchas de las luchas para imaginar y practicar otras justicias enfatizan el desarrollo de pedagogías feministas capaces de hacernos volver a sentir que podemos *actuar, incidir y romper* los círculos de violencias que la sociedad plantea como inevitable. En estos experimentos, estamos ensayando formas de un cambio radical en la comprensión de la justicia desde la vida y no desde el castigo, desde el énfasis en actuar para evitarlo y para poder sanarnos. La imaginación y la visualización prácticas de otros tipos de justicia ponen en la base la necesidad de reconstruir los tejidos comunitarios. Necesitamos romper los esquemas liberales de individualización de los problemas para preguntarnos también: ¿cómo podríamos haber intervenido para evitar el daño?, ¿dónde estábamos?, ¿cómo podemos aprender a responder a la violencia que acontece en las vidas y lugares donde habitamos sin asumir que eso no nos afecta? Las estrategias desarrolladas en los fragmentos dispersos de prácticas de otras justicias son claves para ir a ese punto que el neoliberalismo ha paralizado desde la ruptura de lazos (interpersonales y comunitarios) y el incremento de «soluciones» violentas a la violencia. Se trata de retomar un sentido que traiga la capacidad de intervenir, hablar, analizar y generar herramientas prácticas para el hoy en el que estamos.

Al delegar únicamente la resolución de los problemas de violencia al Estado, el imaginario jurídico-liberal y capitalista nos aleja de la capacidad de preguntarnos por las condiciones y contextos en los que acontecen las violencias de género dentro de una trama mayor. Como sostienen Federici y George Caffentzis, necesitamos vincular el trabajo de re-imaginar otras relaciones sociales a partir de prácticas

---

aproximación liberadora para acabar con el abuso sexual infantil y otras formas de violencia íntima y comunitaria) disponible en https://collectiveliberation.org/wp-content/uploads/2013/01/Generation5_Principles_of_Transformative_Justice.pdf

de hacer-memoria para relacionarnos en común en un antes
y después de lo que el presentismo neoliberal postula como
medidas únicas.[39] La idea de que tenemos que empezar
todo desde cero es paralizante y es parte del borramiento
que los procesos de violencia generan para controlar la relación entre memoria e imaginación colectiva. En este sentido, Mina Navarro nos recuerda que la memoria es un sitio
importante de «prefiguración» en las luchas por retomar
y hacer común en múltiples sentidos y dinámicas.[40] El incremento de los ideales de mayor seguridad y punitivismo
van en paralelo a un debilitamiento de los lazos comunitarios y a la transformación neoliberal de las relaciones interpersonales dentro del esquema de lo desechable, el «use
y tire» que rige sentidos limitados de libertad neoliberal
como si se tratara de una capacidad de consumo. En medio de ese mapa, los movimientos feministas desde el Sur
parten de la madeja de lo opuesto: *la posibilidad de sostener
la vida* y visualizar toda la malla de trabajo invisibilizado y
denigrado sistemáticamente desde los orígenes del capitalismo. La apertura de otros *horizontes para la justicia que no
nos «arresten» dentro de los esquemas patriarcales y capitalistas
que tanto daño han generado* nos exige desplegar sentidos
que desautomaticen la retórica del sistema y el sensacional-
lismo permanente de los medios de comunicación. Muchas
consignas que circulan en las calles, como «Me cuidan mis
amigas, no la policía» o la conversión de las siglas SOS que
usa como consigna el Proyecto Audre Lorde: Safe Outside
the System (Segur*s fuera del sistema), o Care Not Cops
(Cuidados, no policía),[41] ponen en juego la urgencia y po-

---

[39] Silvia Federici y George Caffentzis, «Comunes contra y más
allá del capitalismo», en *el Apantle. Revista de estudios comunitarios.
«Común ¿para qué?»*, núm. 1, octubre de 2015, pp. 51-72.

[40] Mina Navarro, «La memoria como impulso de resistencia y
prefiguración en las luchas socioambientales», *Tramas*, núm. 38,
2012, pp. 123-146.

[41] «Care Not Cops» es una consigna que remite a la campaña
desplegada por varias organizaciones abolicionistas en Portland,
Oregon, para detener los procesos de criminalización, apuntando

sibilidad colectiva de resignificar lo que entendemos como protección y seguridad. En esto, los saberes desplegados desde los feminismos populares son cruciales porque nos permiten ver la crisis de la reproducción como generadora de una intensificación de las violencias que repercuten de formas más acentuadas en las vidas más precarizadas.

Poéticas hacia otros sentidos de justicias

Poder nombrar desde otros lugares nos abre la posibilidad de re-conectar y re-crear horizontes de lucha y otras maneras de relacionarnos en las que laten posibilidades de imaginar sentidos de seguridad en colectivo y des-encarcelar nuestros imaginarios. Una forma de hacerlo es *desautomatizar* varios mecanismos y sentidos que el neoliberalismo ha ido instalando desde los paradigmas de seguridad y criminalización como respuesta a los problemas de violencias y precariedad que él mismo ha ido generando y de los cuales se nutren sus ganancias. Para esto, necesitamos profundizar en el despliegue de claves y actos de imaginación que nos permitan *hablar de justicias* en formas que no sean significadas de antemano por el sistema racista, clasista, patriarcal. Parafraseando a Audre Lorde, podríamos decir que *las herramientas de seguridad y criminalización del amo no nos sirven para desmontar su casa y poder vivir dignamente y sin violencias.* Respondiendo a la demanda de discursos vendibles y tangibles, Lorde preguntaba algo crucial: «*¿Qué pasa cuando nuestras palabras, los recursos de*

---

a la pregunta por las condiciones materiales para fortalecer los cuidados comunitarios. Entre las demandas durante el momento de pandemia de la COVID-19, exigían una redistribución de presupuestos y recursos que asegurara vivienda, alimentación, liberación de personas presas, y formas de atención a la salud mental que no pasasen por la relación con el sistema de vigilancia policial y encarcelamiento, entre otras cosas. Para entender el proceso y las demandas, ver: https://criticalresistance.org/care-not-cops/ y https://www.carenotcops.org/

exploración de nuevos saberes, son alejados de nosotras? En otras palabras, ¿qué pasa cuando somos condenadas a hacer una y otra vez las cosas en el viejo estilo?».[42] Usualmente, los universos de producción de sentido, los usos de la imaginación y la memoria para generar posibilidades son condenados a una zona de control desde su supuesta «improductividad» o irrelevancia. Sin embargo, la dimensión poética emerge en las luchas feministas populares como una fuerza crucial de donde salen mecanismos de supervivencia que engarzan con otras posibilidades de vida. Se trata de una dimensión que recorre no solamente las marchas y las redes, sino las luchas colectivas que se vienen sosteniendo en las cárceles, donde se expresa un deseo en el que el cuerpo y la lengua se entrecruzan como una potencia movilizadora. Hay múltiples dimensiones de expropiación dentro de las cuales la lengua y la imaginación ocupan un lugar clave que es invisibilizado por los circuitos de valorización capitalista. Quitar el cerco que nos imponen implica ahondar en el rol de un arte engarzado a la vida, es decir, que no es vivido como algo encasillado en la estructura de una disciplina, sino una dimensión clave y necesaria para la supervivencia colectiva.[43]

La materialidad de la palabra emerge como parte de un respirar colectivo hacia otros sentidos de justicia que se juegan en la disputa por lo que significa vivir libres y sin miedo y reconstruir lugares desde donde hacer frente a los paradigmas de vigilancia y seguridad cada vez más militarizados. *Esto implica poder enfrentar y comprender la violencia de la expropiación capitalista también en relación con nuestra capacidad de significación y relacionamiento colectivo.* Esto es crucial en las historias que me interesa reconstruir en este libro, desde el énfasis en una dimensión poética e imaginativa que nos permite enlazar historias y situaciones haciendo comunes diferentes sentidos. Pensar junto lo

---

[42] Audre Lorde y Adrienne Rich, «Conversación», en «Astrea foundation benefit tapes», 5 de diciembre de 1981, p. 20.

[43] Lorde, «La poesía no es un lujo», ob. cit., p. 3.

que se nos presenta como separado implica también mirar desde diferentes lugares y situaciones sociales que exceden el plano analógico y nos instan a poder percibir desde otros sitios. En los momentos de mayor intensidad de movimientos sociales, es la capacidad de conectar realidades y situaciones heterogéneas con sus luchas lo que genera una sensación de poder colectivo que, al pasar la marea, se vuelve a aislar y separar en diferentes etiquetas de lucha. Parte del trabajo de pensar desde las luchas viene de la capacidad imaginativa para generar y dar sentidos que nos permitan hilvanar historias que se nos plantean como particulares o inconexas, en tiempos, regiones, territorios.

La expansión de formas de acumulación capitalista desde la expropiación de territorios y posibilidades de vida colectiva afecta a múltiples regiones desde mecanismos que se reiteran y resuenan. A estos mecanismos, Suely Rolnik les agrega la dimensión de apropiación de la capacidad de crear y cooperar, enfatizando la necesidad de resistir a partir de formas de apropiación colectiva de esa capacidad o potencia creativa.[44] En este sentido, es importante generar análisis desde las *tomas colectivas de palabras en lucha* para ver la relevancia de la producción colectiva de sentidos que nos permiten mirar desde otros lugares y cristales que los que nos impone el sistema. Podemos intervenir con el deseo de ampliar sentidos, donde la capacidad expresiva e imaginativa de la lengua no sean concebidos como una suerte de entidad disciplinar separada (lo literario, la poesía, la sociología, la historia, la política), sino que el ejercicio de pensar nos hace posible dramatizar (performar) formas de entrelazar, plantear y proponer historias más profundas que escenifican latidos comunes. Cuando enfatizo lo común, no estoy intentando borrar las particularidades de cada instancia, sino que más bien busco poder dar con un ritmo de luchas que compartan un deseo vital frente a las olas de violencias que se

---

[44] Suely Rolnik, *Esferas de la insurrección. Apuntes para descolonizar el inconsciente*, Buenos Aires, Tinta Limón, 2019.

intensifican cada vez más en diferentes dimensiones de la vida. En este sentido, generar memorias múltiples que nos ayudan a sintonizar y conectar en lugar de dividir implica también una apuesta por fugarnos del afán divisivo con el que históricamente los poderes han logrado triunfar y sostenerse. Me interesa hurgar en pasados y presentes desde lo que yo llamo *hilos de historicidad,* en los que lo común viene de la palabra y los análisis generados en luchas por una vida digna y rica en sentidos y deseos.

Este libro *versa sobre la necesidad de hablar y pensarnos con relación a un horizonte de justicia que adquiera un sentido integral a nuestra vida, y no el confinamiento al que la dirige una sociedad cada vez más carcelaria y punitiva donde la violencia es cada vez mayor.* Necesitamos mantener un ojo alerta respecto de esos caminos de soluciones viejas y otro capaz de visualizar un horizonte diferente. *Al hablar de poéticas de otra justicia, remito a la activación de una capacidad imaginativa y práctica para ir más allá de la retórica del sistema que hace «como si» se resolvieran problemas cuando solamente se imponen soluciones punitivas que muchas veces solo aceitan una maquinaria que incrementa más violencias.* Pongo el eje común en la toma colectiva de la palabra de mujeres en lucha en diferentes tiempos y lugares para dar relevancia a la dimensión imaginativa y su potencialidad en la tarea de materializar una lengua diferente para poder decir desde otros lugares, que permitan enfatizar otros horizontes cuando se denuncian las violencias patriarcales como parte de una multiplicidad compleja de sistemas de opresión y expropiación. Con esto me interesa traer *memoria, historicidad y poética* como formas claves que nos hagan posible hablar desde lugares en los que no estemos a priori determinad*s por los sentidos que nos impone un sistema que estamos intentando dejar atrás. Coralizando un grito de BASTA, las movilizaciones encarnan un deseo de intervenir en la posibilidad de rediseñar la vida desde la fuga colectiva respecto a los lugares que nos imponen como destino, como rol, como mandato.

Primera parte

Hilos de historicidad y composición de una lengua a lo largo del tiempo

1

«No podemos vivir sin nuestras vidas». Luchas contra la violencia feminicida en dos tiempos: los años setenta y el presente[*]

Cada presente remueve capas de historicidad que fueron acalladas u olvidadas e insta a seguir las vetas de otras temporalidades en las que laten y se iluminan los mismos problemas en diferentes tonalidades. Cuando hablamos de luchas para terminar con el sistema punitivo y carcelario, apuntamos a una multiplicidad de estrategias políticas que requieren formas capaces de expresarlas. Una de las claves viene de la necesidad de poner la lengua como lugar políticamente relevante en su capacidad material para expresar y articular sentidos fuera de los regímenes de significación dominantes. Al recorrer genealogías de lucha contra las violencias feminicidas, un punto clave viene de la complejidad que implica poder significar como políticamente relevantes una serie de dimensiones que los marcos más tradicionales, liberales y de muchas izquierdas no concebían como tal. Esto abre la posibilidad de renovar el imaginario político y de ahondar en la articulación entre formas de organización, expresividad y análisis que permitan mirar desde otros lugares.

---

[*] «No podemos vivir sin nuestras vidas» es una consigna de las mujeres del Combahee River Collective, que marchaban contra la violencia contra las mujeres y los feminicidios de mujeres negras en Roxbury a finales de la década de los años setenta. Analizaré estos elementos más a fondo en las páginas que siguen.

Podemos ver que un eje que ha regido la vinculación entre tiempos de luchas tiene que ver con la manera de comprender las violencias a partir de la conexión entre la dimensión interpersonal y la sistémica: al *des-individualizar y des-moralizar las violencias, se nos abren caminos para politizarlas de otra forma.* Cuando hablamos de violencias en plural, en lugar de una forma de violencia aislada e individualizada, damos un giro que nos permite plantear la pregunta por los sentidos de justicia y responsabilización en un mapa más complejo a nivel histórico y geográfico. Hacer memoria de luchas que pasaron en diferentes lugares es una forma de pensarnos en una historia larga y múltiple en la que sintonizan muchas preguntas comunes. También nos permite mapear caminos, cuestionar lo que no funcionó y traer lo que puede hacernos andar nuevamente. A su vez, permite entender otro tipo de temporalidad curiosa en la que, desde ciertos lugares, parece que ha pasado mucho tiempo y, desde otros, parece como si estuviéramos en un mismo tiempo problemático que tiene una vida ajena a la del reloj.

Lo que hoy conocemos con el concepto de interseccionalidad es una forma de condensar en una expresión la multiplicidad de formas inseparables de violencias. Como tal, la palabra-concepto emergió dentro del campo legal cuando Kimberlé Crenshaw señaló la limitación del sistema de derecho liberal a la hora de entender formas múltiples y simultáneas de violencia expresadas como discriminación según la clase social, la raza, la sexualidad.[1] Años antes, esa mul-

---

[1] Me refiero a los textos claves de Kimberlé Crenshaw: «Demarginalizing the Intersection of Race and Sex: A Black Feminist Critique of Antidiscrimination Doctrine, Feminist Theory and Antiracist Politics», *University of Chicago Legal Forum*, núm. 139, 1989, pp. 139-167; y «Mapping the Margins: Intersectionality, Identity Politics, and Violence against Women of color», *Stanford Law Review*, núm. 43(6), 1991, pp. 1241-1299. Para un análisis profundo y detallado de las diferentes genealogías de interseccionalidad en Estados Unidos, ver el libro de Ange-Marie Hancock, *Intersectionality. An intellectual history*, Oxford, Oxford University Press, 2016.

tiplicidad había emergido desde las luchas articuladas colectivamente por la Colectiva del Combahee River, a partir del análisis sobre cómo entender las violencias expresadas en esas muertes de mujeres que eran pobres y racializadas, desde una multiplicidad que, en la lengua política existente de derecha y de izquierda, se aplanaba y simplificaba bajo la fórmula del «crimen pasional».

En las luchas contra los asesinatos de mujeres en Juárez, fue la reelaboración del concepto de feminicidio lo que permitió, como dice Julia Estela Monárrez, conceptualizar formas de hacer frente a la historia de impunidad que consolidaba la figura del «crimen pasional» (volveré a esto en detalle más adelante). En esta sección, recorreré fragmentos de luchas políticas y expresivas que conectan los años setenta y el presente a partir de diferentes hilos que panfletos y poemas ponían en la mesa, centrándome sobre todo en la pregunta sobre la materialidad de la lengua para crear otros sentidos y lugares desde donde hablar e intervenir.

El ejercicio de ahondar en la historicidad del presente nos permite *entender recorridos subterráneos que han seguido diferentes cursos* y en los que brillan, como estrellas, *las posibilidades de entender y sentir diferente ciertas ideas claves en las que laten otros deseos para la vida en común.* Propongo un ejercicio de lectura que se remonta a las décadas de los años setenta y ochenta, cuando se genera un feminismo del «Tercer Mundo» en Estados Unidos, para hurgar en los mecanismos materiales que hacían legible la violencia que hoy llamaríamos *feminicida* como una lucha relevante políticamente. Para esto, es importante indagar en cómo se ponía en lengua e imagen un *análisis que insistía en la necesidad de conectar luchas que parecían dispares.*

Las imágenes que enhebro en este itinerario vienen de la intuición de que estamos enfrentando una potencialidad y también un peligro cuando a la lucha por terminar la violencia feminicida se le intenta imponer un tipo de resolución desde arriba, dentro de esquemas de criminalización o de los discursos políticos de seguridad pública que, en el contexto neoliberal, remiten a más violencia en términos de militarización y encarcelamiento. La capacidad de historizar y hacer memoria enhebra una serie de imágenes dialécticas entre presentes y pasados en los que también se puso en juego la capacidad de significar las violencias expresadas en los feminicidios y los sentidos de seguridad fuera de esos esquemas desde arriba, sea en la ficción del ámbito doméstico o en la de la institución policial como sitios de «protección».

Me interesa conectar contextos de luchas a partir del análisis de la disputa de sentidos en juego, enhebrando tiempos y lugares en los que laten problemas comunes y en los que puede residir una potencialidad para abrir horizontes de sentido y poéticas de lucha en el presente. Esto nos alerta frente a soluciones que no resolvieron ningún problema, sino que más bien los han intensificado. Me propongo elaborar un recorrido por algunas luchas contra la violencia feminicida, que vienen del inicio del análisis que hoy llamamos interseccional, donde cristalizaba otro tipo de comprensión de la justicia en el que era crucial, como lo es ahora, insistir en la necesidad de conectar problemas, luchas, narrativas y poéticas que el sistema intenta destruir, aislar, individualizar, desconectar.

Claves para posibles itinerarios

Feminicidio e interseccionalidad fueron dos claves que se instalaron de forma popular y callejera en la intensa secuencia de movilizaciones feministas que acontecieron entre 2016 y 2017 a nivel internacional. Con el llamado al primer Paro Internacional Feminista espontáneo tras el feminicidio de Lucía Pérez en Argentina, en octubre de 2016, la palabra *feminicidio* nos anudó y autoconvocó en muchas partes del mundo, abriendo una cantidad de puertas para politizar una violencia siempre relegada a lo privado, personal, pasional o íntimo. El vuelco popular y masivo hacia la palabra *feminicidio* como llave para expresar el lazo entre lo interpersonal y lo sistémico nos permitió nombrar las violencias y resignificarlas políticamente, rompiendo la escisión entre espacios (doméstico-público) y los marcos en los que se estructuran y fijan las narrativas dominantes sobre la violencia de género. *Se sacaba la palabra del corsé de las discusiones académicas para llevarla a la toma de las calles y ampliar sus sentidos en diferentes niveles y violencias que atraviesan la vida cotidiana y se intensifican a mayor precarización de la vida.*

En enero de 2017, junto a la fuerza que generó la masividad de la Marcha de Mujeres (*Women's March*) en Washington, replicada simultáneamente en diferentes ciudades del país, el discurso de Angela Davis ponía la palabra *interseccionalidad* en el centro para pensar desde ahí diferentes luchas. Conectando las luchas de los movimientos por las vidas negras y migrantes (BlackLivesMatter y Ningún ser humano es ilegal), la lucha por los territorios y el agua (desde Standing Rock Sioux a Detroit y Palestina), las luchas por un salario mínimo digno («Fight for 15») y por el derecho a la salud, su discurso enfatizaba el rol clave del análisis gestado por los feminismos negros y de color para entender la relación entre diferentes violencias interpersonales y estatales.[2] De todos los discursos que se hicieron ese día, el de Davis fue el que más circuló dentro y fuera del país. Su transcripción fue publicada en diferentes lenguas, generando una serie de lazos que insistían en el poder político de la conectividad entre formas *de análisis y luchas* que el sistema nos insta a pensar siempre por separado.[3]

---

[2] Días después, se posteó el discurso completo y comenzó a circular: https://www.elle.com/culture/career-politics/a42337/angela-davis-womens-march-speech-full-transcript/

[3] Una serie de notas de prensa ponían el discurso de Angela Davis en una centralidad inspiradora; ver Verónica Gago, «La otra historia», *Página/12*, 22 de febrero de 2017, disponible online; Marcela Fuentes, «Ellas, el pueblo», *Página/12*, 22 de febrero de 2017, disponible online; «Angela Davis: reconocemos que somos agentes colectivos de la historia y que la historia no se puede

En una secuencia de pocos meses, las palabras *feminicidio*, con la que comenzamos a politizar una comprensión de las violencias de género, e *interseccionalidad*, como análisis de múltiples formas de opresión que necesitamos comprender de forma entrelazada e inseparable, fueron claves centrales para significar la lucha contra las violencias hacia mujeres, cis y trans, de formas más masivas. Se hacía perceptible una dimensión plural y abierta que nos instaba a entender ese análisis como un modo de estrategia política. Si bien se trata de palabras-conceptos clave en torno a las cuales existían fuertes luchas y saberes, las movilizaciones, marchas y llamados al paro popularizaron formas de análisis que habían quedado marginalizados, sea como temas acotados en su relevancia para grupos específicos, sea como asuntos que eran discutidos dentro de los «estudios de género» en la geografía de los saberes académicos.[4] En el caso de *feminicidio*, los análisis generados remitían sobre todo a la realidad de Ciudad Juárez en México y, en el caso de *interseccionalidad*, a las redes de feminismos negros en el Norte y el Sur. Lo que empezó a acontecer de forma más masiva desde 2017 fue *la popularización y expansión* de saberes cruciales que condensaban estas claves como formas de comprensión de violencias y poderes, atravesando

---

borrar», *Afroféminas*, 21 de enero de 2020, disponible online; «La marcha de mujeres. El triunfo del feminismo interseccional», *Calala. Fondo de mujeres,* disponible online.

[4] Las obras situadas en contextos de luchas generadas a lo largo de las décadas por Léia Gonzales, Sueli Carneiro, Yuderkys Espinosa, Ochy Curiel, Betty Ruth Lozano y Mara Viveros, por nombrar tan solo algunas pensadoras activistas, han sido claves para dar consistencia teórica y política a los feminismos negros y de color en América Latina y el Caribe. El estudio realizado por Lucía Busquier en «¿Interseccionalidad en América Latina y el Caribe?» (*Con X*, núm. 4, 2018) mapea trayectos analíticos del concepto centrándose en los saberes generados desde la Red de Mujeres Afrolatinoamericanas, Afrocaribeñas y de la Diáspora (rmaad) que fue creada en República Dominicana en 1992; disponible online en http://portal.amelica.org/ameli/jatsRepo/160/160723004/160723004.pdf

geografías y territorios. Esta capacidad de expansión traía una lengua crítica también marginalizada dentro de los feminismos más dominantes, posibilitando preguntas y horizontes de significación capaces de enlazar violencias que se mantenían separadas. Se empezó a hacer más popular y presente la complejidad que *feminicidio* e *interseccionalidad* ponían sobre la mesa como manera de entender y nombrar las violencias, trazando caminos necesarios para significar las luchas desde ahí.

En la intensidad de ese momento, se publicó en inglés y luego en castellano el libro *How we get free. Black feminism and the Combahee River Collective* [Cómo nos liberamos. El feminismo negro y el Colectivo Combahee River], que reeditaba el manifiesto fundacional del Colectivo Combahee River (1974-1980) cuarenta años después de su aparición en 1977, acompañado de una serie de entrevistas realizadas por Keeanga-Yamahtta Taylor a tres de sus fundadoras (Demita Frazer, Barbara Smith y Beverly Smith).[5] El texto funcionaba como un acto de hacer memoria capaz de «reconectar las raíces radicales de análisis y práctica feminista negra con las formas de organización política del presente».[6] Este acto de memoria e intervención política *refrescaba* los contextos de lucha en que fueron partidos términos claves que funcionaron como caminos hacia la comprensión de lo que se llamó posteriormente *interseccionalidad*. Taylor enfatizaba la necesidad de reclamar sentidos de análisis complejos y situados que fueron capturados semánticamente en las décadas siguientes por diferentes circuitos de poder. Por ejemplo, el Colectivo

---

[5] Al compás de las entrevistas que recrean el contexto de lucha de Combahee, Taylor agrega entrevistas con Barbara Ransby, activista feminista y archivista, y Alicia Garza, una de las fundadoras de Black Lives Matter, implicada también en la lucha por los derechos de las trabajadoras domésticas.

[6] Keeanga-Yamahtta Taylor, «Introduction», en *How we get free. Black feminism and the Combahee River Collective*, Chicago, Haymarket, 2017, p. 13 [ed. cast: *Cómo nos liberamos. El feminismo negro y el Colectivo Combahee River*, Barcelona, Bellaterra, 2021].

Combahee River habló por primera vez de «políticas de identidad» para proponer la capacidad de entender la dimensión múltiple que genera el cruce de opresiones vividas de modo inseparable y transformarlas en una herramienta para articular una lucha hacia otro tipo de vida. En los años siguientes, hubo una apropiación y captura del término desde diferentes estrategias de simplificación que lo congelaba en comprensiones fijas de identidad que iban limitando la posibilidad de actuar políticamente. Así, el libro contaba con diferentes entrevistas que evocaban las formas singulares de hacer y pensar políticamente del Colectivo, actuando en coalición con diferentes luchas que se movían en los cruces.[7] Barbara Smith explica: «Lo que nosotras decíamos era que teníamos un derecho como gente que no estaba solamente enmarcada como 'femenina', o 'negra', o 'lesbiana', o de 'clase obrera' o 'trabajadora', *sino que acuerpábamos todas estas identidades y teníamos un derecho a construir y definir una teoría y práctica política basada en esa realidad.* Eso es lo que quisimos decir con 'política de identidad'. No dijimos que si no eras como nosotras, entonces no eras nada. No dijimos que no nos importaba nadie que no fuese exactamente como nosotras. Una de las cosas que decíamos frecuentemente era […] que sería realmente aburrido hacer trabajo político solo con quienes eran exactamente como una misma».[8] Posicionadas como socialistas y desde la imbricación entre diferentes formas de opresión vividas de forma diferencial e inseparable según raza, clase y sexualidad, las Combahee hacían posible formas frescas e innovadoras de lucha.[9]

Al trasponer ese análisis de poder a un tipo de política que enfatizaba el trabajo en coalición, se construían

---

[7] Ibídem.

[8] Barbara Smith en ibídem, p. 61; énfasis y traducción mías.

[9] Para contextualizar las diferentes intervenciones en relación con imbricación e interseccionalidad, ver el libro de Patricia Hill Collins, *Black Feminist Thought: Knowledge, Consciousness, and the Politics of Empowerment*, Londres, Routledge, 2008.

puentes y tejidos que conectaban diversas luchas en torno a los derechos reproductivos, las denuncias de esterilizaciones forzadas, la despenalización del aborto, la violencia contra las mujeres, las formas de generar defensa colectiva desde los tejidos comunitarios, etc.[10] Se vinculaba también con una política internacionalista a través de la gesta de lo que se llamó feminismos de Mujeres del Tercer Mundo en Estados Unidos, con lo que se abría un tejido de trabajo en común entre mujeres de diferentes colores y lugares. El feminismo de las mujeres del «Tercer Mundo» en Estados Unidos fue, como dice Chela Sandoval, un «lugar central de posibilidades» en el que se renunciaba a la idea de «una» sola ideología o lucha dentro de una «jerarquía» de temas, para articular «subjetividades tácticas con la capacidad de des- y re-centrarse» en conexión con los diferentes puntos de poder en juego.[11] En este sentido, la publicación de *Esta puente mi espalda. Voces de mujeres tercermundistas en Estados Unidos*, en 1984, materializaba la polifonía de temas y cruces que se iban tejiendo y haciendo puente entre feminismos desde abajo.[12]

---

[10] En 1974, se había fundado también el CESA: Committee to End Sterilization Abuse (1975), que denunciaba el programa de eugenesia y los casos de esterilización de mujeres negras, de color, latinas, nativoamericanas. El manifiesto está disponible en https://www.cwluherstory.org/health/cesa-statement-of-purpose

[11] Chela Sandoval, «U.S. Third World Feminism: Differential Social Movement I», *Methodology of the Oppressed*, Mineápolis, University of Minnesota Press, pp. 41-64 y 58-59.

[12] Este libro-puente era también parte del proyecto editorial que comenzaron algunas de las Combahee River junto con Audre Lorde en 1980, Kitchen Table Press: Women of Color Press, como modo de abrir y materializar un espacio que permitiera circular las voces de las mujeres negras y de color. En pocos años había acontecido la fundación de la Organización Nacional de Feministas Negras (1974), así como la primera «Marcha para terminar con la violencia contra las mujeres» (1978) y la «Primera Conferencia Nacional sobre las Mujeres del Tercer Mundo y la violencia» (1980), ambas en Washington. Como analiza en detalle Emily Thuma, se trató del primer encuentro nacional y autónomo en el que se juntaron mujeres asiáticas, latinas, negras y

Al reflexionar sobre el impacto del análisis generado por las Combahee River, Taylor destaca su capacidad de crear puntos de entrada a la política para muchas mujeres que nunca habían sentido ni el deseo ni la posibilidad de participar políticamente. Con esto generaba un espacio de intervención que no solo posicionaba el análisis situado de los feminismos negros dentro de los contextos de lucha que habían acontecido desde finales de los años setenta, sino que también descentraba la discusión de la mera oposición entre feminismos hegemónicos blancos y feminismos negros, instando a iluminar las estrategias políticas que se habían desplegado desde las luchas más populares y de base. Las entrevistas reconstruían así esos tejidos constelando con un presente en el que la violencia contra las mujeres estaba nuevamente en el centro.

El manifiesto del Colectivo Combahee River propuso la noción de imbricación de opresiones como una instancia diferencial frente a la lengua liberal de la «igualdad» que dejaba sin problematizar la complejidad y el espesor de las violencias de género. Esto implicaba al menos dos dimensiones organizativas importantes: por un lado, la lucha para terminar con la violencia contra las mujeres se articulaba desde el planteo de que el *cambio tenía que acontecer y sentirse en la vida de quienes habitan la base misma de la pirámide social*. Por otro lado, se insistía en un cambio capaz de acontecer en muchos niveles a la vez, re-significando el sentido de lo político: «No estamos convencidas de que una revolución socialista que no sea también una revolución feminista y antirracista garantice nuestra liberación», señalando con esto la necesidad de trabajar al interior de muchas organizaciones de izquierda en las que se reproducían las prácticas machistas, racistas y heterosexistas del sistema. Las intervenciones apostaron a pensar juntas una multiplicidad de opresiones para articular una lucha

---

de pueblos originarios que trabajaban en refugios y centros de apoyo a mujeres víctimas de violación (ver Thuma, *All our trials. Prisons, Policing, and the Feminist Fight to End Violence,* Chicago, University of Illinois Press, 2019, p. 123).

capaz de expresarlas, enfrentando el pulso de separación y unilateralidad que se impone desde la jerarquización de una forma de opresión sobre otras. Sus análisis aterrizaron preguntas sobre la lucha contra los feminicidios en formas que nos conectan casi directamente con preguntas que seguimos enfrentando hoy en día en diferentes circuitos de izquierda cuando se plantea qué va primero: la lucha contra la opresión de clase, sexualidad o raza. ¿Por qué es tan difícil indagar que no se trata de universos separados o aislados en casillas, con números de prioridad, sino de formas en las que ese sistema complejo de violencia y opresión que denigra nuestras vidas *se expresa y mantiene a través del tejido* de relaciones sociales e interpersonales?[13] Esto implicaba desmontar el actuar como si la violencia contra la mujer no fuera parte de la multiplicidad de violencias que afectan, dividen y deterioran a una comunidad.

En este punto la obra de Lorde fue crucial para pensar y nombrar múltiples mecanismos de silenciamiento: dentro de los grupos de izquierda marxista en los años setenta, tenía que callar su lesbianismo; dentro de los grupos de mujeres feministas, tenía que dar prioridad a una noción de género que universalizaba la condición de algunas mujeres de color blanco; dentro de los grupos de

---

[13] Frente a este mapa viejo y actual, encuentro importante plantear cómo esa molestia que generan los actos de habla sobre la violencia de género dentro y fuera de los circuitos de izquierda y de cambio social, el no poder digerir esas violencias como relevantes políticamente, es una forma de mantener un pacto de silencio que las sostiene. Patricia Hill Collins analiza el impacto de la denuncia del machismo dentro de las izquierdas de ese momento en el capítulo «The politics of black feminist thought» (ob. cit.). Tiempo después, el libro *Revolution starts at home* (La revolución empieza en casa) explora el problema de la violencia de género al interior de los movimientos sociales y las políticas de izquierdas a través de propuestas de transformación en diferentes experiencias; Ching-In Chen, Jai Dulani y Leah Lakshmi Piepzna-Samarasinha (eds.), *The Revolution Starts at Home. Confronting Intimate Violence Within Activist Communities*, Oakland, AK Press, 2016.

lesbianas, tenía que postergar su maternidad, siendo madre de dos hij*s, de l*s cuales uno varón. Su poema *Quién dijo que era fácil* le daba una textura crucial al problema y atravesaba ese malestar generado por la unidimensionalidad en la que se estructuran las luchas políticas cuando no se atiende a la complejidad que generan diferentes formas de opresión en la composición de subjetividad. Al final, se pregunta: «¿cuál de mis yoes sobrevivirá a todas estas liberaciones?», apuntando a la presuposición, que se juega muchas veces de tener que renunciar a una parte de una misma para poder «encajar» políticamente en un grupo. En una conversación con Margaret Kaminski en 1975, Lorde dice que, al escribir este poema, pensaba en que si luchamos por una liberación que implique a toda la humanidad, no tiene sentido separar unas luchas de otras: «Hasta que no podamos llegar a ese concepto, hasta que no ensanchemos nuestras perspectivas para que la liberación no se reduzca a una provincia privada de un grupo en particular, hasta que no hagamos eso, vamos a estar trabajando un*s contra otr*s, y contra nosotr*s mism*s».[14] Lorde siempre nos está recordando el énfasis que el sistema pone en separarnos, en destruirnos, mutilando la posibilidad de *sostener horizontes comunes* a largo plazo. Estas reflexiones articulaban el recordatorio de una pregunta fundamental sobre una visión capaz de tener en cuenta un ser entero, relacional y abierto. La circulación que está teniendo su obra en el presente nos habla quizás de la necesidad de reconectar con esta búsqueda.

Conectar los finales como nuevos comienzos

En 2017, Kendra Hicks, artista local de Roxbury, Massachusetts, comenzó un proyecto de instalaciones llamado «Estuary Projects» para recrear esas formas de organización y

---

[14] Margaret Kaminski, «Interview with Audre Lorde/1975», en Joan Wylie Hall (ed.), *Conversations with Audre Lorde*, Jackson, University of Mississippi, 2004, p. 5; traducción mía.

análisis político. Se trata de una intervención en memoria
de los feminicidios de mujeres negras cometidos hace 40
años en la zona y en la que la participación del Colectivo
Combahee River había sido crucial. En la descripción del
proyecto, Hicks habla de cada una de esas muertes y de
cómo esos eventos tan duros fueron el suelo fértil en que
se constituyó un análisis para comprender esas violencias
en una complejidad que posteriormente se nombró *interseccionalidad*. En esa línea, el proyecto planteaba re-conectar y territorializar esa memoria de los feminicidios como
una posibilidad para «ubicarnos en nuestros linajes, reaprender cómo imaginar e implementar pequeños experimentos que puedan cambiar el curso de nuestra historia
para siempre».[15] La propuesta invitaba a generar un espacio para compartir una capacidad no solo de resistir la violencia, sino de «cultivar sistemas de afirmación de la vida»
desde la pregunta: «¿Cómo podemos usar estos finales
como nuevos comienzos? [...] ¿Cómo responderemos con
la visión creadora y la audacia espiritual que necesitamos
para crecer y nutrirnos?».[16] Se buscaba honrar las vidas de
esas mujeres con altares e instalaciones urbanas en el cuarenta aniversario de sus muertes, propiciando un diálogo
histórico y una pregunta acerca de la actualidad de aquel
pasado y de a quiénes se recuerda usualmente en el espacio público.[17] Las instalaciones interrumpían el paso e instalaban las preguntas «¿qué es esto?, ¿quién era?, ¿cómo
murió?, ¿cómo conecta con las muertes que siguen aconteciendo en el presente?». A cada nueva instalación se le

---

[15] Kendra Hicks, *The estuary project*, Massachusetts, 2017; disponible
online en https://www.kickstarter.com/projects/theestuaryprojects/the
-estuary-projects

[16] Se puede escuchar más sobre las continuidades del proyecto en
«Gibrán's Podcast: The Estuary Project with Kendra Hicks», el podcast local realizado por Gibrán Rivera en conversación con Kendra
Hicks el 25 de enero de 2021; disponible en https://www.youtube.com/
watch?v=cuhh3HCo2v4

[17] Algunas de las instalaciones urbanas se pueden ver en esta nota de Dialynn
Dwyer, «Boston 40 years ago. A local artist is remembering them across the
city», *Boston.com*, 20 de febrero de 2019; disponible en https://www.boston.
com/news/local-news/2019/02/20/1979-boston-murders-estuary-projects/

hacía una ceremonia en la que afloraban también preguntas sobre lo que implica habitar ese espacio, en pasado y
en presente. Hicks dejaba abierta la posibilidad de realizar
una segunda parte en la que estos actos de memoria se
encauzaran hacia la idea de un pensar colectivo acerca de
qué barrio se quiere y cómo imaginarlo de forma diferente
en medio de una intensidad de violencias que no ha des-
aparecido. Dentro del contexto abierto por #SayHerName
y #BlackLivesMatter, la intervención volvía a poner en el
centro la pregunta por el espacio y el tiempo cotidiano
en el que la violencia es infligida desde el territorio en el
que aparecieron los cuerpos de las mujeres asesinadas y
las historias que los marcan, conectando con la pregunta
que había regido las movilizaciones cuatro décadas atrás:
¿quién nos está matando?

Al traer la necesidad de hacer memoria sobre ese pasado y dar continuidad a sus preguntas, la obra de Hicks
abría una dimensión para re-conectar con un análisis sobre la complejidad de estas muertes y la respuesta política de un actuar en coalición para construir otros sentidos
de seguridad desde la comunidad. Una parte crucial de la
lucha articulada por Combahee River a fines de los setenta había sido proponer una lengua de análisis que desdi-
bujara las barreras rígidas que designan un tipo de subjetividad y plantease posiciones existenciales y políticas
más complejas para organizarnos frente a las violencias.
Siguiendo la frase de Lorde, «las luchas unidimensionales
no existen porque no vivimos vidas unidimensionales».[18]
Estos puntos emergían al compás de una lucha contra una
serie de asesinatos de mujeres negras en Roxbury, donde
sus cuerpos iban apareciendo marcados y mutilados en
1979, en una zona donde se empezaba a establecer el proceso de des-segregación de las escuelas en los años setenta. El Colectivo Combahee River fue el grupo que nucleó
esa lucha de mujeres negras en coalición con diferentes

---

[18] Audre Lorde, «Aprendiendo de los 60», en *La hermana, la extranjera*, Madrid, Horas y horas, 2003, p. 51.

sectores. Trazaré aquí algunas puntas en la composición de esa lucha que funcionó en coalición y sobre la poética que generó en sus preguntas.

«¿Quién nos está matando?»

La historia remite al momento en que empezaron a funcionar las prácticas de des-segregación de las escuelas y transportes públicos en los años setenta, al compás de la intensidad de diferentes movimientos de liberación en Estados Unidos. En el correr de cinco meses, entre enero y mayo de 1979, doce mujeres, todas mujeres negras menos una, fueron encontradas asesinadas en el área metropolitana de Boston.[19] Sus cuerpos iban apareciendo a poca distancia unos de otros, en diferentes espacios y de formas siniestras: desmembradas (Christine Ricketts, de 15 años; Andrea Foye, de 17), estranguladas (Gwendolyn Stinson, de 15; Daryal Hargett, 29 años; Lois Hood Nesbitt, 31 años), golpeadas y acuchilladas (Caren Prater, 25 años; Darlenee Rogers, 22 años; Valyric Holliday, 19 años; Bobby Jean Graham, 34 años), quemadas (Desiree Etheridge, 17 años; Sandra Boulware, 30 años). En respuesta a las seis primeras muertes, se convocó a una marcha en abril en donde participaron cerca de 1.500 personas.[20] Las

---

[19] En una larga entrevista a Barbara Smith, realizada por Huda Hassan en 2017 y publicada en el blog *Mother, loosen my tongue* (que es el verso de un poema de Audre Lorde), se puede comprender más el contexto de intervención y las formas de actuar colectivamente. Ver Huda Hassan, «Eleven Black Women: Why Did They Die? An Interview with Black feminist socialist Barbara Smith», disponible en https://hudahassan.substack.com/p/eleven-black-women-why-did-they-die?s=

[20] Un texto de Terrion L. Williamson publicado en el año 2012 recorría la historia de Roxbury para visualizar la actualidad de las preguntas *quién y por qué*, en un mundo que sigue dejando al margen e invisibilizando las desapariciones y muertes de mujeres negras en el país. Ver Williamson, «Black Herstory: Who is Killing Us?», *Ms Magazine*, 13 de febrero de 2012, disponible online.

miembras del Colectivo Combahee River llevaban una pancarta que hoy día se volvió icónica:

3ᴿᴰ WORLD WOMEN.
WE CANNOT LIVE WITHOUT OUR LIVES

(MUJERES DEL TERCER MUNDO.
NO PODEMOS VIVIR SIN NUESTRAS VIDAS)

Luego de esta marcha, elaboraron un panfleto sobre la necesidad de comprender estas violencias sin separar género, raza, clase, sexualidad, planteando las continuidades entre violencia interpersonal y estatal como clave importante. Como leemos en el panfleto, la tía de una de las mujeres asesinadas lanzó una pregunta crucial: «*¿Quién nos está matando?*». Al mismo tiempo, la pregunta con la que se iniciaba el panfleto era: «6, 7, 8, 12 mujeres negras. ¿Por qué murieron?».[21] Son preguntas clave: *¿Quién nos mata en estas muertes? ¿Qué tipo de poder se nutre de ellas?* Con esto, se apuntaba a la complejidad de esas secuencias de violencia, suspendiendo críticamente las narrativas dominantes de que se trataba de actos meramente racistas o que eran actos excepcionales a manos de individuos patologizados o parejas apasionadas. Al preguntar «quién», se abría un horizonte para ir más allá de esa narrativa mediática y traer una pregunta respecto al sistema en el cual esas muertes acontecían. La primera clave que lanzaba esta pregunta venía de la des-individualización del tema, apuntando a la pregunta sobre el *poder que se materializaba en esas muertes.*

Como explica Barbara Smith, la intervención articulaba múltiples funciones que tenían que ver, *por un lado*, con la capacidad de pensar y actuar en el cruce entre sexismo y racismo y, *por otro lado*, en la figuración múltiple de cómo

---

[21] Las citas al panfleto vienen de la copia disponible en el archivo de Lorde. Se puede acceder también al panfleto en *Radical America*, núm. 13(6), noviembre-diciembre de 1979, pp. 41-50.

las soluciones y planteos que se ofrecían desde arriba eran modos de seguir controlando y culpabilizando a las mujeres y a la población en lugar de ir a las raíces del problema. Yendo a lo primero, la meta era que no se codificaran estas muertes como «crímenes raciales», como cosas de «gente violenta» con la que se estigmatizaba y estigmatiza racialmente a la comunidad negra, sino que se pudiera *nombrar lo que estaba pasando* a partir de un análisis de cómo hablaba y qué expresaba esa violencia. *Por otro lado,* se hablaba de la imposibilidad de las «respuestas» o «soluciones» desde arriba a la hora de dar «seguridad» a las mujeres porque lo que se imponía era un *mandato de aislamiento e inmovilidad*: quedarse en casa, no moverse, andar siempre con un hombre que las protegieran, no salir para no correr riesgos. Las formas de proponer «seguridad» desde arriba presuponían y reforzaban el cliché de la casa y el espacio doméstico como el lugar «seguro» para las mujeres y borraban todo el trabajo reproductivo realizado por las mujeres. Además de aislar y culpabilizar, se sostenía el miedo como herramienta para controlar y fijar lugares y roles sociales: «Para mantenernos oprimidas, necesitan que tengamos miedo. La violencia nos hace sentir sin poder».

Al problematizar el rol del miedo y los sentidos impuestos de seguridad, el panfleto apuntaba a romper diferentes mitos que hoy en día se están poniendo también en el centro de la disputa; uno de ellos es el mito de la casa, de lo doméstico como espacio seguro para las mujeres. Este mito hace omisión de la inmensa violencia invisibilizada que acontece en las casas, así como también de las formas de violencia que, a fines de los años setenta y nuevamente en el presente, pasaron a ser claves, a partir de la lucha internacional por el salario doméstico, como modo de hacer visible todo el trabajo reproductivo no concebido como trabajo. El panfleto ponía todo este trabajo en la mesa: «¿Quién lleva a los niños a la escuela?, ¿quién trabaja?, ¿quién hace las compras?, ¿quién quiere y puede vivir aislada?». Se desdibujaban las barreras que a nivel dominante aparecían como sitios delimitados y aislables.

Al relacionar las diferentes formas de violencia y los espacios en los que acontecen, se planteaba una pregunta fundamental que apuntaba a la trama que sostiene la invisibilidad, indiferencia e inenarrabilidad de las violencias, que parecieran acontecer en otra «dimensión», en otro lugar y afectando a otras vidas. Plasmarlas en su materialidad implicaba recortar ese cerco imaginario en el que se tejen también los mitos de protección y seguridad dentro de la retórica de hacer «como si» las propuestas funcionaran. Hay toda una reflexión poética que cumplía esa tarea de contrastar y situar lo abstracto en lo concreto invisibilizado. En este sentido, se incluían cifras de las estadísticas, curiosamente similares a los de hoy en día, para enfatizar la necesidad de elaborar una forma de aterrizarlos en el mundo en el que nos movemos desde el análisis y la palabra.

Conectar, atravesar: la elaboración de poéticas de cruce

En Estados Unidos, 1 de cada 3 mujeres será violada en su vida, 1/3 de las mujeres en este país; al menos 1 mujer es golpeada por su esposo o novio cada 18 segundos; 1 de cada 4 mujeres pasó por alguna forma de abuso sexual antes de tener 18 (abuso sexual infantil, violación, incesto), un 75 % de las veces por alguien a quien conocen y el 38 % de las veces por un miembro de la familia; 9 de 10 mujeres dijeron en una encuesta reciente que pasaron por «avances sexuales involuntarios y acoso» en sus trabajos. ** Otra forma de pensar sobre estos números es que mientras leíste este panfleto, una mujer en algún lugar de esta ciudad, en este estado, en este país ha sido golpeada, violada o incluso quizás asesinada.[22]

---

[22] Combahee River Collective, «6, 7, 8, 12 mujeres negras. ¿Por qué murieron?» (panfleto bilingüe). Remito también a la versión posterior, «Twelve Black Women: Why Did They Die?», publicada en Frédérique Delacoste y Felice Newman (eds.), *Fight Back! Feminist Resistance to Male Violence*, Minneápolis, Cleis Press, 1981, p. 68. Los datos de la estadística eran citas del texto de Lisa Leghorn, «Grass Roots Services for Battered Women: A Model for Long Term Change» de la Comisión de derechos civiles (US Commission on Civil Rights, Washington DC).

Las cifras han cambiado poco en el presente. En la publicación reciente de Creative Interventions *Caja de herramientas. Una guía práctica para terminar con la violencia interpersonal,* se citan una serie de estadísticas del Departamento de Justicia de Estados Unidos, en las que vemos que una de cuatro mujeres fueron abusadas físicamente por su pareja; más de tres mujeres al día son asesinadas por su pareja; una de cada cuatro niñas y uno de cada seis niños sufrirán abusos antes de tener 18 años; en ocho de cada diez casos de violaciones, la persona conoce al violador.[23] Mia Mingus ahonda en la permanencia de las cifras y la relevancia de recordarlas para enfrentar el argumento usual de la patologización de «violadores» como manzanas podridas en un mundo que es totalmente «normal». Las preguntas que emergen son: ¿cómo aterrizamos los números en nuestra vida cotidiana con el propósito de terminar con estas violencias en lugar de multiplicar el miedo? ¿Qué efectos tienen los números en los mundos y las políticas en los que nos movemos? Usualmente, los números pueden tener un efecto paralizante fuera de un contexto de análisis que los vincule a las condiciones de vida y formas de acción.

El panfleto reproducía un poema dramático de Ntozake Shange, *Sin una causa inmediata,* que conectaba los números de las estadísticas con una serie de preguntas, vinculando la frecuencia con un acto de des-familiarización de los espacios cotidianos de coexistencia. Si una mujer es golpeada o violada cada 3 minutos, vivimos rodeadas de personas que golpean y violan o matan, es decir,

---

[23] Creative Interventions (eds.), *Toolkit A practical guide to stop interpersonal violence,* Chico, AK Press, 2022. La traducción al español, *Caja de herramientas. Una guía práctica para terminar con la violencia interpersonal,* se encuentra disponible en https://www.creative-interventions.org/toolkit/ En la página web del colectivo se explica el proceso y el desarrollo de materiales: https://www.creative-interventions.org/ Se analizan los números más recientes en la entrevista de Miriam Zoila Péreza a Mia Mingus: «What would it take to actually end intimate violence?», *transformharm.org,* 12 de diciembre de 2018, disponible online.

co-existimos y compartimos espacios y cotidianeidad en un doblez de invisibilidad con esa violencia:[24]

> cada 3 minutos una mujer es golpeada
> cada cinco minutos una
> mujer es violada / cada 10 minutos
> una chica es abusada
> aun así hoy anduve en el metro
> me senté al lado de un hombre mayor que
> puede haber golpeado a su esposa mayor
> hace 3 minutos o 3 días
> o 30 años atrás,
> que puede haber sodomizado a su
> hija pero yo me senté ahí.[25]

El poema apunta a romper el *doblez* que se impone entre un mundo de números y el encuadre social que localiza la violencia de género como algo esporádico, casual, emocional o patologizado. Nos insta a pensar cómo el mito estereotipado del abusador o violador como «loco» salido de otro mundo fomenta el silencio en torno al abuso que permea la cotidianeidad de muchas relaciones sociales en todos los espacios que no entran ni caben en esa descripción de «excepcionalidad» que describen los estereotipos. Como dicen hoy en día los feminismos del Sur cuando se intenta patologizar la figura del violador: se trata de *un hijo sano del patriarcado.*

Sara Ahmed analiza que en la forma de percibir socialmente el daño o violación como si fuera siempre un tipo de encuentro con alguien «extraño» (frecuentemente también racializado), se oculta el hecho, del que atestigua una larga lucha feminista popular, *de que gran parte de la violencia interpersonal aconteció y sigue aconteciendo entre personas que se conocen.* Así, la excepcionalidad cumple una función social normativa que deja sin tocar los marcos espaciales

---

[24] El poema había sido publicado en 1978 como parte del libro *Nappy edges*, Nueva York, St. Martin's Press, 1978.

[25] Todas las citas del poema de Shange son traducciones mías.

e institucionales que asocian lo familiar con lo seguro (la casa, la familia, la comunidad, la nación).[26] ¿Cuál es la función política de esa patologización? Shange establece un contrapunteo *entre la certeza* (cada 3 minutos, cada 3 días) y *la incertidumbre radical* que genera su omisión pública y con la que se sostiene su normalidad en una cultura de abuso. El poema busca un sitio en el que se hable, nombre, escriba, publique, notifique sobre esas violencias y muertas, pero son muertes que no cuentan ni se cuentan como noticia relevante:

> Compré el periódico
> buscando el anuncio
> tiene que haber un anuncio
> de los cuerpos de mujeres encontrados
> ayer
> la chica desaparecida
> me senté en un restaurante con mi periódico
> buscando el anuncio
> un hombre joven me sirvió café...

Nadie habla de eso, nada se cuenta, solamente encuentra la mención a las muertes desde la preocupación oficial de que, de repente, las mujeres maten a sus parejas «sin una causa inmediata», es decir, sin que toda esta violencia *cuente, pese, exista social y políticamente.*

En el caso de la ola de feminicidios en Roxbury, la única muerte que fue incluida en las noticias a nivel nacional fue la de Faye Polner, la única blanca en la secuencia de feminicidios.[27] El problema sigue en pie, aún dentro de los movimientos sociales de denuncia a la violencia policial. Articulada a partir de 2014, la campaña de #SayHerName

---

[26] Sara Ahmed, *Strange Encounters. Embodied Others in Post-Coloniality*, Londres, Routledge, 2000, p. 36.

[27] En 2007, el blog *Journal de La Reyna* regresa a ese momento con el texto «Crimes Against Black Women: Four Cases»; ver https://httpjournalsaolcomjenjer6steph.blogspot.com/2007/08/crimes-against-black-women-four-cases.html

hablaba y habla de esa continuidad en la invisibilización de las mujeres negras cis y trans asesinadas por la violencia policial, cuyas muertes nunca han causado el mismo impacto que la de los varones.[28] Así, parte de las luchas en ese pasado y en presente vienen también de todo un trabajo en la *lengua y en el desarrollo de una estética basada en la capacidad de atravesar múltiples espacios y problemas que se plantean como separados.*

Nombrar y aterrizar en la materialidad de la vida son puntos importantes para poder actuar y responder colectivamente. Con los dispositivos expresivos, la violencia se acerca a la materialidad cotidiana para generar una serie de posibilidades de acción, como organizar estrategias colectivas de autodefensa y tejer relaciones con el vecindario para autoorganizarse. Con esto, se insiste en generar una colectividad capaz de romper con la otra parte de la narrativa usual que es la individualización y la patologización, tanto de la persona que recibe el daño como la de quien lo lleva a cabo. Al desindividualizar y despatologizar, se plantea la pregunta sobre los parámetros que componen una supuesta «normalidad» en una sociedad y cultura violenta, injusta y abusiva. En este ejercicio, la dimensión poética cumple un lugar crucial porque permite escenificar un tejido cotidiano de relaciones y movimientos, generando una sensibilidad y una lengua que visibiliza y materializa lo que se insiste en mantener como en un lugar aparte e invisible, sosteniendo el miedo y su efecto paralizante.

---

[28] La campaña #SayHerName emergió en 2014 para reunir todos los nombres de las mujeres cis y trans asesinadas por violencia policial. El reporte «SayHerName: Resisting police brutality against Black Women» redactado entre Kimberlé Crenshaw y Andrea J. Richie puede encontrarse online en http://static1.squarespace.com/static/53f20d90e4b0b80451158d8c/t/560c068ee4b0af26f72741df/1443628686535/AAPF_SMN_Brief_Full_singles-min.pdf

Desmontar la configuración del daño como «necesidad»

La invisibilidad y el silencio concertados a través de la in-materialización de las muertes es un punto crucial en otra intervención poética que emergió después de la marcha, como traducción de la rabia y del dolor en una serie de preguntas y reflexiones. Se trata del poema coral que escribió Audre Lorde al volver a su casa luego de la marcha coordinada por sus compañeras del Colectivo Combahee River en 1979: *Necesidad: un coro de mujeres negras.*

> Ni siquiera sé todos sus nombres
> La muerte de mis hermanas no es digna de atención
> No son suficientemente amenazantes para decorar las no-ticias nocturnas
> Ni demasiado importantes para ser fosilizadas
> entre los piquetes por el «derecho a la vida»
> y las revueltas en San Francisco por la liberación gay
> sangre, sangre de mis hermanas caídas en esta guerra sangrienta
> sin nombres ni medallas ni intercambio de prisioner*s.[29]

El poema apunta a reflexionar sobre una violencia que no se concibe como suficientemente relevante dentro de las diferentes narrativas políticas e históricas. A lo largo de las décadas, Lorde iría transformando esta estrofa, agregando temas que fueron reconociéndose como «relevantes» políticamente, pero siempre manteniendo la violencia contra las mujeres en un plano secundario. ¿Qué tipo de configuración de lo político hace que estas muertes no cuenten? *Esto señala un punto crucial de conexión en el pasado y el presente: enhebrar la conceptualización de las violencias contra las mujeres con la re-configuración de otra forma de entender*

---

[29] Todas las citas de *Necesidad* son traducciones mías. Lorde modificó muchas veces este poema a lo largo de las décadas. Uso aquí una de las primeras versiones que se publicó en el libro *Fight Back! Feminist Resistance to Male Violence*, publicado dos años después de su lectura en el acto de apoyo a la lucha en Roxbury, ver Frédérique Delacoste y Felice Newmann (eds.), ob. cit.

lo político. Se lanzan claves que van puntuando ese tejido a partir de una obsesión que distingue la vida de Lorde: ir a la sensibilidad, a la lengua y a los marcos que traducen socialmente formas de odio silenciado en violencia invisibilizada.

El poema se vuelve un espacio discursivo coral que les da materialidad y peso a las vidas y cuerpos dañados por una violencia letal. El coro yuxtapone las voces de dos mujeres asesinadas, una en Roxbury, otra en Detroit meses antes, junto con la voz de Lorde y un coro de «todas» que lleva las voces de la marcha hacia el poema. Una de las mujeres es Patricia Cowan, de Michigan, que tenía veinte años y quería volver a actuar en un teatro. Respondió a un anuncio para una audición del papel principal en una obra llamada *El martillo* que dirigía James Thomas. Durante uno de los ensayos, mientras se escenificaba la discusión de una pareja, Thomas la mató a martillazos, hiriendo también a su hijo de cuatro años, que fue hospitalizado. La otra mujer es Bobbie Jean Graham, de Roxbury, que tenía treinta y cuatro años cuando su pareja la mató a golpes. El poema actúa contra el silencio, configurando las voces de las mujeres asesinadas en un espacio de duelo colectivo y de análisis político. Fue leído por primera vez en el contexto del trabajo de la Coalition for Women's Safety [Coalición por la Seguridad de las Mujeres] que las Combahee habían facilitado. La lectura poética fue parte del festival de música de La Triba, en un centro social de Roxbury, para dar visibilidad a la lucha contra los feminicidios y juntar fondos.[30]

---

[30] El grupo de apoyo organizó dos días de lecturas poéticas y también una caminata llamada «Women's freedom stride» donde participaban mujeres y hombres. Como señalan Kelly y Dejanikus, los hombres que participaban llevaban una camiseta que decía «Otro hombre contra la violencia contra las mujeres». Participaron cerca de 200 feministas de diferentes colores, y el festival trajo la palabra de las escritoras negras Fahamisha Shariat Brown, Beverly Smith, Barbara Smith, Donna Kat Rushin, Audre Lorde, Faun Wilkerson e Yvonne Plowers. El día siguiente, junto

Necesidad dramatiza estas muertes a partir del acto de conectar y relacionar varias dimensiones: la lengua de la emoción o pasión con la que la policía justifica esta violencia, su marginalidad absoluta respecto a lo «relevante» histórica y políticamente, su relación con un sistema de denigración, frustración y odio, donde la pregunta del panfleto regresa: *¿Quién* nos está matando en esta violencia? ¿Qué poder se manifiesta y divide a las comunidades? El título materializa su inquietud: ¿cuáles son las condiciones de posibilidad material de estas violencias y asesinatos, cuya impunidad los plantea y manifiesta como parte de una «necesidad», de algo inevitable o imposible de frenar? La politización de estas muertes aparece desde la capacidad de desmontar e interrumpir lo que se plantea como «necesidad» o «destino» para plantear la posibilidad de gestar un futuro diferente. Romper los componentes que trazan la figura de un destino y aterrizar la pregunta acerca de tantas muertes que podrían haber sido evitadas.

El título, *Necesidad*, tira de ese hilo central para contrarrestarlo con la materialidad de los cuerpos destrozados y *la necesidad de nombrar las muertes desde otro lugar* que manifiesta el coro de voces, situaciones y preguntas. Se saca la violencia del corsé de la intimidad y se la lleva, como hacía Shange, a la materialidad y cotidianeidad para enfrentar lo que históricamente se ha puesto como algo que ocurre «puertas adentro», y que traduce una suerte de necesidad natural del hombre de violentar a las mujeres en lo que se etiqueta como la «intimidad» intocable de la pareja, la familia, etc. Escribe Lorde:

> Cuando tu novio te pega metódicamente hasta matarte
> en el callejón detrás de tu departamento
> y los vecinos bajan las persianas
> porque no quieren involucrarse
> la policía lo llama crimen de pasión
> no crimen de odio

---

con la música de La Triba, Smith, Lorde y Rich hicieron lecturas en la Universidad de Harvard.

> pero igual yo me morí
> de un hígado lacerado
> y con el talón de un hombre
> impreso en mi pecho.

Al insistir en una mirada materialista que pone los cuerpos en el centro, se genera una contrapartida entre los códigos que sostenían esas muertes y las herramientas sensibles que facilitan una toma de conciencia para la acción colectiva. La marca y el peso en los cuerpos contrarrestan con los mecanismos culturales que socialmente los inmaterializan, como la figura del amor y la pasión («crimen pasional») con los que históricamente se ha justificado impunemente el asesinato de las mujeres a manos de un hombre que la «vive» y concibe como propiedad. La figura de los vecinos que cierran las persianas «para no involucrarse» insta a pensar también en cómo el silencio y la omisión social de estas violencias nos va dejando sin herramientas para poder lidiar con estas situaciones y eventualmente saber desescalarlas e interrumpirlas en nuestra vida. Muchas veces ese *no saber* termina facilitando una muerte que podría haber sido evitada. En ese sentido, la Coalición por la Seguridad de las Mujeres, que se constituyó entonces como un grupo heterogéneo, insistía en la relevancia de comunicar saberes y herramientas para poder intervenir desde la comunidad y así romper esa cadena de «necesidad». Como veremos más adelante, esta es una práctica que sigue hasta hoy dentro de los grupos que plantean otras maneras de lidiar con las violencias desde la comunidad, donde los manuales y la educación popular son un punto central para poder volver a sentir una capacidad de intervenir, problematizar y actuar en nuestras vidas.

Décadas después, en conversación con James Baldwin, Lorde recordaría la vigencia de este poema como herramienta política de intervención para abrir discusiones en diferentes espacios donde el tema seguía siendo marginalizado. Sacar esta violencia del corsé de grupos o identidades, plantear el tema ahí donde no se lo nombra nos permite pensar en las condiciones materiales y cotidianas que nos hacen constantemente cómplices de esos eventos narrados como «necesidad».[31] Una clave que recorre el poema es la insistencia en la figura de la «impresión», la materialidad de una violencia que sella en los cuerpos mecanismos de desvalorización, denigración y odio generados por sistemas que se nutren de ellos. En este sentido, los poemas de Shange y de Lorde fueron intervenciones puntuales en medio de la organización política para enfrentar esas violencias innombradas en su multiplicidad hasta entonces.

¿Por qué tiene un lugar tan importante la poesía? Recobrar el sentido poético de la expresividad es importante no como un adorno que dice «mejor» o «más lindo», sino como un mecanismo humano que nos educan a ver como accesorio y que Lorde sitúa como un componente fundamental para nuestra supervivencia colectiva. La presencia de Lorde en los feminismos del presente habla quizás de una recuperación de esa dimensión imaginativa, cultural, sensorial que es menospreciada y expropiada por la violencia capitalista y el patriarcado de una razón escindida de lo sensible. La capacidad de enfatizar esa dimensión nos permite dar con imágenes que cristalizan nuestros sueños para poder expresar y traducir la rabia en formas importantes de organización política. La poesía se convierte así en una herramienta organizativa.

---

[31] En el prólogo a una de sus reediciones en 1990, Lorde recordaba: «Escribí el poema porque sentía que tenía que usar la intensidad de la furia, la frustración y el miedo que sentía, para crear algo que pudiera ayudar a cambiar las razones de lo que sentía. Alguien tenía que hablar, más allá de esos eventos y ese tiempo, pero pegada a esa inmediatez terrible, al hecho reiterado de la sangre de mujeres negras que fluían por las calles de nuestras comunidades —muchas veces arrojadas por nuestros propios hermanos y muy frecuentemente sin comentario, ni siquiera una nota—» («Preface to a New Edition of *Need*», 1990, p. 3).

2
Entre feminicidio y criminalización de la autodefensa

En el año 1976, la palabra *femicidio* se usó en el Primer Tribunal Internacional de Crímenes contra las Mujeres en Bruselas, convocado entre el 4 y el 8 de marzo, con la participación de cerca de dos mil mujeres de cuarenta países diferentes. El propósito del Tribunal era generar un encuentro entre mujeres de muchas partes del mundo para compartir y hacer públicas diferentes dimensiones de la violencia contra las mujeres (criminalización, abuso sexual, lesbofobia, esterilizaciones forzadas, penalización del aborto, etc.).[1] A diferencia del encuentro internacional en México de 1975, el Tribunal fue autoorganizado por activistas sin buscar financiación ni apoyo de gobiernos ni organismos internacionales; el evento no contaba con jueces sino que el Tribunal estaba compuesto por los grupos de mujeres que participaban contando y llevando historias.[2] Era un encuentro para la circulación de la palabra: para compartir historias de dolor y violencia que atravesaban la vida de mujeres de todas partes.

---

[1] Las actas del encuentro fueron editadas y compiladas por Diana E. H. Russell y Nicole Van de Ven: *Crimes against women: proceedings of the international tribunal*, East Palo Alto, Frog in the Well, 1976.

[2] Diana E. H. Russell, «Report on the International Tribunal on Crimes against Women», *Frontiers: A Journal of Women Studies*, núm. 2(1), 1977, pp. 1-6.

Al final del evento, el día 8 de marzo, se hizo un llamado internacional a marchar por las calles con el eslogan: *Take Back the Night* [Recuperar la noche].[3] En su intervención en el Tribunal, Diana H. Russell mencionó la necesidad de hablar de *femicidio* como clave para nombrar lo que legalmente se concebía como homicidio, borrando el carácter sexual de la violencia cuando los hombres matan a las mujeres *por ser mujeres*,[4] y sustituir aquellas usualmente referidas (como *homicidio* y *homicidio involuntario)* que no daban cuenta del machismo y el sexismo que expresaban esas muertes. Considerando la mención a la palabra *feminicidio* que hizo la escritora Carol Orlok, Rusell enfatizó que el hecho de no tener cómo nombrar diferencialmente esa violencia hacía que esta siempre se camuflara en otras.[5] Tiempo después de la publicación de *Femicide. The politics of woman killing,* editado por Russell y Jill Radford en 1992, Marcela Lagarde retomó y resignificó el término *femicidio* como *feminicidio,* para introducir una complejidad necesaria en la que se reconocía la impunidad sistémica frente a esas muertes, agregando el rol del Estado y de múltiples formas de discriminación por raza, etnia, edad,

---

[3] Para más información sobre las marchas internacionales de *Take Back the Night,* se puede ver https://web.archive.org/web/20110112205651/http://dso.uncc.edu/women/TBN_Web/history.html. Tiempo después, *Take Back The Night* se constituyó como fundación con el propósito de apoyar diferentes protestas y brindar información para eliminar la violencia de género.

[4] Diana E. H. Russell, «Defining Femicide and related concepts», en Diana E. H. Russell y Roberta A. Harmes (eds.), *Femicide in Global Perspective,* Nueva York, Teachers College, 2001, pp. 12-25 y 13 [ed. cast: *Feminicio: una perspectiva global,* Ciudad de México, UNAM, 2006]. Russell empieza su ponencia con la historia de la palabra *feminicide* en lengua inglesa en el siglo XIX, usada por primera vez en Londres, en el año 1801, para referirse al asesinato de una mujer (en «A satirical view of London at the Commencement of the Nineteenth Century») y que, casi tres décadas después, en 1827, aparece en el título de una obra, *The confessions of an unexecuted femicide,* escrita por William MacNish.

[5] «Femicide», en *Crimes against women,* ob. cit., p. 144.

clase social, etc. Con el propósito de evitar que la palabra *femicidio* se convirtiera en un mero reemplazo de «homicidio femenino», el término *feminicidio* le permitió invocar la multiplicidad constitutiva de esta forma de violencia y relacionarla con diferentes mecanismos de violencias institucionales.[6] Lagarde agregó la necesidad de reconocer el carácter sistémico de la violencia contra las mujeres, expresado a través de la *impunidad reiterada* de las instituciones estatales.[7] Con esto, subrayó la pregunta sobre los distintos tipos de impunidad y de discriminación que se expresan en el ámbito de los procedimientos penales y judiciales, en la investigación, el peritaje, etc.[8] Un punto que me parece fundamental en el planteo de Lagarde es la distinción entre *feminicidio* y *violencia feminicida*, entendiendo a la última como un conjunto de violencias que acontecen desde la trama de relaciones sociales, comunidades e instituciones y que muchas veces trazan un camino que culmina en feminicidio. Al describir esta violencia, Lagarde habla de la evitabilidad de tantas muertes de mujeres y nos sitúa en la cotidianeidad que la normaliza e invisibiliza, dejándonos sin posibilidad de actuar y de interrumpir su dinámica.[9] La capacidad de poder intervenir antes de que sea demasiado tarde conecta con lo que veíamos en los poemas, con sus dispositivos de visibilización y de materialización cotidiana que nos hacían pensar en la ruptura con lo que el sistema patriarcal plantea como necesidad o

---

[6] Marcela Lagarde, «Del femicidio al feminicidio», *Desde el jardín de Freud*, núm. 6, 2006, pp. 216-225 y 221. Texto editado de la conferencia: «Proyecto de ley por el derecho de las mujeres a una vida libre de violencia en México», Seminario Internacional Derecho de las mujeres a una vida libre de violencias, SISMA Mujer, 2 y 3 de agosto de 2006.

[7] Lagarde, «Feminist Keys for Understanding Feminicide. Theoretical, Political, and Legal Construction», en Rosa-Linda Fregoso y Cynthia L. Bejarano, *Terrorizing women. Feminicide in the Americas*, Durham, Duke University Press, 2010, pp. xi-xxv, xxiii.

[8] Lagarde, «Del femicidio...», ob. cit., p. 223.

[9] Ibídem, p. 224; Lagarde, «Feminist Keys», ob. cit., p. xxiii.

destino inevitable. Atender a las formas de violencia feminicida nos permite iluminar un largo camino de microviolencias que muchas veces terminan en un desenlace letal
y nos insta a dar relevancia a la capacidad de incidir en
la vida cotidiana para recobrar un sentido de agencia ahí
donde las estadísticas nos paralizan en su abstracción. Podemos diferenciar entonces entre formas colectivas de intervención cotidiana que harían posible *interrumpir y desescalar* procesos de violencia y encarar así la lucha contra
la violencia feminicida *más allá y más acá* de su reducción a
algo relacionado con el universo criminal legal.

La complejidad de la violencia feminicida nos hace
comprender las dimensiones culturales, económicas y políticas de forma entrelazada como instancias claves para la
lucha. Al analizar la violencia y el asesinato de mujeres y
niñas en México, Julia Estela Monárrez habla de «feminici-
cidio sexual sistémico» para referirse a la dimensión cultural del Estado patriarcal: «No solo se asesina el *cuerpo
biológico* de la mujer, se asesina *también lo que ha significado
la construcción cultural de su cuerpo, con la pasividad y la to-
lerancia de un Estado masculinizado*».[10] En esta construcción
de los cuerpos que condensan formas de violencia feminicida, actúan una serie de presuposiciones culturales, legales, sociales, raciales, que hacen que las violencias no se
vean desde arriba como un problema grave.[11] Es crucial
recuperar esta lectura y reconfiguración del feminicidio
que se hizo desde América Latina en las décadas siguientes a la reactivación del término que se había dado a fines
de los años setenta, porque abrió la posibilidad de darle
relevancia a la compleja malla de acciones y silencios que
van pavimentando ese destino letal, haciéndonos pensar en la necesidad de interrumpirlo. Desde estas claves
se hace posible desmontar una serie de mecanismos que

---

[10] Julia Estela Monárrez, «Feminicidio sexual sistémico: impunidad
histórica constante en Ciudad Juárez», *Estado & comunes. Revista de
políticas y problemas públicos*, 2019, pp. 85-110, disponible online.
[11] Ibídem, p. 90.

han sostenido no solamente la invisibilidad de la violencia feminicida, sino también la capacidad de defendernos de ella. En este sentido, voy a recorrer dos caras de una misma moneda que nos permite ver, por un lado, la impunidad patriarcal respecto a los feminicidios desde la figura de lo pasional y, por otro, la criminalización de las mujeres que no se dejan matar. No es casual que, desde 2016, estas sean dos líneas de lucha y análisis que se han reactivado y puesto en el centro.

«Los hombres no matan a sus mujeres, las apasionan hasta la muerte». Pat Parker en el Primer Tribunal Internacional

Poeta, lesbiana, guerrera liberacionista y feminista negra, gran interlocutora y amiga entrañable de Lorde, Pat Parker participó en el Tribunal Internacional contra los Crímenes contra las Mujeres, de 1976, leyendo un largo poema que dramatizaba la historia del feminicidio de su hermana Shirley.[12] Luego del viaje, Parker siguió trabajando en el texto hasta su publicación, un año después, en el libro *Love poems*. El poema acuerpa en palabra poética y política el largo camino de la muerte anunciada de su hermana Shirley, asesinada a balazos por su exesposo después de que ella lo denunciara múltiples veces a la policía sin haber contado con ningún apoyo, a no ser por sus amigas, una de las cuales también recibió un balazo, al que logró sobrevivir. En ese momento de búsqueda de cómo nombrar estos asesinatos, el mismo título del poema, *Womanslaughter*, que significaría «homicidio involuntario de una mujer», apunta a la necesidad de desmontar todo un sistema de complicidad legal y jurídica que excede históricamente a nuestra capacidad de nombrar.[13] «Feminicidio» sería hoy

---

12 Una versión inicial del poema fue publicada en la sección «Femicidio» del libro sobre las intervenciones en el Tribunal de Mujeres editado por Russell y Van de Ven.

13 La palabra *womanslaughter* agrega la palabra *woman* (mujer)

quizás el título de ese poema que recorre minuciosamente *el camino de una muerte anunciada*, haciendo perceptible el entramado de la violencia feminicida para apuntar a la complicidad del sistema en muertes que podrían haberse evitado completamente. Se hilvana poéticamente una reflexión que ayuda a atravesar el dolor y a transformar la tragedia en un acto político: llevar la muerte de su hermana al Tribunal Internacional de Mujeres y transformar su muerte en un grito colectivo.

Mezcla de manifiesto, dramatización, duelo, análisis político de la figura del crimen pasional y la violencia concertada y continuada entre ley, policía y abusadores, el poema escenifica y denuncia la inexistencia de un contexto institucional capaz de escuchar y actuar en defensa de su hermana. Como veremos más adelante, en el texto reciente de Cristina Rivera Garza, que también pone en lengua literaria el feminicidio de su hermana, se trata de intervenciones que escenifican a lo largo del tiempo una denuncia al sistema legal, jurídico y cultural patriarcal en el que se sostiene la violencia feminicida. Escenificando ese itinerario de lo que podríamos llamar una muerte evitable, Parker nos lleva a lo largo de todo el proceso: desde las reiteradas denuncias y llamadas a la policía para pedir ayuda, explicando que su exesposo la iba a matar, hasta el juicio en el tribunal de justicia después de su asesinato, y establece así una lectura de las relaciones de continuidad entre sistema de justicia, propiedad e impunidad; y luego se pregunta:

> ¿Fue este crimen tan leve?
> ¿Qué fue este crimen?
> Tan solo mató a su esposa.
> Pero estaba divorciada.
> No en el fondo, dijeron;
> Sus cosas eran suyas.
> Incluyendo su vida.

---

a *manslaughter* para tensar los presupuestos patriarcales en la categoría de homicidio involuntario (no premeditado).

Los hombres no violan a sus esposas.
Los hombres no matan a sus esposas.
Las «apasionan» hasta la muerte.[14]

Este poema permaneció poco visible a lo largo de las décadas, pero su lectura es inquietantemente contemporánea, porque nos permite ahondar en una serie de problemas cruciales sobre la justicia a través del contrapunto entre dos sistemas de legibilidad de esta violencia: la traducción de la violencia como pasión y amor desde la naturalización de la mujer como propiedad, y la pregunta acerca del contexto jurídico que valida estos asesinatos como «crímenes pasionales». Parker propone dos claves: «Los hombres no violan a sus esposas / Los hombres no matan a sus esposas / Las "apasionan" hasta la muerte» y «Solamente mató a su esposa / Pero estaba divorciada / *No en el fondo, dijeron / Sus cosas eran suyas / Incluyendo su vida*».[15] Esta propiedad que vemos una y otra vez en el habla cotidiana («Si no es para mí, que no sea para otro») atraviesa la dramatización poética donde *ley y propiedad* enhebran el mundo del *amor como posesión*. Escritos en una secuencia de pocos años, los tres poemas dramáticos fueron cruciales en la trama de una intervención política que viene desde la necesidad de *nombrar, de instalar en la lengua un problema y hacerlo visible desde la cotidianeidad en la que acontece*. La intervención poética que teje la visualización de estas muertes abre la posibilidad de relacionar procesos de liberación que también fueran capaces de resignificar el amor interpersonal fuera del registro de la propiedad. Por eso, al compás de la lucha contra esa violencia, se daba una lucha en el habla, en la lengua y en la capacidad de reflexionar y significar palabra y comunidad. ¿Por qué la pasión se automatiza para declarar odio, por qué se habla de necesidad y amor para sostener el tabú del feminicidio? El hecho de que este

---

[14] Pat Parker, «Womanslaughter», en *The Complete Works of Pat Parker*, Nueva York, A Midsummer Night's Press, 2016, p. 156. Todas las traducciones del poema son mías.

[15] Ibídem, p. 156.

poema sea parte del libro *Love poems* nos sugiere esa exploración —distorsión, denuncia y resignificación—.

La segunda parte del poema se llama «Justicia» y traza el camino de su hermana, que hizo todo lo que se dice que hay que hacer a nivel institucional para protegerse: denunció, llamó a la policía, pidió órdenes de alejamiento del juez, pero chocó una y otra vez con la idea que rige ese recorrido que dice «protegernos» en su retórica formal y abstracta porque no actúa *hasta que no pase algo* fuerte. Este es un punto que constituye hoy en día también parte de la denuncia a la violencia feminicida: vivir en un sistema donde la justicia solo puede tener sentido de acción cuando ya pasó lo que podría ser evitado en la vida de tantas personas. Parker revive la voz de su hermana y recorre los múltiples gritos de desesperación frente a una posible muerte anunciada: «Hola infierno, hola policía [*Hell, Hello police*] / soy una mujer *sola* / y tengo miedo / Mi esposo quiere matarme». La respuesta es: «Señora, no podemos hacer nada / hasta que no intente hacerle daño».[16] Una y otra vez, se reitera la respuesta que dice que le pida al juez una orden de alejamiento para que su exmarido *la deje vivir*. En la próxima estrofa, el ahora exesposo la encuentra en el departamento y la mata. A lo largo de toda esta parte titulada «Justicia», vemos la precariedad y el desamparo en que el sistema pone a su hermana mientras recorre formas de evitar que la maten. Esto continúa en la siguiente parte, que dramatiza «El juicio de alguien», escenificando la cofradía legal entre hombres, en donde se sostiene la impunidad frente al daño desde una comprensión de la mujer como propiedad. Su excuñado recibió una sentencia mínima y quedó libre en menos de un año. Parker nos va llevando a través de los diferentes niveles culturales e institucionales en los cuales las muertes se naturalizan y quedan en sordina. Leemos y sentimos con desesperación la actualidad de esos caminos evitables pero convertidos en destino desde el sistema (no podemos hacer nada hasta

---

[16] Ibídem, p. 152.

que... ¿la mate?). Intentando entender qué significó esa muerte para el sistema de justicia, Parker recorre el juicio: «¿Es un homicidio en primer grado? / No, dijo el hombre. / *Es un crimen pasional.* / Él estaba furioso».[17] El poema termina con un BASTA, ¡*No más «cortes de hombres»*!, y vemos un desplazamiento que va de la corte de justicia a la calle, a la necesidad de organizarse y a no seguir procesando el dolor autoagrediéndonos.

Crimen pasional: los «raptos emocionales» en los códigos de la cultura abusiva

La configuración teórica de los feminicidios que iniciaron Marcela Lagarde y Julia Monárrez y continuó posteriormente Rita Segato permitió históricamente una lectura de la violencia feminicida más allá de la estereotipación del «asesino» que las redes y los medios siguen reiterando, instalando los diferentes contextos y procesos semióticos que la componen. Se trata de entender el sistema que opera en la pregunta por ese «quién», es decir: ¿qué tipo de poder mata en esas muertes? En este sentido, existe toda una contragenealogía de revuelta en la lengua que viene de la necesidad de desanudar sentidos impuestos sobre los cuerpos y la vida. Hablar de feminicidio ha permitido una forma de politización para desmontar la individualización y la justificación de tantas muertes a través de figuras de posesión de las mujeres y cuerpos feminizados que han legitimado una devaluación de sus vidas que se sostiene también culturalmente. Monárrez nos dice que *feminicidio* «nos permitió deshacernos de términos como homicidios, sacrificios y crímenes de pasión, y nos brindó la posibilidad de comprender por qué algunas mujeres son convertidas en sujetos *matables*».[18]

---

[17] Ibídem, p. 154.

[18] Monárrez, ob. cit., p. 90; énfasis mío.

Siguiendo esto, un nudo clave de la lucha contra la violencia feminicida en pasado y en presente es poder desmontar la figura del «crimen pasional» y aterrizar la conexión entre los modos de abstracción que invisibiliza. Se trata de una figura que nos lleva a una parte del núcleo de la justicia patriarcal ya que ha funcionado históricamente como una forma de legitimar la impunidad y de justificar la vida de las mujeres como propiedad («sus cosas eran suyas, incluyendo su vida»). Se trata también de la «razón» usada por la policía y la prensa como narrativa de por sí justificadora de las muertes y que nos lleva también a la cantidad de materiales que traman las formas de entender el amor romántico. Cosa de amorío, lío de pareja, celos incontrolables, etc., son modos en los que se mantiene la violencia en el corsé de lo individual y lo privado. En las intervenciones que históricamente fueron desmontando el crimen pasional como modo de politizar la comprensión y la acción en relación con las violencias interpersonales de pareja, se apunta la necesidad de sacarlas del marco de lo privado para ir a estructuras más hondas en la trama política, económica, legal, social y cultural.

En su propuesta de una «antropología de las emociones», Myriam Jimeno analiza el crimen pasional como una construcción cultural normalizada a través de dispositivos discursivos que sedimentan acciones institucionales y personales. En la base misma de esos dispositivos se encuentra la oposición entre emoción y razón, junto con una presuposición del carácter «episódico» de los «raptos» emocionales que conducen a ese «crimen».[19] Se trata de un «rapto» que toma al hombre cuando se «apasiona» frente a la posibilidad de perder el control sobre mujeres que siente «suyas» y que se justifica como algo «involuntario» en lugar de ser un crimen «premeditado».[20] Sin embargo, esa

---

[19] Myriam Jimeno, *Crimen pasional: contribución a una antropología de las emociones*, Bogotá, Universidad Nacional de Colombia, 2004, p. 16; disponible en https://repositorio.unal.edu.co/handle/unal/2888

[20] Myriam Jimeno realiza un estudio detallado de esta figura.

mirada del rapto emocional que nubla el juicio del hombre y lo lleva a actuar de un modo extremo no se aplica históricamente con la misma fuerza cuando es la mujer quien se defiende de que la maten en un feminicidio.

En este sentido, me parece importante elaborar esa conexión para pensar las intervenciones críticas que han problematizado la figura del «crimen pasional» en una relación-tensión dialéctica con la criminalización de la supervivencia de las mujeres que se resisten a que las maten y que por eso son encarceladas. Esta tensión entre ambas figuras opuestas (impunidad al hombre que mata, criminalización de la que no se deja matar) rige las luchas por la despenalización de la autodefensa y nos insta a poder plantearnos también una larga historia feminista de autodefensa colectiva, conectando luchas de fines de los años setenta y el presente. Son dos caras de una moneda que muestra al desnudo el poder patriarcal en torno a la justicia. Al pensar ambas figuras en un mismo escenario, podemos establecer un contrapunto productivo para entender el patriarcado legislativo y las formas en que la violación y el abuso sexual y psicológico han sido históricamente legitimados. Si miramos ambas figuras en un solo escenario, nos enfrentamos con una encrucijada que marca el destino de muchas vidas: *dejarse matar (feminicidio) o defenderse y ser criminalizada, encarcelada.* Se trata de situaciones límite que son muchas veces producto de un lento escalamiento de violencias cotidianas, evitables si nos enseñaran a identificar comportamientos y violencias naturalizadas, en lugar de justificar el abuso como parte natural de un destino («siempre fue así», «ellos son así»).

En el territorio de la autodefensa, este *double-bind* marca las condiciones de situación de una larga historia que Elsa Dorlin reconstruye para mostrarnos el derecho a la autodefensa como privilegio de una clase y la criminalización de la autodefensa como el destino marcado desde la esclavitud hasta el presente para quienes no califican en diferentes formas de vidas dignas de ser salvadas.[21] Este marco conceptual nos sitúa en el drama de la impunidad que vemos en diferentes formas cuando se daña a alguien cuya vida no es vista como defendible para el sistema. *En este sentido, la lucha que puso sobre la mesa la deconstrucción radical de la figura legal del «crimen pasional» desmontaba la cotidianeidad de la violencia y la intemperie absoluta de las mujeres a diferentes niveles hasta llegar al feminicidio, como última marca de ese código de vida no defendible y de un amor basado en la propiedad.* La otra cara de la moneda de esa lucha en el pasado y reactualizada con una fuerza inspiradora en diferentes partes del Sur y del Norte en el presente es la figura de la defensa propia que, cuando se trata de una mujer, se convierte en la criminalización de la autodefensa.

2012 - Libertad para Marissa Alexander y el recomienzo de un movimiento

¿Cuántas de las mujeres presas están cumpliendo condenas por no haberse dejado matar por la violencia feminicida? La lucha contra la criminalización de la supervivencia está en el frente de muchos feminismos populares también hoy en día, presentando otro registro de conexión entre los tiempos. En 2012, Marissa Alexander, de entonces 31 años, vivía con una pareja abusiva a la que había denunciado muchas veces. En mayo de ese año, Alexander fue condenada a pasar *entre un mínimo de 20 y un máximo de 60 años en prisión* por haber lanzado un tiro al aire, estando cerca de sus hijos, cuando su esposo (que tenía una orden de alejamiento) casi la mata. Con el peso de una campaña nacional que luchaba por su liberación, Marissa logró salir con fianza y estuvo en detención domiciliaria luego de haber pasado tres años presa.[22] A partir de ahí, su pareja abrió un nuevo juicio, en

---

[21] Elsa Dorlin, *Autodefensa. Una filosofía de la violencia*, Tafalla, Txalaparta, 2019.

[22] Para leer más sobre el proceso de la larga campaña «Free Marissa» ver https://www.freemarissanow.org/

el que intentó lograr que le aplicaran una condena de 60 años de cárcel como mínimo. Comenzó un segundo juicio. La lucha popular que se sostuvo a nivel nacional logró su libertad condicional, lo que implicó detención domiciliaria con monitoreo electrónico a lo largo de dos años más. Este caso fue muy importante porque implicó un reinicio de la historia de la lucha por la descriminalización de las sobrevivientes, que tenía su memoria larga en los años setenta y volvía a plantear una conversación histórica con una serie de movimientos anticarcelarios de ese momento. Por otro lado, también se desplegaron múltiples niveles de lucha que incluían un terreno legal de descriminalización en el ámbito de las legislaciones de diferentes estados y la exigencia de liberación de todas las mujeres presas por haber sobrevivido. Tanto en Illinois como en el estado de Nueva York, en los últimos años se logró pasar una legislación en torno a la descriminalización de la autodefensa de sobrevivientes.[23] En Illinois, se hizo efectiva en el año 2016 una enmienda legal (llamada Public Act 099-0384) que exigía tomar en cuenta el contexto de violencia doméstica a la hora de dar una sentencia por homicidio. En Nueva York, tras una larga lucha, se logró la aprobación de la ley de sobrevivientes de violencia doméstica, que tuvo su efectividad en 2016. A pesar de estas nuevas legislaciones, el problema sigue siendo hacer *efectiva* la liberación de las que están presas por autodefensa, ya que, aunque exista esta ley en Illinois desde hace años, *no se liberaron sobrevivientes*. Esto implica ver cómo el sistema judicial sigue castigando aún cuando existen legislaciones que harían

---

[23] En Illinois, la ley Public Act 099-0384 entró en vigor en 2016 y, en Nueva York, tras una larga lucha, la «Domestic Violence Survivors Justice Act» fue aprobado por la Asamblea en 2019. Como analiza Gail T. Smith, a pesar de que exista esta ley en Illinois desde hace años, no se liberaron sobrevivientes. Para una evaluación de las trabas que siguen rodeando este tipo de legislación, ver Smith, «Can State Laws Provide Justice for Survivors of Violence Who Are Incarcerated?», publicado en 2018 en https://survivedandpunished.org/2018/08/10/can-state-laws-provide-justice-for-survivors-of-violence-who-are-incarcerated/

posible que muchas mujeres puedan salir y vivir fuera de las rejas impuestas por no haberse dejado matar.

De la lucha por libertad y justicia para Marissa Alexander, y posteriormente para Nan Hui entre 2013 y 2017, emergió en 2016 *Survived and Punished* [Sobreviviente y castigada], que es una organización nacional con bases en Nueva York, Los Ángeles y Chicago, que ha sido crucial para crear herramientas de lucha para la liberación de muchas mujeres presas por no dejarse matar.[24] El nombre sintetiza el tema: *sobrevivir y ser castigada por hacerlo*. Luchando a varios frentes, el grupo ha desarrollado una pregunta práctica crucial: ¿cuál es la «víctima ideal» que quiere y espera el sistema? ¿Por qué se construye así? ¿Por qué el sistema castiga a las mujeres que resisten la violencia? ¿Es la víctima ideal aquella que se deja golpear o matar en silencio? ¿Cuáles son los presupuestos que funcionan generalmente reproduciendo la injusticia diferenciada según la posición social? La criminalización de las sobrevivientes nos permite responder parte de esas preguntas haciendo visible cómo parecen ser las opciones dentro del sistema: dejarse violar y matar o ir presas por defendernos para sobrevivir. El movimiento contra la criminalización de la autodefensa, que vemos desplegarse en la última década en varias partes de nortes y sures, habla de la necesidad concreta de *romper* esa trampa sin salida, redefiniendo las condiciones para entender la autodefensa y la posibilidad de vivir.

Al compás de la lucha, se han desplegado herramientas de análisis y de intervención para aprender a pensar este problema común también a nivel de responsabilización comunitaria. Han ido emergiendo pedagogías feministas que nos permiten educarnos, enfatizando la temporalidad que el sistema omite para hacernos pensar en cómo intervenir para desescalar violencias cotidianas normalizadas a las que tantas veces les damos la espalda. Se trata de abrir

---

[24] Para leer más sobre la historia del colectivo, las campañas y el movimiento para terminar con la criminalización de las sobrevivientes, ver https://survivedandpunished.org/

posibilidades para aprender a actuar colectivamente e *interrumpir muertes anunciadas*, generando más conciencia de cómo un Estado abusivo ha servido para continuar históricamente el trabajo del abusador a través de la criminalización. En el caso de Marissa Alexander, vemos que, al igual que en el de la hermana de Pat Parker, ella siguió todos los pasos que el sistema ofrece para «proteger» a las mujeres y que eso no le sirvió para nada. Con esto vemos también la necesidad de poder pensar y desplegar acciones que ayuden a niveles múltiples y no solamente desde las formas de intervención policial e institucional. Volvemos al hilo que planteaban las intervenciones poéticas desde la capacidad de romper ese destino impuesto como necesidad. Cuando se abandona el lugar de víctima y se cuestiona la criminalización de la autodefensa, se hace todavía más legible la posición imposible que impone el Estado, incluso en las que siguieron todos los pasos planteados como supuesta protección (denuncia, orden de alejamiento, etc.). Se nos plantea así un tema clave que es la capacidad de dar sentido a la seguridad y la necesidad de pensar a fondo qué es lo que se expresa en esa larga y acallada historia de criminalización de la autodefensa que vemos a partir de vidas específicas. Y también, cuánto de ese *double-bind* (dejarse matar o ir a la cárcel por querer vivir) enlaza con las diferentes injusticias sistémicas (morirse de hambre, de frío, etc., o vivir entrando y saliendo de la cárcel).

«Soy tan solo una entre miles»: ¡Libertad para Joan Little, libertad para todas!

Los tiempos se mezclan en una poética que ilumina esa conexión entre pasado y presente de las luchas que marcan problemas aún vigentes. Como parte de la campaña *Free Marissa* [Libertad para Marissa], Mariame Kaba realizó un fanzine de poemas para juntar fondos y crear una conciencia histórica del problema. Se tituló *Sin yoes para defender: poemas sobre la criminalización y la violencia contra las mujeres* y establecía un diálogo poético con las luchas feministas contra la criminalización de la autodefensa en los años setenta, señalando la temporalidad abierta de ese problema.[25] Los poemas escritos para Marissa dialogaban con poemas que habían sido escritos en los años setenta desde la cárcel y desde afuera, en las campañas por la liberación de Joann Little, Inez García y Juanita Thomas, todas sobrevivientes criminalizadas.[26]

Los poemas para y sobre Marissa Alexander ahondan en la historia recurrente del cerco permanente a las vidas de las mujeres negras desde un sistema que *niega* el derecho de poder criar y vivir fuera de múltiples asedios: «A las mujeres negras no se les permite proteger a sus hij*s / A las mujeres negras no se les permite protegerse a ellas mismas / A las mujeres negras no se les permite decir NO».[27] Dentro de ese sistema de castigo invisible y cotidiano, se traza algo que veíamos anteriormente en relación con la violencia feminicida y la muerte evitable de tant*s: la invisibilidad y la naturalización nos quita herramientas para

---

[25] Se puede acceder al fanzine en https://noselves2defend.word-press.com/

[26] La campaña por la liberación de Alexander también se originó en la estela de acciones y de un «clima» de politización singular que desplegaron Occupy Wall Street y BlackLivesMatter. Se generaban así conexiones con movilizaciones que no eran directamente identificadas como «feministas» pero que conectaban y expandían la visibilidad del problema. Recuerdo que en el contexto de acciones de la Free University [Universidad Libre] de Nueva York para el primero de mayo de 2014, organizamos una ronda de escritura de cartas colectivas para Marissa Alexander, que todavía estaba en situación de prisión. Si bien la campaña no era un centro hipervisible, el contexto de movilizaciones de OWS contra el neoliberalismo y la financiarización de la vida permitía también conectar luchas que parecían no vincularse explícitamente.

[27] Nikki Finney, «Flare» (traducción mía), en *No selves to defend*, una antología creada por Mariame Kaba como parte de la «Chicago Alliance to Free Marissa Alexander», disponible en https://noselves2defend.files.wordpress.com/2016/09/noselvestodefend_v5.pdf El poema completo de Finney está también disponible en https://nikkyfinney.net/marissa.html

poder intervenir, interrumpir y desescalar. Como con el feminicidio entre personas que se conocen, hay un silenciamiento que impide la posibilidad de encontrar caminos para saber actuar, pedagogías colectivas que nos enseñen a intervenir en los procesos antes de que escalen a niveles más violentos. Otro poema que escribió Rachel Whita Domain para Marissa y para una compañera suya presa escenifica esa frustración e impotencia:

> para todas las muchas mujeres que están presas por haberse defendido
> para proteger sus vidas y
> las de sus hij*s
> nosotr*s tenemos que preguntarnos
> dónde estábamos
> cuando pasó
> lo que pasó
> para que tuvieran solo esa opción
> nosotr*s tenemos que plantear esa pregunta porque no es
> lo que están preguntando
> en la corte de la ley
> ellos preguntarán dónde estaba
> ellos preguntarán si era una buena chica (o...)[28]

El poema apunta al trabajo necesario desde el tejido de las redes de personas cercanas, instándonos a pensar en lo que necesitamos reforzar para relacionarnos diferente, sin negar, borrar o invisibilizar las violencias que constituyen la cotidianeidad.

Con el contrapunto de poemas escritos en pasado y presente, el fanzine genera una historicidad a través de un problema que permanece abierto y reconecta con las luchas por la libertad de mujeres en prisión que acontecían junto con la lucha contra los feminicidios desde los años setenta. En aquel momento, una de las campañas populares más fuertes del movimiento por la liberación de mujeres

---

[28] Rachel Whita Domain, «They won't ask where we were» en ibídem; traducción mía.

presas fue la lucha nacional por la defensa de Joan Little. En la minuciosa reconstrucción que hace Emily Thuma a partir de panfletos, historias y discursos, podemos ver cómo se fueron tejiendo lazos entre las luchas feministas contra los feminicidios y contra la criminalización de la supervivencia. En esa concatenación de luchas, está uno de los orígenes de un feminismo anticarcelario centrado en la violencia sexual, el abuso y la violación, que anticipaba «los peligros y los costos de alinearse con el Estado».[29] Esta visión era posible gracias al enfoque que las diferentes coaliciones pusieron en la lucha por la liberación de las mujeres que habían sufrido violencias y abusos tanto de parte de sus parejas como por parte del Estado, que continuó castigándolas a través de la condena a prisión, en una secuencia de vigilancia y asedio. El tema cobró hiperlegibilidad a través de la vida de Little, una mujer negra en el contexto del racismo fascista del sur en los años setenta, que estaba presa en una cárcel para hombres donde el abuso era una forma de humillación permanente. Un día, cuando un guardia la vino a violar *nuevamente,* amenazándola con un cortahielo, ella logró quitárselo y usarlo en su defensa. Logró escapar de la cárcel, pero se entregó a los pocos días, cuando la policía lanzó una campaña de captura que rememoraba las leyes contra las personas esclavizadas que habían logrado escapar y daban el derecho de disparar contra ellas o de matarlas si las encontraban.[30] En caso de ser declarada culpable por el jurado, Little sería condenada a pena de muerte, para ser asesinada en una cámara de gas en Carolina del Norte.[31]

---

[29] Emily Thuma, ob. cit., p. 18.

[30] Christina Greene, «She ain't no Rosa Parks: The Joan Little rape-murder case and Jim Crow justice in the post-Civil Rights South», *The Journal of African American History,* núm. 100(3), 2015, pp. 428-447.

[31] En el proceso de editar este manuscrito, además del libro de Emily Thuma, se publicó *Abolition. Feminism. Now,* coescrito por personas clave en los movimientos feministas y abolicionistas de Estados Unidos (Angela Davis, Gina Dent, Beth Ritchie y Erica

A través de una campaña nacional fortalecida por la capacidad de coalición entre grupos que venían de diferentes frentes, Little quedó libre en 1975. La lucha, «Libertad para JoAnne Little», se convertía en una lucha más grande, «Libertad para todas» (FreeThemAll!), extendiendo las palabras cruciales de Little en el momento de su liberación: «Soy tan solo *una entre miles. No lo olviden*»,[32] o «Mi vida no está en manos de la corte / Mi vida está en manos del pueblo».[33] Este caso fue fundamental para empezar una campaña mucho más grande contra la criminalización de la autodefensa, enlazando diferentes luchas contra la violencia como partes necesarias de una misma lucha.

Uno de los primeros textos que escribió Angela Davis al salir de la cárcel, publicado en la revista *Ms* en 1975, fue «Joan Little: la dialéctica de la violación», como intervención política y filosófica dentro de la coalición de la Campaña nacional por la liberación de Little (¡y de todas las mujeres presas!). El análisis se centraba en la violación como una estrategia permanente de la sociedad esclavista basada en la propiedad de las personas negras esclavizadas que se continuaba en diferentes formas en el sistema posesclavista. Davis enfrentaba el estereotipo que estigmatiza al violador como persona racializada en medio de un mundo racista que borraba la larga práctica cotidiana de la violación a manos de los hombres blancos para reforzar el sentido de propiedad y superioridad de una raza y de una

---

Meiners). En una suerte de sintonía curiosa que viene cuando hacemos memoria e historia desde las luchas, el libro traza un itinerario similar de estas luchas por la liberación de mujeres criminalizadas por autodefensa que retornan en un presente de luchas feministas. Es importante conectar esas secuencias con las que se han estado poniendo al frente recientemente en América Latina, trazando una sintonía y una tonalidad singularmente común del presente.

[32] En Thuma, ob. cit., p. 15.

[33] Tomo la cita a sus palabras del «Zinn Education Project. Teaching People's History», 15 de agosto de 1975, disponible en https://www.zinnedproject.org/news/tdih/joan-little-acquitted/

clase. En el caso de Little, esos estereotipos del violador racializado no tenían sentido y explicitaban una larga secuencia de violaciones a manos de los guardias y policías, todos blancos en aquel momento. La campaña nacional por su liberación ponía sobre la mesa una realidad que permanecía fuera de la visibilidad social y de lo considerado «relevante» para las noticias. Davis conceptualiza la violación como una forma de reafirmar la propiedad sobre el cuerpo de las personas esclavizadas que fue continuada posteriormente en las cárceles, donde el abuso es, como en las plantaciones, una estrategia permanente de expresión de propiedad, de inferiorización, de denigración de las personas encarceladas. En ese texto temprano, emergían las puntas que serán clave en el análisis abolicionista sobre la continuación del sistema de esclavitud en el sistema carcelario. Little rompe un destino impuesto y se defiende.[34]

La dimensión nacional que tomó la defensa de Little en medio de una serie de movilizaciones por la liberación de presas políticas ayuda a entender una de las formas materiales en las que la lucha contra la violencia hacia las mujeres generaba una lengua política que iba más allá de una militancia partidaria específica. Se tejían una serie de lazos en donde la cárcel era una figura central, sobre todo en un momento de lucha contra la prisión de pres*s polític*s en todas partes del mundo. Al politizar lo que históricamente quedaba «aparte» de las lógicas políticas (por ser destinado a lo ínfimo, «doméstico» o «privado»), se iba generando una lengua para politizar y transformar la capacidad de significar y entender lo político más allá de las retóricas del poder establecido. En estos gestos se abren posibilidades de dar otros sentidos a lo político.

En 1974, la histórica Rosa Parks cofundó en Detroit la sede del Comité de Defensa de Joan Little, iniciando una forma de crear otras conexiones entre la lucha contra la

---

[34] El capítulo «Rape, Racism and the Myth of the Black Rapist» ahonda en este tema. Ver Davis, *Women, Race & Class,* Nueva York, Vintage, 1990 [ed. cast.: *Mujeres, raza y clase,* Madrid, Akal, 2005].

violación y la lucha por los derechos civiles y contra Jim Crow.[35] Es decir, ese acto no solamente enhebraba la relevancia política de la lucha en defensa de Little dentro de una lucha mayor contra la violación de mujeres negras, sino que también arrojaba luz hacia el pasado e historizaba la vida de Parks fuera del corsé que se le había cosido en la lengua generalmente masculina de la lucha. Como luego lo iluminó en detalle el libro de Danielle L. McGuire, la épica que se generó en torno a Parks, desde la lucha por los derechos civiles y los boicots a los buses en Alabama a mitad de los años cincuenta, la describía como esa mujer tranquila que un día se hartó, dejando a un lado o silenciando toda su lucha previa contra la violación de mujeres negras.[36] McGuire rastrea el hilo de esa historia, cuando Parks, tras haber sufrido una violación, exige a la NAACP de Alabama que investigue.[37] Al abrir una de las sedes del Comité de Defensa de Little, las poéticas históricas se encontraban, y se hacía presente un hilo de la historia de Parks que había sido omitido como algo que, como escribía Lorde, no ingresaba a los códigos de lo concebido como «relevante» políticamente.

Little se volvió un cristal que hacía legible una serie de cruces entre sistemas de opresión en el que se encuentran luchas cruciales contra la violencia sistémica compleja y múltiple. Al igual que acontecería respecto a las luchas contra los feminicidios en Roxbury unos años después, estas campañas servían para generar y dar consistencia a un análisis que

---

[35] Ashley Farmer, «Free Joan Little: Anti-rape Activism, Black Power, and the Black Freedom Movement», disponible en www.aaihs.org/free-joan-little; y «Rosa Parks Beyond the Bus Boycott: A Life of Activism», publicado por la New York Historical Society en su serie «Women at the center», disponible online.

[36] Danielle L. McGuire, *At the Dark End of the Street. Black Women, Rape, and Resistance. A New History of the Civil Rights Movement from Rosa Parks to the Rise of Black Power*, Nueva York, Vintage, 2011.

[37] NAACP: National Association for the Advancement of Coloured People, Asociación Nacional para el Avance de la Gente de Color.

ponía en el frente la necesidad de unir diferentes expresiones de *violencia contra las mujeres junto* con una crítica al sistema judicial y a las dimensiones culturales que las naturalizan e invisibilizan. En estos cruces de luchas en coalición salían las primeras puntas e hilos que irían trazando la madeja de lo que hoy son los feminismos abolicionistas de la sociedad carcelaria. *En este sentido, las luchas contra la violencia en sus múltiples dimensiones constituyen una trama crucial para generar lenguajes y desarrollar otros sentidos de lo que comprendemos como «relaciones sociales», una noción clave en la historia rebelde que a veces puede sonar algo abstracta.* Thuma analiza las actas de la Primera Conferencia Nacional de Mujeres del Tercer Mundo y Violencias [Third World Women and Violence] de 1980 en Washington, donde el debate central, en ese momento, remitió a la capacidad de cuestionar la habitual inercia que apela reformar el sistema criminal para lidiar con las violencias contra las mujeres. En 1981, se publicó *Fight Back!,* un libro que juntaba diversos textos y panfletos que mapeaban diferentes posicionamientos feministas a partir de una tensión en torno a los sentidos de la justicia.[38] Janet Howard nombraba los mecanismos que empezaban a neutralizar la fuerza de las medidas comunitarias generadas desde abajo para el cuidado colectivo, incluyendo el manejo de los refugios de mujeres, que luego se burocratizaría con profesionales, poniendo, para financiarlos, una serie de prerrogativas que neutralizaban muchas puntas del movimiento, como la de mantener un énfasis cooperativo y comunitario.[39] Hablaban de la complicidad del sistema policial con abusadores y de cómo, cuando decidían moverse frente a una denuncia, se dirigían directamente a acusar hombres de color, migrantes, etc. En este sentido, se reforzaba un estado de vigilancia y criminalización que usaba esas

---

[38] Frédérique Delacoste y Felice Newman (eds.), *Fight Back! Feminist Resistance to Male Violence,* Mineápolis, Cleis Press, 1981.

[39] Janet Howard, «Battered and Raped. The Physical / Sexual Abuse of Women» en Delacoste y Newman (eds.), *Fight Back!,* ob. cit., pp. 71-84 y 82.

denuncias de las mujeres para reproducir la violencia del sistema hacia las personas y grupos que el Estado ya de por sí discriminaba y criminalizaba.

La pregunta clave que también nos planteamos en el presente es cómo sostener a nivel práctico diferentes áreas de intervención que no terminen limitándose a la separación por especialistas, sino poder mantener abierta la pregunta sobre cómo intervenir para sentirnos segur*s en nuestros territorios y entre la gente con la que interactuamos en los diferentes circuitos de vida. Es decir, latía y late una pregunta por los mecanismos necesarios para reconstruir tejidos comunitarios desde donde redefinir qué significa una seguridad colectiva y construir caminos para sostener la defensa de la vida.

Frédérique Delacoste y Felice Newman mencionaban la relevancia del análisis de las violencias desde el *cruce de diferentes colores* para poder evitar que nuestras respuestas a las violencias terminen generando *más violencias*. Citaban las palabras de Connie Breece, «nosotras somos nuestro recurso más valioso», para poder trazar un contrapunto desde donde poder pensar mecanismos de respuesta que no refuercen los sistemas que perpetúan las violencias denunciadas.[40] Al exigir una transformación en la vida de quienes son atravesad*s por los mecanismos de mayor opresión y vulnerabilidad, enfatizaban en que, para hablar de liberación, se necesitaba un horizonte amplio de cambio radical sistémico.

¡Absolución para Higui! «¡Defenderse no es delito! ¡Salir a la calle sirve!»

El caso reciente de Higui, en Argentina, nos habla de este hilo de luchas por la liberación de sobrevivientes criminalizadas que se ganan desde el apoyo sostenido de movimientos en la calle, acompañando la defensa legal y

---

[40] Delacoste y Newman, *Fight Back!*, ob. cit., p. VII.

abriendo la posibilidad de análisis sobre lo que se juega en los procesos de criminalización. Podemos comprender el apoyo sostenido desde afuera como una lección que habla de actos que suplementan y nutren la defensa desde múltiples dimensiones que no se limitan o reducen a la defensa legal. No se trata de una disyunción entre la defensa legal o la calle, sino más bien de entender cómo estos triunfos que se logran desde las luchas colectivas permiten ver, y actuar resistiendo, las limitaciones del sistema legal en su individualización de la condena y de la defensa. *Lo que se suplementa desde la calle es la capacidad de colectivizar el problema y transformar ese «yo» juzgado, moralizado y criminalizado en un nosotr*s político que rompe la retórica del sistema en defensa de la vida.* El sostén y cuidado, desde afuera, de la lucha por la que está encarcelada por insistir en vivir arma un ensamblaje colectivo que expresa: *no estás sola.* Muchas veces, ese acuerpamiento colectivo de la lucha por la liberación provoca una suerte de exceso que sintomatiza las limitaciones de un sistema centrado en la muerte y el castigo, pero no en la posibilidad de vida colectiva.

En el año 2016, un grupo de tres varones de su barrio agarraron a Higui violentamente para someterla a una golpiza y violación «correctiva» por ser lesbiana. Entre los golpes, cuando uno de ellos se abrió la braqueta para penetrarla, Higui se defendió con su navaja y lo hirió. Ella pudo sobrevivir, pero él no, y esto se volvió en su condena. A pesar de la violencia del evento, la encarcelaron: «¿Por qué todo esto?», dice Higui, «¿Por qué tantos meses en cana? Sí, por supuesto, ¡por pobre y por lesbiana!». Al escribir «¡Soy libre, carajo!», un texto publicado en *Página/12* el 13 de junio de 2017 que podemos entender como una carta al movimiento feminista desplegado desde la consigna NiUnaMenos, Higui expresa la fuerza que sentía sabiendo que no estaba sola en esa cárcel, donde la solidaridad se percibía como un rayo de luz.[41]

---

[41] Eva «Higui» De Jesús, «¡Soy libre, carajo!», Página/12, 13 de junio de 2017, disponible online.

Cuando narra su vida de dolor, de abuso sostenido desde la infancia por su padrastro, de la violencia permanente por ser lesbiana, por su modo de caminar, por gustarle jugar al fútbol, la instancia judicial aparece como una suerte de última gota que desborda el vaso dentro de toda esa secuencia de no dejarla vivir. En junio de 2017, Higui pudo salir de la cárcel y esperar fuera hasta que llegara su juicio. Su nombre se volvió otra de las banderas de lucha de NiUnaMenos, y en las marchas, como nos cuenta Estefania Santoro, se grita «Yo también me defendería como Higui».[42] Luego de seis años de lucha, el 17 de marzo de 2022, Higui fue finalmente absuelta como un gran triunfo de la lucha feminista, donde la clave no solo fue la defensa legal, sino la presencia y el sostén del movimiento feminista desde la calle. Las palabras que circularon inmediatamente por las redes y en los actos callejeros fueron «Defenderse no es delito», «Salir a la calle sirve», «¡Arriba la lucha colectiva!».

Al calor de la fuerza de las luchas actuales, se hace posible crear itinerarios más largos que marcan una secuencia continuada de luchas por la libertad de mujeres criminalizadas por no dejarse matar. En 2011, en Chile cobró luz pública la lucha en torno al caso de Karina Sepúlveda cuando, luego de haber vivido 18 años de violencia, ella mató a su marido y fue enjuiciada. Unos años después, en México, Yakiri Rubio también pagaba con cárcel su capacidad de haber podido defenderse en medio de la desesperación cuando, un 9 de diciembre de 2013, la secuestraron dos hermanos al caminar de regreso del trabajo, la amenazaron con un cuchillo y la llevaron a un hotel para violarla. Pudo usar el cuchillo en su defensa, pero la acusaron de asesinato. Como analiza Raquel Gutiérrez Aguilar, con relación a la autodefensa colectiva de Yakiri Rubio, muchas veces se produce un desborde «de las formas previsibles

---

[42] Estefania Santoro, «Higui: "Siempre voy a estar en contra de la violencia, pero si me atacan, me voy a defender"», *Página/12*, 7 de febrero de 2020, disponible online.

de encauzamiento del tratamiento de estas injusticias».[43] En este caso, el desborde que generó el sostén incondicional de la lucha de mujeres en apoyo a su vida pudo transformar el tipo de cargo, que pasó de «asesinato» al de «uso excesivo de la defensa legítima».[44] Luego de 15 meses de prisión preventiva, pudo salir.

Ha sido a través de las movilizaciones y las luchas feministas recientes que este tema ha vuelto a cobrar una visibilidad que usualmente no recibe. Ahondando sobre el problema de autodefensa desde México, Aline Espinosa Gutiérrez y Enrique Pérez dicen que las mujeres que se defienden y hieren o matan a su agresor son criminalizadas, pero no se «toma en cuenta los contextos de violencias que viven».[45] No existe un registro que haga posible saber cuántas de las mujeres que están presas lo están por este motivo, dado que son ingresadas al sistema penitenciario «por homicidio o lesiones», indiferentemente de la situación de violencia de género en juego. Es decir que no se establece el derecho a legítima defensa en estos casos y, como dice Karla Micheel Salas, quedan sometidas a una condena de hasta sesenta años. Es una figura que se repite en los pocos textos que existen de mujeres en cárceles antes de los años setenta y setenta, cuando las presas políticas de las dictaduras se encontraban con las llamadas presas «comunes» o «sociales», que eran, en su mayoría, parteras acusadas de realizar abortos, trabajadoras sexuales y mujeres presas por autodefensa frente a la violencia doméstica. Se trata de tres figuras que recorren la historia de las cárceles de mujeres y de las que empieza a haber

---

[43] Raquel Gutiérrez Aguilar, «La lucha de las mujeres contra todas las violencias en México: reunir fragmentos para hallar sentido», en VVAA, *8M Constelación feminista. ¿Cuál es tu lucha? ¿Cuál es tu huelga?*, Buenos Aires, Tinta limón, 2018, p. 29.

[44] Ibídem, p. 30.

[45] Karla Micheel Salas, «Encarceladas por defenderse: de víctimas a victimarias», 10 de julio de 2018, disponible en https://cimacnoticias.com.mx/noticia/encarceladas-por-defenderse-de-victimas-a-victimarias/

más materiales de memoria.[46] Esto nos plantea la necesidad de abrir múltiples campos de reclamo a nivel legislativo, como se ha ido logrando; y también ha permitido acuerpar el «*no estás sola*» desde las luchas para lograr formas de descriminalización, apoyo y cuidado colectivo en la calle. Se abren varios campos de acción que son claves en el presente y que tienen que ver con los reclamos y la exigencia de otros sentidos de lo legislativo que no solo funcionen como mero motor legitimante de más violencias, sino que también nutran y agreguen formas de configurar la capacidad de sostenernos y defender la vida en lo cotidiano. En este sentido, necesitamos profundizar la capacidad de componer una imaginación de la supervivencia al abuso que no caiga en la figura de la víctima en su individualización paralizante. Para esto, como veremos más adelante, se despliegan en diferentes contextos procesos de pedagogías populares para poder interrumpir y desescalar violencias sin quedar paralizadas en seguir solamente los formatos que nos imponen a partir del seguimiento de protocolos (hacer la denuncia, solicitar la orden de alejamiento, etc.).

Muchas abogadas feministas o defensoras de derechos humanos, en el ámbito legal y en el sistema de justicia, denuncian que, aunque existan en muchos países marcos legales de defensa de las mujeres frente a las violencias machistas, donde se puede usar el derecho a defensa propia, o cuando se pueden usar marcos de derecho internacional, lo que pasa, a la hora de procesar los casos, es que el sistema de justicia sigue actuando y operando *como si* estos no

---

[46] Esta figura emerge en *El tiempo quieto. Mujeres privadas de libertad en Uruguay,* coordinado por Natalia Montealegre y compilado por Graciela Sapriza y María Ana Folle, Montevideo, Facultad de Humanidades y Ciencias de la Educación, 2016. También son figuras recurrentes en las publicaciones en *Aquí/Ahora Mujer,* de los años setenta en Argentina. Viajando cuatro décadas más atrás en el tiempo, Angélica Mendoza trae las mismas figuras cuando narra sus memorias de la cárcel del Buen Pastor en *Cárcel de mujeres,* Buenos Aires, Claridad, 1933.

existieran, dictando sentencias patriarcales. Como escribió
María Medrano a raíz del proceso judicial de Nahir Galarza
en 2017, la justicia actuó «en tiempo récord» con una condena de prisión perpetua por la muerte de Fernando Gabriel
Pastorizzo con quien tenía a veces relaciones.[47] Medrano
contrasta este caso con el juicio por el feminicidio de Natalia Melmann, una chica de 15 años que fue violada, tortu-
rada y estrangulada por un grupo donde había policías, y
cuyo caso demoró 17 años para llegar a un veredicto en el
que además se dejaba impune y libre a un exsargento de la
policía. Es el «doble castigo» a las mujeres: el castigo se re-
dobla porque, además del delito, se están rompiendo toda
una serie de normas invisibles, por «el simple hecho de ser
mujer, porque no se espera de ellas semejante desvío de la
norma y como castigo está pensado para lastimar, para so-
meter y para destruir a las personas que pasan por allí».[48]

---

[47] Medrano atraviesa las diferentes dimensiones de esta injusticia:
«Nahir Galarza fue condenada el pasado 3 de julio a prisión
perpetua en tiempo récord. En 6 meses —un milagro para la
justicia argentina— el Tribunal decidió por unanimidad dictar
una sentencia de 35 años de prisión a la joven de 19 años que mató
a su novio. Otro récord: la convirtió en la primera mujer, de más
corta edad, condenada a cadena perpetua. Un gol de media cancha
para la justicia misógina y patriarcal, y un bocadillo servido al
plato para los medios de comunicación, que en dos minutos la
fagocitaron y la convirtieron en la fría, calculadora e insensible
mujer que asesina a quemarropa». Ver Medrano, «Doble castigo»,
Página/12, 11 de julio de 2018, disponible online.

[48] Existen estudios detallados desde el campo de la crítica a la
justicia criminal que ahondan en el fenómeno de la discriminación
del sistema penal a las mujeres a la hora de formalizar el castigo
en sentencia. Ver, por ejemplo, los diferentes estudios de Elena
Azaola a lo largo del tiempo: «Prisiones para mujeres: Un
enfoque de género», *La Ventana,* núm. 2, 1995, pp. 35-52; *El delito
de ser mujer*, México DF, Plaza y Valdés / Ciesas, 1996; «Mujeres
sentenciadas por homicidio en la ciudad de México», *Revista de
Sociología*, núm. 51, 1997, pp. 93-102; «Nuevas tendencias en la
criminalidad femenina», en Rosa del Olmo (coord.), *Criminalidad
y criminalización de la mujer en la región andina*, Caracas, Nueva
Sociedad, 1998.

Es una figura de abuso jurídico que está escrito en la piel y en la vida de tantas mujeres que han sufrido en prisión por el mero hecho de haber intentado sobrevivir.

Junto a la lucha contra la figura del crimen pasional y la politización de las muertes de las mujeres, las luchas contra la criminalización de la autodefensa han hecho posible que se reviertan a veces muchos de los procesos de criminalización llevando el tema a la calle, ahora a las redes y también, en muchos casos, a las cortes. ¿Por qué se hace tan difícil mover los marcos que constituyen las formas de legibilidad de lo que es afín a un sistema como víctima? Al politizar la lucha contra la violencia hacia las mujeres en sentidos abarcadores, se está generando un movimiento que hace legible de forma diferente la secuencia que va del abuso a la cárcel. Iluminar esto nos permite ahondar en una insistencia por encaminar procesos de descriminalización y sanación. Cuando miramos desde las vidas de las mujeres encarceladas por autodefensa, se evidencia la relación entre abuso y cárcel, y la incapacidad del sistema judicial, por su estructura patriarcal, para dar cuenta de la historia de subalternidad. La criminalización de la autodefensa de mujeres frente a situaciones de riesgo necesita ser leída en contrapunto con la impunidad legal para matar a la mujer, que indicó históricamente el crimen pasional en cuanto estructura legal de propiedad masculina (patriarcal). Se mezclan sistemas de propiedad y castigo por romper la cadena impuesta por el rol (dejarse golpear, dejarse matar). Romper la lectura aislada y unir las partes nos ayuda a mapear la forma en que el sistema judicial está estructurado desde esa jerarquización de las vidas que cuentan y las que no.

Las campañas, panfletos, poemas y movilizaciones colectivas en los barrios para una autodefensa colectiva generan una capacidad de romper el pacto invisible que marca un sentido limitado de justicia para resignificarla desde una atención al tejido de relaciones sociales en las que se sostiene la posibilidad de otro sentido de seguridad. Ir a las lógicas de la cotidianeidad en las que acontecen las violencias trae también otro hilo que tiene que ver con romper el marco de comprensión de las violencias «pasionales» como asunto «excepcional», separado de la vida —algo común en los medios de comunicación—. Como venimos viendo, los análisis de la violencia feminicida desmontan la normalidad del abuso desde diversos universos de palabra, imagen y acción para hacer legible y perceptible la *trama* cotidiana en la que las violencias transcurren, acontecen día a día. Al nombrar la violencia feminicida, se abren horizontes para desplegar otros sentidos de justicia y repensar formas de desvincular afecto y amor de los regímenes de soberanía jurídica basados en diferentes formas de propiedad y mercancía.[49] Nos permite también construir otros horizontes para ahondar en el rol clave que adquiere una epistemología desde el cuerpo, que no escinda el pensar y el sentir.

Ahmed cuenta que la palabra *pasión* tiene la misma raíz que la palabra *pasivo/a*: «Ser pasiva quiere decir que se actúa en nuestro nombre, como una negación que ya se siente como un sufrimiento. El temor a la pasividad está ligado al temor de la emotividad, en donde la debilidad se define en términos de una tendencia a ser moldeada por otros».[50] Esta asociación, nos dice, es una suerte de recordatorio de cómo la emoción emerge siempre «más allá» de las facultades del pensamiento y de la razón. Cuando se dice que alguien es «emocional», se asume que hay una afectación que le impide tener el juicio en su lugar: «Ser emotiva quiere decir que el propio juicio se ve afectado: significa ser reactiva y no activa, dependiente en vez de autónoma».[51] Además de su asociación histórica a lo

---

[49] En *Vexy thing*, Imany Perry estudia las líneas que recorren patriarcado, soberanía y capitalismo a partir del análisis de las relaciones implícitas en la figura de «persona» jurídica basadas en regímenes de propiedad (Perry, ob. cit.).

[50] Sara Ahmed, *La política cultural de las emociones,* Ciudad de México, Universidad Nacional Autónoma de México, 2015, p. 22.

[51] Ibídem.

femenino y a la naturaleza, Ahmed trae el argumento biologicista y evolucionista que ubica a las emociones como una suerte de prehistoria y su irrupción como el signo de algo primitivo que persiste. En lugar de mantener la oposición, la pregunta es más bien cómo generar otro tipo de relación con lo emocional, algo que se plantea desde muchos feminismos del Sur como un sentipensar, cuestionando la oposición.[52]

Hay una reflexión sostenida desde los feminismos para complejizar esta oposición en la que se enmarca la larga historia de legitimación de la violencia. Amaranta Cornejo habla del desafío de configurar formas de pensar y sentir que no se basen en esta división: «Tenemos entonces un horizonte construido desde el feminismo en el cual la racionalidad, la emocionalidad y la corporalidad se hallan imbricadas y son concebidas como construcciones sociales, que nos permiten conocer y entender diversas realidades, y a partir de ahí generar conocimiento».[53] La capacidad de conocer a partir de conectar y relacionar modos de sentir y pensar (sentipensar) nos abre otros modos de entendernos y relacionarnos. A tono con esto, Imani Perry propone que dejemos de pensar en lo emocional y los sentimientos como estallidos impensados para abrir caminos que rompan esa separación permanentemente en juego también en los discursos jurídicos y culturales.[54] En esta línea, es crucial reflexionar sobre qué nos impone el sistema capitalista por «amor» a diferentes niveles, qué tipo de relaciones de poder, propiedad, deuda y trabajo desvalorizado componen esa figura tan clave para la organización de instituciones y sentidos de propiedad como la familia.

Esta era una pregunta clave en el manifiesto «Salarios contra el trabajo doméstico» para desmontar qué tipo de

---

[52] Ibídem, p. 258.

[53] Amaranta Cornejo, «Una relectura feminista de algunas propuestas teóricas del estudio social de las emociones», *Interdisciplina*, núm. 4(8), 2016, pp. 92.

[54] Perry, ob. cit., p. 213.

«amor» implicaba y se materializaba en la división sexual del trabajo y la desvalorización histórica del trabajo reproductivo convertido en un mandato de género.[55] El manifiesto nos pide que comprendamos esa lucha en el marco de una *perspectiva política* y no como una demanda específica por dinero. Esto es central porque si solo miramos hacia lo segundo, perdemos la dimensión de toda la economía política, simbólica y existencial que el texto desmonta. Entendida como perspectiva política, nos permite trazar las relaciones que explican la funcionalidad de múltiples sistemas de explotación y violencia que esa desvalorización hace posible para la dinámica capitalista patriarcal.

Disputa de sentidos: eros, cuerpo, amor

Hablar de *justicias* y *formas de responsabilización* en un sentido plural implica tensar el imaginario liberal de «la» justicia, con sus espacios delimitados en forma separada. Expandir lo que entendemos por *justicia* implica desdibujar la división entre lo público y lo doméstico / privado que ha permeado la forma de concebir la justicia en la historia del derecho liberal. En *El desorden de las mujeres*, Carole Pateman analiza cómo la filosofía del derecho occidental les adjudicaba a las mujeres y sujetos feminizados un «desorden» que se vinculaba *a la supuesta incapacidad para desarrollar un sentido de justicia*. De Rousseau a Hegel y Freud, se sostiene la certeza patriarcal de que los varones tienen la capacidad de sublimar pasiones con el uso universal de la razón, sosteniendo así el orden de la ley y justificando la subordinación de las mujeres en la política moderna.[56] Este ideal de justicia de los varones se basa en un valor de *imparcialidad* vinculado a la razón y a una virtud pública, mientras que el amor y los afectos vinculados al cuerpo

---

[55] Federici, «Salarios contra el trabajo doméstico», *Revolución en punto cero*, ob. cit., pp. 35-44.

[56] Carole Pateman, *El desorden de las mujeres. Democracia, feminismo y teoría política*, Buenos Aires, Prometeo Libros, 2018, pp. 33-52.

emergen como una virtud que pertenece al orden de la casa y la familia.[57] Ese mismo amor y domesticidad impuestos como condición «natural» de las mujeres encuadra la división sexual del trabajo de la que habla Federici, redefiniendo la casa como una esfera de esclavización a formas de trabajo no valoradas como tales. La devaluación de todo ese trabajo reiterado y cotidiano, que cae históricamente sobre las mujeres y se traduce como amor y destino, separa la noción de justicia respecto a formas de afectividad en la madeja de otras relaciones sociales.

En este mapa, necesitamos rastrear una larga historia de intervenciones feministas, desde luchas discontinuas a lo largo del tiempo, que nos permitan ver el rechazo a esta separación que funda la explotación ilimitada del trabajo reproductivo como algo afectivo, inferior, siempre apartado de lo importante dentro de las diferentes lógicas políticas patriarcales de derecha y de izquierda. Volviendo al comienzo de esta sección, un punto que está siendo clave también en procesos políticos mixtos es enfrentar el desafío que plantea un tipo de comprensión de lo político no separado de la complejidad de la vida, donde afectividad, cuerpo y pensamiento no se vean como esferas separadas. En este sentido veíamos la relevancia de nombrar poéticamente para poder escenificar las violencias cotidianas y cuestionar la limitación de la justicia patriarcal que escinde y separa sentidos que acontecen en simultaneidad.

La división entre privado y público implica siempre un arma de doble filo porque pone la violencia entre personas que se conocen en el reino de la «lógica» de un «amor» que históricamente disfrazó un sinfín de violencias patriarcales y capitalistas. Sin embargo, cuando se piensa en transformar en público lo que ha sido designado como esfera doméstica o privada, emerge otra trampa de hacer «como si» el Estado no fuera un sitio generador de violencias. No

---

[57] Iris M. Young analiza la relación entre justicia, razón e imparcialidad en *Justice and the politics of difference*, Princeton, Princeton University Press, 2011.

hay una esfera que sea ideal frente a la otra, sino que están entramadas dialécticamente en un sistema de mutua opresión. Podemos relacionar esto con lo que Federici propone para entender lo público y lo privado como parte de un mismo polo y no como esferas opuestas. Lo que queda al otro lado, en tensión a ese público / privado que imbrica Estado y capital, es la posibilidad de lo común como reapertura de un horizonte de sentido para desplegar y nutrir otras prácticas que nos devuelvan una capacidad de intervenir, pensar y decir diferente.

Una trama clave de los movimientos sociales anticapitalistas que emergieron en 2011 en Estados Unidos, en el sur de Europa y al compás del levantamiento que acontece en Cherán ese mismo año fue la reemergencia de lo común para articular una mirada más allá de la conceptualización política como lo público en tensión con lo privado. Esto es importante porque es el tipo de búsqueda que se está enfatizando hoy desde varios feminismos populares, así como desde las luchas anticarcelarias, centradas en nutrir lo comunitario para sostener la vida desde otro sentido de seguridad colectiva que no asuma la jerarquización entre vidas vivibles y vidas descartables. En este sentido, al poner en el centro una continuidad de violencias que atraviesan la casa, la calle, los ámbitos laborales, etc., se va mapeando la geografía de seguridad que ha sido útil al patriarcado y su sostén estatal.

Al problematizar esos circuitos de seguridad vinculados a determinados espacios, se genera una problematización de los modos en que se comprenden los sentidos de justicia desde el desbarajuste de los marcos que han regido un paradigma que se vuelve problemático. Una gran enseñanza del #MeToo es que las estructuras de abuso y de violencia sexual y de género permean toda la malla social. Está aconteciendo una desestabilización de los marcos dominantes para poder definir otras preguntas: ¿qué tipo de horizonte planteamos? ¿Qué queremos a largo plazo? ¿Se trata de encarcelar a un pueblo entero o de crear instancias para una profunda transformación de las relaciones materiales y sociales de un mundo que está siendo cada vez más violento e injusto? ¿Qué diferentes prácticas podemos desplegar para actuar colectivamente en situaciones de violencia? ¿Qué sentidos les podemos dar a las palabras *justicia* y *responsabilización* cuando las desvinculamos del sistema penal y su individualización para sentirlas parte de una compleja malla de procesos y relaciones? Esto nos permite entender la relevancia de las articulaciones poéticas en las luchas como espacio que tiene una larga tradición disruptiva de la ficción dominante de la violencia de género como algo esporádico o episódico, desde intervenciones puntuales de luchas contra la violencia de género que intentaron resignificarla como problema político. *Al tejer una historia subterránea y fragmentaria de poéticas feministas que ponen al presente en conversación con pasados, se hace visible una historicidad múltiple de los problemas que enfrentamos, como si fueran parte de una larga conversación que recorre tiempos y geografías de un problema que, en lugar de desaparecer, se ha intensificado, y nos ayuda a iluminar senderos diferentes para pensar, imaginar y practicar otras justicias.* En este sentido, las estéticas materialistas nos ayudan también a aterrizar este horizonte amplio en donde los sentidos de la justicia se engarzan con una ética hacia la vida digna en lugar de acotarse a la unidimensionalidad de los discursos retóricos del sistema judicial penal o a los esquemas de las políticas de seguridad. De aquí sale también una exigencia de ahondar y de reconocer las múltiples dimensiones de la vida que el neoliberalismo ha ido erosionando a través de la intensificación de violencias que exacerban retóricas de hipermasculinidad y políticas de seguridad cada vez más enfocadas en la criminalización de la pobreza y la disidencia.

Eros

Hay dos textos claves de los años setenta que no se han pensado juntos: «Salario contra el trabajo doméstico», de Federici (1975), y «Los usos de eros: lo erótico como poder», de Lorde (1978). Se trata de dos manifiestos sobre lo que nos han educado a negar que plantean la pregunta sobre la necesidad de orientar las relaciones sociales, los modos de sentir el cuerpo y la capacidad de resignificar el amor fuera de los regímenes de propiedad, explotación y desprecio de los cuerpos a través de los sistemas de jerarquización. Ambos nos hacen pensar en diferentes direcciones la pregunta: ¿Cómo podemos romper esas cadenas que nos ponen en un destino prefijado de mandatos invisibles traducidos como «amor» para poder explorar otros tipos de amor, cuidado, trabajo y afectividad? En «Salarios contra el trabajo doméstico», se postula una cartografía del problema clave, la división sexual del trabajo y el rol que adquiere en nuestras vidas la invisibilización del trabajo reproductivo *como trabajo*. Hoy en día, la frase «Eso que llaman amor es trabajo no pago» sale de los libros para tomar nuevamente la calle con formas de denigración y explotación que siguen actualizándose en diferentes modalidades. En el manifiesto, el amor como disfraz de múltiples operaciones ocupa un lugar clave como el nombre de un «fraude» que tiene consecuencias en las vidas de todas las mujeres, «porque una vez que el trabajo doméstico está totalmente naturalizado y sexualizado, una vez que se convierte en un atributo femenino, todas como mujeres estamos caracterizadas por él».[58] Hay un hilo en esta pregunta que remite a lo que Lorde llamaba «distorsión» de los sentidos en el que nos hacen llamar «amor» a formas de explotación, y «pasión» a materializaciones de odio. De aquí surge la necesidad de resignificar y abrir nuestra imaginación para poder *nombrar* otro tipo de relaciones sociales y también para pensar las consecuencias que esto conlleva, y así para poder vincularnos de otras formas con lo que hacemos.

---

[58] Federici, «Salarios contra el trabajo doméstico» fue publicado en castellano en *La cultura de México. Suplemento de Siempre!*, núm. 765, 1976. Se puede ver el texto en su publicación más reciente en *Debate Feminista*, octubre de 2000, pp. 52-61, y en *Revolución en punto cero*, ob. cit.

«Los usos de eros: lo erótico como poder» es un ensayo crucial de Lorde que se publicó en varias revistas feministas en medio de las discusiones sobre violencia y feminicidios. Arrojaba una pregunta sobre la posibilidad de abrir otros sentidos de poder y de amor que conectasen con el cuerpo como sitio clave de saber, memoria, placer y gozo afirmativo a través de nuestra vida. Nos lleva a cuestionar lo más básico y, sin embargo, lo más marginalizado de los horizontes de liberación más clásica: ese sistema que nos domina y oprime es también el que nos ha enseñado a negar nuestros cuerpos como lugares *de potencialidad que nos domesticaron para ver con desconfianza, para denigrar y deslegitimar*. Se trata de ubicar la potencialidad que consiste en reaprender a conectarnos con la *capacidad de sentir* y de entenderla como un modo de poder siempre suprimido y *no reconocido*.

Al decir «el cuerpo», se lo entiende como una multiplicidad de relaciones que hablan de la vida y el vínculo con el ecosistema. Hoy en día, cuando hablamos de cuerpo-territorio siguiendo la visión de las mujeres indígenas en defensa de la vida y los territorios, situamos, en primer lugar, las múltiples relaciones constitutivas de la vida que fueron negadas por siglos de capitalismo, colonialismo y patriarcado. El texto nombra un «eros» (amor, caos, creación, sensibilidad) que nutre nuestro saber-poder con un «sí» que nos enseñaron a negar dentro de nosotr*s y nos hace dar un giro para pensar el poder no solamente como algo que viene de afuera y nos adiestra, sino como una relación que también está en nuestro cuerpo como lugar de residencia de memorias e historias, de percepciones y sentires, de saberes deslegitimados por la lógica de la funcionalidad de un sistema regido por la ganancia y no por la vida.[59] Si el poder que oprime precisa acallar y despreciar formas de sentir-saber en los que dormitan posibilidades de cambio y transformación, es, quizás, en esas zonas sabidas y no sabidas, usadas y no usadas, reconocidas o no, donde necesitamos indagar

---

[59] Lorde, *La hermana*, ob. cit., p. 57.

más profundamente. «Los usos de eros» nos permite ver una serie de conexiones que se establecen entre la negación de la capacidad de sentir y la organización sexual y social del trabajo que encasilla y confirma lo erótico a un sentido muy limitado de sexualidad, alejándolo como fuerza vital que permea un sentido más integral de nuestro hacer y de sentir en lo que hacemos.

En un ensayo más reciente, «Elogio del cuerpo que baila», Federici trae esa larga historia de domesticación capitalista del cuerpo a través de las imágenes claves de diferentes modos de producción y disciplinamiento (del motor a vapor a la computadora y el código genético), planteando una pregunta por el cuerpo como sistema de poderes que, a pesar de ser controlados, *postulan un límite al capital*. El cuerpo se visualiza como lugar de residencia de múltiples «facultades y resistencias, que se han desarrollado durante un largo proceso de coevolución con nuestro entorno natural, y también de prácticas intergeneracionales que han hecho de él un límite natural a la explotación».[60] Nos habla también de múltiples necesidades que vienen de los sentidos y de la nutrición de nuestros cuerpos en la trama vital: «La necesidad de sol, de cielo azul, del verde de los árboles, de olor a bosque y a océano, la necesidad de tocar, oler, dormir y hacer el amor».[61] La necesidad de reconectar con el cuerpo como sitio en el que late otro poder que nos intentan quitar, alejar, y que a la vez nos es lo más próximo —cada cuerpo, nuestro cuerpo— remite a la urgencia de desarrollar otro estilo y otro ritmo de luchas y de resistencias colectivas.

Hilvanar los saberes que sugieren estos textos que ponen al cuerpo en el centro de otro tipo de poder nos permite pensar juntas la secuencia de luchas por politizar el

---

[60] Silvia Federici, «Elogio al cuerpo que baila», en *Ir más allá de la piel. Repensar, rehacer y reivindicar el cuerpo en el capitalismo contemporáneo*, Madrid / Buenos Aires, Traficantes de Sueños / Tinta Limón, 2022, p. 133.

[61] Ibídem.

análisis de la violencia y la insistencia en comprender la larga historia de denigración del cuerpo y de las luchas que, como señala Gago, «hacen del saber del cuerpo un poder».[62] Para esto, el llamado a imaginar de modo diferente otras relaciones interpersonales y sociales nos permite resignificar todas esas actividades en un nuevo marco para dimensionar relaciones, afectividad y sentido de un hacer. En esta apertura, hay otra vida social posible, y este es un hilo que conecta pasado y presente desde un punto clave: *la capacidad de intervenir desde el desear y la capacidad de abrir horizontes diferentes en lugar de solo protestar y demandar. Poder configurar también otros caminos que hagan posibles formas diferentes de vida.* De esas problematizaciones emergen los hilos que tejen esos universos subterráneos que apuestan a un sentido de comunidad *en plural*, desde donde se sostiene un imaginario de lo común a partir de la interdependencia y la capacidad de figurar la justicia como algo que no *solamente pasa por* una delegación al Estado, sino como una suerte de ritmo que va marcando la música y el arte de ser-en-relación.

---

[62] Verónica Gago, *La potencia feminista*, ob. cit., p. 73.

3

Atravesar el peso del silencio: autodefensa y «justicia por palabra propia»

> y cuando es de noche, siempre,
> una tribu de palabras mutiladas,
> busca asilo en mi garganta
> para que no canten ellos,
> los dueños del silencio.
>
> Alejandra Pizarnik[1]

La lengua articulada o acuerpada en lucha nos permite hacer visibles las formas de entender y lidiar con procesos de violencias naturalizadas durante siglos. Es la materia expresiva de nuestra capacidad para denunciar y resignificar sentidos capaces de abrir otros caminos. Emanuela Borzacchiello y Valeria Galanti hablan de la lengua como sitio en el que podemos «desactivar» violencias que los medios de comunicación refuerzan a través de narrativas simplificadoras que reproducen diferentes estereotipos.[2] La reciente camada de actos de

---

* Uso la expresión siguiendo el título de una entrevista que le hizo Gisele Alessi a Belén López Peiró, «Justicia por palabra propia» (disponible online) en la que recorren los sentidos de la escritura de *¿Por qué volvías cada verano?* (Buenos Aires, Madreselva, 2018), en relación con las dimensiones de justicia que activa.

[1] Alejandra Pizarnik, *Poesía Completa*, Buenos Aires, Lumen, 2021, p. 181.

[2] Emanuela Borzacchiello y Valeria Galanti, «Palabras, escenarios e imágenes: comunicar la violencia de género», *GénEros.*

habla en espacios públicos y en las redes sociales pusieron en el centro de la disputa la omnipresencia del abuso en la trama de la vida cotidiana. Al destape de olla le siguen una serie de preguntas que se vinculan a las formas en las que denunciamos la violencia contra las mujeres, así como también sobre los *mecanismos automatizados* por la propia cultura abusiva para hacer *como que* se lidia con el problema mientras todo sigue igual.

Nunca como hoy se articuló un grito tan fuerte de «BASTA» a las limitaciones de esos mecanismos de denuncia y se abrieron tensiones que necesitamos explorar más a fondo: *¿cómo hacemos para que este grito múltiple contra la cultura de la violencia sexual y abusiva pueda traducirse en la posibilidad de construir otras formas de vincularnos, relacionarnos y educarnos para que no sean una parte naturalizada en nuestras vidas?* Bordeando esta pregunta, propongo un recorrido para ahondar en la complejidad que implica romper el silencio y transitar un proceso de denuncia dentro de los esquemas patriarcales que terminan culpabilizando a quien se atreve a cortar el pacto patriarcal del silencio. Me interesa sobre todo analizar intervenciones en las que la dimensión poética de la palabra se convierte en un espacio de articulación que habilita procesos colectivos desde la fuga respecto a los imaginarios patriarcales. Se construyen otros contextos de habla desde donde se hacen comunes problemas que se han mantenido en sordina y que engarzan con dimensiones que los procesos de denuncia y de justicia institucionalizada excluyen. Palabra y afectividad se convierten en generadoras de cuerpos colectivos que van haciendo frente a la imposición del silencio como supuesta protección (forma ideológica de una «autodefensa» que impone el sistema). Gilles Deleuze y Félix Guattari hablan de «dispositivos (*agencements*) colectivos de enunciación» para nombrar esa capacidad y vuelco de la lengua hacia una multiplicidad que no necesariamente existía antes. Junto con los procesos de enunciación, se abren

Revista de investigación y divulgación sobre los estudios de género, núm. 16(2), 2014-2015, pp. 145-164.

contextos de habla como dispositivos que tejen la posibilidad de otras formas de subjetivación colectiva, generando
una extrañeza ahí donde acontece lo *familiar*, lo cotidiano
que históricamente se planteó como lo «seguro».[3]

Uno de los ejes problemáticos que recorro se vincula
a las limitaciones de lo que el sistema nos plantea como
formas de responder y resolver la *violencia interpersonal* entre personas conocidas, que atraviesa, por tanto, espacios
cotidianos e instituciones. El carácter «familiar» de la violencia la ha hecho históricamente más difícil de denunciar
porque los marcos en que se plantea la denuncia a nivel
policial y la resolución desde el sistema penal hacen que
muchas veces prime el no hacer nada. En muchos casos,
también, porque se trata de ir a denunciar en instituciones que son ellas mismas agentes de la violencia que se
denuncia. Muchas veces, esa complejidad se traduce en
sentidos de impotencia, imposibilitando la capacidad de
interrumpir la violencia y de tener un proceso de responsabilización frente a lo que aconteció.

La palabra que se articula como acción colectiva, posibili-
tada por las movilizaciones feministas, se vuelve *posibilitante*
de otro horizonte, desmontando el pacto patriarcal de las instituciones que configuran la geografía de lo familiar: la casa,
la pareja, la familia. La dimensión poética e imaginativa de la
expresividad se convierte en una manera de acuerpar lo que
excede al habla normalizada y se resiste al cierre impuesto
por el silencio y por la sordina institucional en el recinto jurídico. Desde el dolor y el coraje, la palabra traduce la rabia
y gesta un contraarchivo poético feminista que se postula en
tensión con el sistema jurídico del Estado patriarcal y despliega otros «teatros» para la justicia.[4] Un punto clave de ese

---

[3] Gilles Deleuze y Féliz Guattari, *Kafka. Por una literatura menor*,
Ciudad de México, Era, 1990, p. 31.

[4] Abordando diferentes casos jurídicos, Shoshana Felman habla de
la dimensión literaria como espacio en el que se activan «teatros de
justicia». Ver Felman, *The Juridical Unconscious. Trials and Traumas
in the Twentieth Century*, Cambridge, Harvard UP, 2002.

contraarchivo que emerge en protesta y pregunta frente a la impunidad en que históricamente, y a pesar de las leyes, quedan las violencias feminicidas nos habla de la necesaria configuración de *otro lugar* desde donde resignificar la pregunta por la violencia y la justicia en muchas direcciones.[5]

La autodefensa y la materialidad de la palabra

«Tu silencio no te protegerá» es un mantra de Audre Lorde que confronta la imposición patriarcal del silencio figurada como protección y nos alerta sobre la relación de obediencia que se gesta entre silencio y opresión. En «Notas sobre la falta de habla», Lorde aclara que «no tener habla (…) no solo es la imposibilidad de hablar, sino también *la incapacidad de revelar*» y lo describe como un acto implosivo.[6] En el clásico «La transformación del silencio en palabra y acción», Lorde cuenta lo que su hija le dijo: «Háblales de por qué nunca se llega a ser por completo una persona cuando se guarda silencio, porque en tu fuero interno siempre hay una parte de ti que quiere hacerse oír y, cuando te empeñas en no prestarle atención, se va acalorando más y más, se va enfureciendo y, si no le das salida, llegará un momento en que se revelará y te pegará un puñetazo en la boca desde dentro».[7]

Toda una geografía expresiva contemporánea lidia con otro tipo de figuración del silencio en el espacio poético que nos ayuda a darle materialidad y a entender su peso. Un poema de Pizarnik configura esa malla de silencios

---

[5] En 2019, desde Argentina, se creó una lista de títulos que iban generando todo un archivo. Ver Gabriela Saidón, «#NiUnaMenos: una guía de títulos de ficción, no ficción y ensayo que tratan la violencia de género», 3 de junio de 2019; disponible online en https://www.infobae.com/cultura/2019/06/03/niunamenos-una-seleccion-de-titulos-de-ficcion-no-ficcion-y-ensayo-que-tematizan-sobre-la-violencia-de-genero/

[6] «Notes on Speechlessness», p. 4, Audre Lorde Archive, caja 16.

[7] Lorde, *La hermana*, ob. cit., p. 5.

como una suerte de trazo que guiaba, hacía y mandaba su vida; entregarse al silencio como un *acto de pasividad*:

> silencio
> yo me uno al silencio
> yo me he unido al silencio
> y me dejo hacer
> me dejo beber
> me dejo decir[8]

La relación entre el silencio y la promesa de olvidar, o la relación entre el silencio y el miedo a lo que podría traer la decisión de romperlo son figuras claves cuando hablamos de la cultura abusiva. En su tesis de maestría sobre autodefensa, Claire Martin propone entender el silencio como una de las formas ilusorias de supuesta «autodefensa» que impone y privilegia el patriarcado.[9] Esa distorsión de silenciarnos, que se plantea como forma de protegernos, está siendo desmontada de diferentes formas en diferentes intervenciones poéticas. Un poema reciente de Nayyirah Waheed (2013) lo figura como autoagresión desde la conexión entre el silencio y el dicho popular de «morderse la lengua» para callar:

> toda mi vida
> me he mordido la lengua
> mordido la lengua
> mordido la lengua
> mordido la lengua
> estoy tan llena de mi lengua
> que pensarás que hablar es fácil
> pero no lo es
> —para nosotras, las que guardamos nuestras vidas en nuestra boca[10]

---

[8] Alejandra Pizarnik, *Poesía*, ob. cit., p. 143.

[9] Claire Martin, «Poner lo invisible en relieve», *Autodefensa feminista, una herramienta para la igualdad*, tesis de maestría, Universidad de Almería, 2013, p. 6; disponible online en http://repositorio.ual.es/bitstream/handle/10835/2666/Trabajo.pdf?sequence=1

[10] Nayyirah Waheed, *Salt*, CreateSpace Independent Publishing Platform, 2013, p. 78; traducción mía.

Guardamos nuestras vidas en una acumulación de silencios. «Morderse la lengua» nos pone frente a ese acto constante de callar, al esfuerzo y la agresión que conlleva —dañar la lengua en su múltiple sentido—, al órgano, su capacidad para degustar y también la capacidad de significar, de «revelar», como decía Lorde. La figura de la autoagresión como posibilidad de enfrentar al sistema patriarcal se reitera en varias intervenciones contemporáneas que nos hacen pensar en esa otra forma donde la implosión se evita retirándose una misma del juego patriarcal.

En «Las cosas que perdimos en el fuego», de Mariana Enríquez (2016), esto emerge desde esa ambivalencia entre protegerse y agredirse, en la que el fuego es el elemento principal. El cuento dramatiza la intensificación de la práctica del feminicidio por incineración y toma el fuego para plantear una pregunta compleja sobre las formas de protección colectiva que siguen generando un tipo de autocastigo como autodefensa.[11] El cuento empieza en el subte, cuando una chica desfigurada por quemaduras cuenta su historia a l*s pasajer*s y pide ayuda para poder seguir sobreviviendo. Con celos y presentimiento de engaño, su pareja le tiró alcohol por todo el cuerpo y la prendió fuego, *si no era para él, ya no sería para nadie.* La llevó al hospital y mintió, dijo que en medio de la pelea ella se había echado alcohol y que, sin darse cuenta, había

---

[11] Enríquez, «Las cosas que perdimos en el fuego», *Las cosas que perdimos en el fuego*, Barcelona, Anagrama, 2016. En el trasfondo, el cuento también juega con el rol de los medios de comunicación en relación con este fenómeno. Remito al estudio de posgrado que realiza Luciana R. Hetherington, sobre este tema: *Los medios de comunicación de masas y el efecto imitación en casos de femicidios. Análisis de casos pertinentes en la Argentina contemporánea*, Cipolletti, Universidad Nacional de Río Negro, 2019. Según el análisis de diferentes datos otorgados por asociaciones civiles, como La Casa del Encuentro, Hetheringson observa que, a partir del año 2009, este tipo de violencia comenzó a hacerse más presente y a aumentar, convirtiéndose en uno de los cuatro modos de feminicidio más usados. También es notoria la configuración de estos como accidentes o suicidios (Hetheringson, p. 76).

prendido un cigarrillo: «Y le creyeron —sonreía la chica del subte con su boca sin labios, su boca de reptil—. Hasta mi papá le creyó. Ni bien pudo hablar, en el hospital, contó la verdad. Ahora él estaba preso».[12] Al principio, ella hablaba y, en el vagón, nadie comentaba nada: «El silencio en que quedaba el tren, roto por las sacudidas sobre los rieles, decía qué asco, qué miedo, no voy a olvidarme más de ella, cómo se puede vivir así».[13] Un día, un chico rompió el silencio para burlarse de ella cuando dejó el vagón: «Qué manipuladora, qué asquerosa, qué necesidad».[14] La madre de Silvina, la narradora, se levantó y le pegó al chico en la nariz. Los pasajeros dudaban de cómo responder. Se detonó algo que hasta entonces no había pasado. Así empezó a cambiar la historia y se desarrolla la trama del cuento: la reacción generó una complicidad entre madre e hija; corrieron para protegerse y cuando se sintieron a salvo, aliviadas, empezaron a reírse: «Hacía años que no la veía tan feliz», dice Silvina.

Tras más casos así, un grupo llamado Mujeres Ardientes empezó a organizar hogueras para quemarse antes de que las quemaran. Una amiga de su mamá, que dirigía el hospital clandestino, le explicó a Silvina: «Las quemas las hacen los hombres, chiquita. Siempre nos quemaron. *Ahora nos quemamos nosotras. Pero no nos vamos a morir: vamos a mostrar nuestras cicatrices*».[15] Esto genera una serie de preguntas que son claves porque hay una reacción, una forma de resistencia, pero desde cierto tipo de daño o asfixia, porque la forma de defenderse es una forma de agredirse al quemarse en un ritual colectivo. Se genera una relación que es más compleja porque se trata de una autoagresión para poder quedar fuera del circuito patriarcal de violencia. En el fondo, estamos ante un embudo, y esto es lo que dramatiza el cuento.

---

[12] Enríquez, ob. cit. p. 186.

[13] Ibídem, p. 187.

[14] Ibídem.

[15] Ibídem, p. 192.

La dimensión literaria nos permite adentrarnos en la ambigüedad de los sentidos sociales; hay en el texto algo que huele a la búsqueda de una lengua de protesta colectiva que toma la calle. Se dramatiza un diálogo intergeneracional y una incertidumbre. Silvina siente la alegría fervorosa de su madre y una amiga, María Elena, frente a las hogueras con un cierto extrañamiento cuando se imaginan cómo «Silvinita sería una quemada hermosa, una verdadera flor de fuego».[16] La imagen de quemarse para salir del circuito de hombres aparece también en una colección de poemas de Warsan Shire, *Teaching my mother how to give birth* (Enseñándole a mi madre cómo parir), publicado en 2013. La poeta somalí, nacida en Kenia y exiliada en Londres, usa la imagen del fuego para hablar del contexto permanente de guerra contra las mujeres y trama esto con relación a su madre. El último poema del libro, titulado «In Love and In War» [En el amor y en la guerra], dice: «Le diré a mi hija / "cuando los hombres lleguen, préndete fuego"».[17] Quemarse antes de que los hombres lleguen es la forma de autodefensa como autoeliminación que deja al descubierto la total intemperie y precariedad de la supervivencia, del no poder vivir de tantas vidas. La recurrencia de estos actos es inquietante porque habla de las prácticas de guerra contra las mujeres que asfixian los niveles posibles para sobrevivir. Al mismo tiempo, hay algo que genera la textualidad como intervención: el hecho de nombrar este incendio en el registro poético está también produciendo algo diferente frente a la concatenación de silencios anteriores.

En las intervenciones de Enríquez y Shire, se habla desde el lugar de la hija, revirtiendo una relación de aprendizaje. El libro de Shire lleva el título *Enseñándole a mi madre cómo parir* y recorre toda una trama de violencias encubiertas a lo largo de la vida, violencias, violaciones, relaciones abusivas que la hija va decodificando, leyendo entre líneas.

---

[16] Ibídem, p. 197.

[17] Warsan Shire, *Teaching my mother how to give birth*, Londres, Flipped eye publishing, 2013, p. 34; traducción mía.

María Noel Sosa analiza la relevancia teórica y analítica que abre la posibilidad de hablar desde el lugar de hija y nos recuerda que tod*s somos hij*s, instándonos a pensar un habla capaz de nombrar una memoria, que desborde la trama habitual de las genealogías, replanteando y dislocando formas jerarquizadas por la mediación patriarcal en el aprendizaje. A tono con esto, en Enríquez y Shire, la hija emerge como lugar de aprendizaje apuntando a una ruptura que tiene que ver con *contar diferente*: con no disfrazar la violencia sufrida pensando que eso «ayudará» a que no pase.[18] En Shire, el título lo nombra: la hija le enseña a la madre cómo parirla de un modo diferente luego del largo proceso de leer entre líneas todas las violencias patriarcales que marcaron la vida de su madre y que no se contaron explícitamente, sino a través de gestos, historias, siempre entrelíneas. Los poemas se ubican en ese lugar de poner en imagen un reconocimiento de historias y trazan líneas de fuga para animarnos a ser diferentes de aquello que se suponía que seríamos. La libertad emerge como capacidad colectiva de interrumpir un destino impuesto por el dolor, el miedo y el silencio. Frente a la demanda permanente de silenciamiento, de no contar, de no hablar de esos tabúes que ahora sí emergen en diferentes niveles, surge también una forma de ver la relevancia que tiene el acto de poner en lengua como manera de empezar a imaginarnos otras secuencias y otras tramas.

En *La política cultural de las emociones*, Sara Ahmed retoma el análisis de la ira y la rabia en Lorde para enfatizar cómo, si bien la ira es ya una traducción del dolor, esta necesita también ser traducida y concluye: «*El feminismo*, como respuesta al dolor y como una forma de indignación dirigida contra ese dolor, *depende así de actos de traducción que conmueven*».[19] Se trata de poder atravesar el silencio *y*

---

[18] María Noel Sosa traza un análisis brillante de lo que significa escribir desde el lugar de hija, recreando desde ahí una serie de hilos de luchas feministas (ver Sosa, *De la orfandad al linaje*, ob. cit.).

[19] Sara Ahmed, *La política cultural de las emociones*, ob. cit., p. 266; el énfasis es mío.

traducir ese mundo de ira silenciada en una lengua colectiva, con el objetivo de construir sentidos que impliquen un futuro diferente. Esto es importante en el contexto de lo que pasó en muchos casos con el #MeToo y cierta automatización de la expresión pública de la rabia en el espacio de las redes, que muchas veces pueden intensificar una situación de vulnerabilidad o reforzar el imaginario del poder patriarcal. Es decir, el habla en sí misma no es curadora, por eso es necesario articular más a fondo sus contextos de escucha, de traducción y de transformación. El imaginario de la denuncia como forma de habla está poniéndose también en discusión a partir de la línea que ha empezado a predominar en las redes de hacer escraches a personas abusadoras que se mantienen impunes. La humillación pública, sobre todo desde las redes sociales, se ha convertido en un mecanismo para hacer frente a la sordina y las limitaciones institucionales. Una trampa o peligro que emerge desde la práctica aislada de los escraches puede estar en que muchas veces aparece como forma de «cancelar» (inhabilitar) personas, reproduciendo ciertos tics del sistema punitivo. Se individualiza el tema, se lanza un mensaje, pero muchas veces no se conecta esto con un proceso colectivo y reflexivo acerca de qué más podemos hacer para «hacer justicia», más allá del señalamiento y la acusación.

Muchas veces, las redes son aparatos complejos para lidiar con las emociones intensas que estos procesos disparan y, en muchos casos, se parecen a las formas que promueven los medios de comunicación cuando se ensalzan con este tipo de acción, sin tener interés en ir a un proceso más hondo que implique la responsabilización (más allá del escrache) y la sanación de las personas dañadas, incluyendo los nuevos mecanismos de retraumatización que a veces entran en juego. Sin duda, el escrache, como forma de intervención, va de la mano con una suerte de «denuncia a la denuncia» que habla de una larga historia de silenciamiento y de la limitación de las maquinarias burocráticas de denuncia institucional del patriarcado. Al mismo tiempo, muchos de estos contextos nos hablan de los modos en que nuestros imaginarios están fuertemente ligados a lógicas restringidas al castigo y no a preguntas más hondas que conectan con las múltiples raíces de estas violencias. Es decir, en vez de reducir el tema a cómo se va a castigar, necesitamos también simultáneamente abrir canales para abordar violencias interpersonales y sistémicas, generar formas de reconocimiento y herramientas que nos permitan articular formas de actuar con vistas a procesos de responsabilización sostenibles en los espacios en que nos movemos.[20]

¿Cómo plasmamos aquellas posibilidades en lugar de solamente denunciar un sistema? Los contextos en que se genera la denuncia son cruciales. Cuando el grito, como ruptura de silencio, es un acto colectivo, se crea un contexto en el que lo que enunciamos se dirige a movilizar lo que era pura impotencia para posibilitar otras lógicas e imaginar otros caminos. La ruptura de silencio se convierte en una forma de compartir y de llevar el grito de «BASTA» a la construcción de otros modos de responder. Lo más complejo cuando hablamos de romper siglos de silenciamiento es cómo pensar, imaginar, actuar formas de libertad que no sean una mera *sustitución acrítica* de la soberanía que instala y habla la sociedad patriarcal (del sentido de propiedad, de certeza de voluntad).

Esto nos lleva a la pregunta clave que se está desplegando en el presente sobre las formas de comprender la autodefensa colectiva. Usualmente, *autodefensa* se usa desde una dimensión de fuerza que responde a una violencia física. Elsa Dorlin traza una historia conceptual que nos permite entender las formas en las que la autodefensa parte de una división clara de quiénes tienen el aval y la legitimidad de protegerse y quiénes, acorde a su lugar social, color, sexualidad, edad, quedan fuera de esa capacidad. Esto genera un *problema filosófico clave* que remite a *cómo nos defendemos sin volvernos eso que nos daña.* Esta es la pregunta que está en el centro de una posible reconfiguración de la vida en un mundo libre de abuso.

---

[20] Creative Interventions, «Toolkit», ob. cit

Frantz Fanon postulaba esta pregunta como clave de sus reflexiones en *Los condenados de la tierra*, en donde la descolonización remite a la complejidad de crear otro mundo, una creación que ve necesariamente violenta, porque implica la ruptura del mundo colonialista. Liberación como ruptura y creación en lugar de sustitución de jerarquías que ponen a un grupo por encima y como propietario del resto, y autonomía colectiva en lugar de soberanía del individuo son claves que laten en el corazón de la pregunta por lo que significa autodefensa. Al mismo tiempo, la ruptura con los sistemas que nos han constituido como sujetos es compleja y se da en diferentes capas y niveles. Para esto, es útil recordar lo que nos cuenta Gago sobre los feminismos actuales en su heterogeneidad, donde, en lugar de hacer y pensar desde la dicotomía usual de «reforma o revolución» (como disyunción excluyente), es necesario más bien trazar formas de lucha desde los tejidos que engranan la vida. Esto nos ubica simultáneamente en muchas dimensiones para hacer posibles estos cambios en múltiples niveles. Es decir, poder modificar la dimensión legal y jurídica, así como también desarrollar, simultáneamente, modos de intervención colectiva que luego puedan ser respetados desde arriba como posibilidad, sin que esto implique que sean reducidos a una lengua institucional o estatal.

En este sentido, muchos procesos colectivos para lidiar con la violencia abusiva y dar con mecanismos de responsabilización entre personas conocidas emergen desde lo grupal, desde abajo, como mecanismos de protección de la vida que históricamente han existido y funcionado. Estos, usualmente, comienzan en el acto de compartir historias y construir pedagogías para interrumpir el circuito de violencia coordinando acciones, facilitando procesos desde las diferentes posiciones, etc. Este compartir y procesar desde la palabra tiene que ver también con romper con la figura que el silencio refuerza: la soledad en el dolor que muchas veces va acompañada de autoculpabilización moralizante («me pasó a mí porque hice algo mal»). El silencio, volviendo a

Lorde, es implosivo, actúa dentro nuestro, denigrándonos desde la imposibilidad de revelar y transformar el silencio en palabra *y acción*, como dice su ensayo clave.

En un texto reciente, *Diario de un incesto*, la narradora anónima nos expresa el legado que tuvo la violación sistemática que su abuelo infligía a su padre y a su tía, y las diferentes formas en las que cada cual lidió con eso: su tía desarrolló formas de autoagresión y un cáncer al que no sobrevivió; su padre continuó el daño y se convirtió en su abusador desde que ella tenía tres años. De modo valiente, ella quiebra ese circuito de otra forma: ni viola a otr*s ni se queda callada, sino que cuenta la historia en su dureza y nos muestra también su cotidianeidad, su acontecer en medio de la vida en la que creció, con eso *siempre pasando*. La demanda de callar es también parte del tejido. Cuando un día juntó coraje y le contó a una vecina que su padre la violaba sostenidamente, escuchó como respuesta: «"Supéralo" —me aconsejó— "No le hables de esto a nadie. Olvídalo y supéralo". A continuación, me contó que habían abusado de ella cuando era niña. Me explicó que sus padres estaban al corriente, pero no habían hecho nada al respecto. "De todos modos, son cosas que deben olvidarse y superarse", dijo. Me pidió que regresara a casa con mi padre y no hablara de ello nunca más. *No volvió a ser la misma conmigo*».[21] En esas palabras de su vecina, también sobreviviente de abuso infantil, callar se vincula a una esperanza de olvidar, superar en y desde el silencio. El libro es testimonio de otro destino: ella decide cortar el circuito del silencio y cuenta, escribe, saca la rabia y también la complejidad que toda su vida cargó a la hora de poder relacionarse con otros hombres, generalmente mayores.[22] La palabra que se hace colectiva desde la escritura

---

[21] Anónimo, *Diario de un incesto*, Barcelona, Malpaso, 2017.

[22] En género de ficción, se pueden conectar diferentes narrativas que tratan la cotidianeidad ocultada del incesto, ver por ejemplo, *Push: a Novel*, escrita por Sapphire (Nueva York, Vintage, 1997) y *Palabras envenenadas*, de Maite Carranza (Barcelona, Edebé, 2010), que tratan, de diferentes formas, sobre el incesto.

y la lectura posterior nos habla de un espacio en el que se está planteando un sentir compartido que es clave para establecer múltiples sentidos a lo que entendemos como justicia. El imaginario patriarcal nos separa de la potencia de la lengua como lugar material para generar y comunalizar sentidos, ya sea desde el silenciamiento o desde la asociación de la autodefensa con algo meramente físico.

Al hacernos pensar en autodefensa como una cuestión meramente de fuerza física, queda fuera de esa fuerza el universo simbólico y discursivo que sostiene todo un dominio y un control a partir del silencio. Retomando las palabras de Ahmed, se plantea una pregunta importante sobre cómo esta ruptura se vincula con una traducción que abre procesos de relacionamiento que reemplacen el imaginario de la autodefensa patriarcal, como reacción, y se vuelvan modos de compartir otros caminos, pedagogías alternativas para lidiar con el abuso en un sistema que es abusivo. Romper el silencio, compartir el dolor y la rabia para poder dirigirlos hacia la construcción de alternativas que van a ese lugar más protegido del patriarcado, que las movilizaciones actuales están fisurando de mil modos al hacer patente el tejido de «normalidad» de la violación y del abuso. Desde estas líneas, propongo que pensemos el tejido entre silencio y palabra, su peso o carga *invisible*, hurgando en el rol de la articulación poética como espacio que procesa y da consistencia a la precariedad, la angustia, el dolor, la rabia que genera esta intemperie de injusticia.

El invencible verano de Liliana

En un estudio reciente sobre *Chicas muertas,* de Selva Almada, Tatiana Navallo señala que la puesta en narrativa que está aconteciendo en torno a los feminicidios desvela tramas afectivas como lugares desde donde desmontar e interrumpir la cotidianeidad del abuso dentro de sus espacios de familiaridad.[23] En este sentido, la novela reciente de Cristina Rivera Garza, *El invencible verano de Liliana*, publicada en México en 2021, se articula desde la cotidianeidad de la violencia interpersonal y la impunidad sistémica. Con un coro polifónico de memorias y engarzando los saberes que han ido posibilitando las luchas feministas recientes, Rivera Garza trae la vida de su hermana menor, Liliana, que fue asesinada en un feminicidio por su exnovio en 1992. Luego de tres décadas y uniéndose al grito feminista de «BASTA», la novela se articula desde la voz colectiva de mujeres «enrabiadas» y en busca de justicia. Dentro de la secuencia narrativa, la materialidad de la palabra y los silencios ocupan un lugar central. Traduciendo el dolor vivido por ella y por sus padres desde el silencio y la culpa, Rivera Garza escribe: «La falta de lenguaje es apabullante. La falta de lenguaje nos maniata, nos sofoca, nos estrangula, nos dispara, nos desuella, nos cercena, nos condena [...]. Un* nunca está más inerme que cuando no tiene lenguaje».[24]

El invencible verano comienza con un recorrido por la ciudad para ir a buscar el expediente del caso de su hermana. El contrapunto entre caminar por el espacio recordando una historia de movilizaciones abre una conexión entre lo individual y lo colectivo desde el eje común de la rabia, el duelo y la serie de acciones feministas de los últimos años. Con esto, gana espesor una dimensión de la ciudad que registra una historia de luchas de mujeres por mantener una memoria y pedir justicia: «Somos ellas en el pasado, y

---

[23] Navallo nos recuerda que la mayor parte de los feminicidios en América Latina siguen aconteciendo entre personas que se conocen, parejas o exparejas. Citando las estadísticas del Observatorio de Igualdad de Género de Cepal en 2019, Navallo sostiene que «2 de cada 3 feminicidios se producen en contexto de relaciones de pareja o expareja». Tatiana Navallo, «Chicas Muertas: tres relatos 'atípicos e infructuosos' para armar», *Anclajes*, vol. XXIV, núm. 3, 2020, pp. 67-84 y 73.

[24] Cristina Rivera Garza, *El invencible verano de Liliana*, México, Random House Mondadori, 2021, pp. 34 y 43.

somos ellas en el futuro, y somos otras a la vez. Somos otras y somos las mismas de siempre. *Mujeres en busca de justicia. Mujeres exhaustas, y juntas. Hartas ya, pero con la paciencia que solo marcan los siglos. Ya para siempre enrabiadas»*.[25] El texto es un collage en el que la hermana mayor recompone la red de afectos de Liliana, las miradas, voces y recuerdos de las personas que la querían y la recuerdan.

Al poner la búsqueda de justicia en el centro, se abren varias capas para ahondar en preguntas complejas sobre los sentidos de la impunidad, expresada en ese «caso» cerrado como inconcluso, porque Ángel se fue, desapareció. Empezamos a leer la novela y creemos que ese será el tema: la búsqueda judicial del culpable; sin embargo, hay algo más que expande la búsqueda cuando escuchamos «Un violador en tu camino» del Colectivo Lastesis, desmontando el sistema abusivo que sostiene la violencia y su impunidad: «el violador eres tú», «el patriarcado es un juez», «son los pacos / los jueces / el Estado / el presidente», «el Estado opresor es un macho violador». Es el sistema. Esta es una de las claves cruciales que atraviesan el texto y resignifican el sentido de la búsqueda: no se trata solamente de encontrar al que asediaba y mató a su hermana, sino que también empezamos a percibir una dimensión densa, compleja y múltiple que apunta a toda una *sociedad* y a una *cultura.* Volvemos a sentir la pregunta que planteaban en Roxbury: «*¿Quién* nos está matando?». En este sentido, Ángel emerge en la novela como ese novio que no deja ir, que cela y no quiere dejar vivir, que, a pesar de los pedidos de no volver, reaparece, espera, se entromete... Pero también, hay un punto en el que vemos que no es solo ese individuo en particular, sino una cantidad de «ex» o de «parejas» que se hacen reconocibles y familiares a través de esta figura. Esto es algo crucial en el tejido sutil y complejo de la novela, que viene de la recreación de Liliana y su mundo, que nos conecta con su singularidad irreductible, al mismo tiempo en que nos hace pensar en

---

[25] Ibídem, p. 17.

tantas vidas como esa. En ese sentido, recorrer ese destino convierte el feminicidio de Liliana en un problema común que se traduce en un llamado múltiple hacia la posibilidad de actuar para cortar ese camino.

La *forma de tejer voces, memorias y recuerdos genera una suerte de contraarchivo que habla del afecto como red y comunidad de Liliana en ese momento vital, y nos ayuda a dar con una pregunta que es central y que se hace urgente en el texto:* ¿cómo terminamos con esto en lo cotidiano?, ¿cómo podemos hacer para que esta violencia no siga? Y ahí damos con una clave que históricamente han enfatizado los movimientos en busca de otras justicias llamadas transformadoras y de procesos de responsabilización comunitaria donde el centro no es tanto el «después» del daño, sino también la capacidad de incidir en la interrupción y desescalamiento de la violencia en su cotidiano. *La cotidianeidad se convierte en un sitio esencial para desmontar la cultura abusiva en lugar de limitarnos siempre a pensar en cómo gestionamos el castigo después, cuando cae en la trama patriarcal de la «necesidad» o lo inevitable del daño promovido por esa cultura.* Al comienzo del texto se plantea una pregunta desde el dolor interminable que dejó el feminicidio: «*Estamos encerrados en una burbuja de culpa y vergüenza, preguntándonos una y otra vez: ¿qué fue lo que no vimos?* Este es el eco. La luz del sol es espectacular siempre en el otoño. *¿Por qué no pudimos protegerla?*».[26] La pregunta que emerge de la sensación de impotencia se va transformando en una investigación profunda de conceptualizaciones y análisis feministas que van haciendo legible y comprensible la economía política que naturaliza esa violencia dentro del mundo patriarcal y, sobre todo, la falta de herramientas nuestras frente a su existencia.

Además de la denuncia de la impunidad (el caso inconcluso y las preguntas que esto trae: ¿A quiénes más habrá asediado?, ¿con quién está ahora?, ¿habrá matado a otras exparejas?), emerge este otro nivel que apunta a la trama de la comunidad y a la necesidad de aprender a lidiar con

---

[26] Ibídem, p. 41.

este tabú para poder sostener la vida cuando nos pasa o cuando vemos que alguna mujer cercana está pasando por situaciones de violencia feminicida y que es algo crucial en el presente. A través de las múltiples voces de quienes compartían la vida con Liliana, en sus años de estudios en la Universidad Autónoma Metropolitana (UAM) de Arquitectura, vemos la composición del doblez existencial que configura el acoso en lo cotidiano y lo hace tan complejo, su suceder como en un modo fantasmal y recurrente, poco visible para el resto. Liliana salía, estudiaba, bailaba y reía *mientras* su expareja no paraba de perseguirla, hostigarla, esperarla afuera... Todo ese nivel narrativo que pasa como en un «aparte» nos permite excavar en esa temporalidad de la vida donde la violencia feminicida puntúa lo cotidiano en un silencio y una invisibilidad selectivas para el resto. En este sentido, es importante ver cómo vamos recorriendo la composición del acoso a lo largo del tiempo, su actuar en un doblez sutil y silencioso. Con la escucha que expresa el proceso de escritura del texto y que se amplifica en nuestro acto de lectura, se va generando una máquina semiótica que hace perceptible una cantidad de signos que son muy familiares: el miedo a llegar y quedarse sola por la noche, la presencia insoportable de los celos, las amenazas de matarse si lo deja para siempre, aparecerse a pesar de haberle pedido que no lo hiciera, etc.

Así, la novela va construyendo sistemas de legibilidad que aterrizan lo que se postulaba como «excepcional», en la larga historia del «crimen pasional», dentro de una malla cotidiana que se compone de signos que requieren nuestra atención, formas de hacerlo perceptible, de poder hablar y generar modos de actuar. La dimensión interpretativa se vuelve central en el proceso de lectura entre líneas que hacen retrospectivamente sus amigos, donde se podía «entrever» que pasaba «algo» raro, como cuando su amiga Laura Rosales recuerda que Liliana llegó sin poder caminar bien, o con un brazo vendado y le decía que «Ángel» pero sin dar detalle: «Algo estaba pasando, pero no entendía qué era [...] Poco tiempo después, Lili me dijo que había terminado con Ángel, pero que él no la dejaba ir. "Me jalonea, Laura", decía, agarrándome literalmente del brazo e imitando el movimiento que describían sus palabras. La huella de sus dedos sobre mi antebrazo era rojiza y tardó un buen rato en desaparecer». O, como recuerda Manolo Casillas Espinal, cuando Liliana comentaba: «Yo no quiero tener ningún novio [...] porque luego los hombres se creen que una es su posesión»²⁷ o, como recuerda Raúl Espino Madrigal, el día que llegó tarde, agitada, y le contó «que ese tipo llegó a su casa y que no le había dado chance de nada»,²⁸ «que ese tipo llevaba "una de esas cosas que disparan balas"», que la amenazaba «con hacerse daño a sí mismo».²⁹ O cuando pedía que alguien se quedara a dormir, con miedo a la noche, que es cuando aparecía Ángel y la cercaba, hasta que una noche la estranguló. Todo ese nivel narrativo permite excavar en la temporalidad de la vida donde la violencia feminicida puntúa todo desde el silencio y la sensación de no saber muy bien qué hacer. En este sentido, la novela nos permite entender la dimensión que se acalla usualmente en la sociedad patriarcal con respecto a ese «camino» de violencia en el que muchas veces carecemos de herramientas expresivas para nombrarlo y de formas prácticas para interrumpir lo que puede ser un desenlace fatal.

Lengua e interpretación son dos centros que nos permiten descifrar el escalamiento de una violencia innombrada que pasaba cada día como en un nivel fantasmal, casi como *entre líneas* y donde «además de la mujer que creía cada vez más en sí misma, estaba también la Liliana que, por más que revolvía el mundo, *no encontraba un lenguaje para nombrar la violencia que la seguía de cerca*».³⁰ La capacidad de nombrar y hacer legible la compleja trama de violencias que culminan en feminicidio ocupa un lugar central en la nove-

---

²⁷ Ibídem, p. 144.

²⁸ Ibídem, p. 162.

²⁹ Ibídem, p. 163.

³⁰ Ibídem, p. 195; subrayado mío.

la como manera de vincular también la situación individual de acoso con el mundo social en el que se hace difícil expresarlo. Toda una investigación se intercala a lo largo de las páginas enlazando conceptualización y vivencia. Desde la investigación que Rivera Garza comparte en la novela para entender el camino al feminicidio de su hermana, vamos viendo cómo los saberes y estudios sobre el tema son una herramienta de supervivencia. Al comentar las veintidós preguntas que plantean los estudios de Campbell sobre los niveles de riesgo cuando hay violencia interpersonal, Garza escribe: «Si Liliana hubiera contestado... se habría dado cuenta de que estaba en peligro».[31]

Las cifras de feminicidios emergen al comienzo mismo de la novela: «En México, se cometen diez feminicidios cada día y, aunque con el paso de los años estas noticias se han ido normalizando, la violación de una adolescente perpetrada por miembros de la policía local dentro de las mismas patrullas oficiales desató la indignación de nueva cuenta».[32] Al incorporar esta frecuencia, como lo hacía Shange en su poema, la obra abre un pliegue que rompe la abstracción estadística, que nos da números de tasas altísimas de feminicidios y lo materializa en diferentes tipos de encuadre social que silencian esa violencia cotidiana, mostrándola como algo esporádico o pasajero en un contexto que, de otra forma, es normal. Esta tensión insta a pensar cómo ese estereotipo de la violencia excepcional o pasajera fomenta el silencio en torno al abuso que permea la cotidianeidad de muchas relaciones sociales en todos los espacios y lo distancia de la realidad política y cotidiana en la que acontece.

Apuntando a todo ese recorrido de violencias imperceptibles que Liliana vivía y a la que accedemos en la novela desde la memoria de sus amig*s de entonces, Rivera Garza compila información que nos hace ver esa secuencia de reiteradas violencias como algo posiblemente letal. Nos

---

[31] Ibídem, p. 53.

[32] Ibídem, p. 17.

dice: «Pocos matan a sus parejas a la primera. Las estadísticas a lo largo y ancho del mundo corroboran lo que Campbell le dijo a Snyder en la entrevista que incluye en *No Visible Bruises*: "los niveles de peligrosidad operan de acuerdo a una cronología específica. El peligro aumenta radicalmente cuando la víctima intenta dejar a su acosador, y se mantiene muy alto por tres meses, disminuyendo poco a poco en los siguientes nueve meses"».[33] Cuando relacionamos esta información con el contexto de acoso que vivía Liliana, se hace patente un nivel de riesgo que no era perceptible en la cotidianeidad. Este es un punto que abre toda una dimensión fundamental porque de ahí sale otro hilo de la madeja que se vincula a las formas de intervención desde la cotidianeidad para desescalar, interrumpir y aprender a actuar *antes de que sea tarde*. En ese sentido, la novela nos entrena y activa toda una escucha esencial para empezar a entender nuestro entorno y un sentido de esa búsqueda enrabiada de justicia que también se vincula con la posibilidad de transformar la vida material en la que las violencias acontecen, como lo expresan las búsquedas de justicia transformadora.

En su registro polifónico, el texto va tejiendo los diferentes hilos que nos permiten entender la dificultad de constatar ese peligro dentro de la sociedad patriarcal, sobre todo cuando las señales de peligro están enlazadas con una educación en el silencio para quien es asediada o en la «naturalidad» del acoso y abuso en la sociedad patriarcal. En este sentido, podemos entender *El invencible verano* desde la pregunta: ¿cómo podemos aprender a ver, reconocer y saber actuar cuando la violencia se intercala en una cotidianidad donde los actos son más indefinidos y los niveles de peligro menos ciertos? *El saber compartido, la investigación y el análisis de lo cotidiano se convierten en herramientas clave para la supervivencia.* Unos versos del poema de Audre Lorde, «Pero qué le podés enseñar a mi hija» publicado en *El unicornio negro*, expresaba esa idea:

---

[33] Ibídem, p. 53.

y hasta mi hija sabe
que lo que sabes
puede dolerte,
ella dice sus noes
y eso duele
dice
cuando habla de liberación
quiere decir liberarse
de ese dolor,
que ella sabe
lo que sabes
puede doler,
pero lo que no
sabes
puede matarte[34]

La investigación y los saberes que nos permiten entender la cotidianeidad de una violencia invisibilizada nos llevan a reflexionar sobre el rol de una pedagogía feminista con la que podamos sostenernos en la vida. El ritmo punzante de algunas preguntas nos hacen pensar en ese «no saber» que «puede matarte» del poema de Lorde: «*¿Qué fue lo que no vimos?*», «*¿por qué no pudimos protegerla?*»,[35] pregunta Rivera Garza y amplía la pregunta hacia la pasividad en la que nos deja ese silenciamiento: «¿Cómo es posible que nadie haya oído nada?». En estas palabras, se condensa una interpelación que va a lo cotidiano de nuestra vida y a la frustración de «ver» o «escuchar» sin saber cómo actuar desde donde estamos. En relación con esto, Rivera Garza habla de la necesidad de materializar en la sociedad civil todo un sistema de complicidad con la violencia: «Estamos hablando de una violencia sistémica, y esta violencia precisa de la complicidad de un sistema general, por eso es importante el señalamiento del Estado, pero también de

---

[34] Traducción realizada por Jimena Jiménez Real y levemente modificada por mí, *El unicornio negro*, Madrid, Torremozas, 2019, p. 309.

[35] Rivera Garza, ob. cit., p. 41.

la sociedad civil».[36] Aquí es donde las herramientas desplegadas desde formas de pedagogías feministas nos pueden empezar a nutrir de otra forma de cuidado y defensa colectiva junto con la pregunta insistente por las formas de hacer frente a la impunidad con la que históricamente se sostienen las violencias contra las mujeres.

Casi inmediatamente después de su publicación, la novela desbordó los límites invisibles de la lectura individual y se volvió una suerte de punto de articulación de múltiples actos callejeros, vigilias, explicitando la dimensión colectiva de la lengua y su relevancia para movilizar e intervenir en la materialidad del mundo cotidiano en el que se tejen, reproducen o interrumpen los sentidos. *El invencible verano* se ha ido convirtiendo en un libro-evento que ha generado una enorme cantidad de acontecimientos colectivos en diferentes partes de México. Usando los lemas «Justicia para Liliana. Justicia para todas», se hicieron marchas, vigilias y lecturas colectivas contra los feminicidios, nombrando a Liliana y tantas otras muertes por feminicidio. La novela tuvo también efectos con relación al caso judicial ya que, tras la publicación de la novela, Rivera Garza creó una cuenta de correo electrónico para recopilar información posible del feminicidio. Tiempo después, alguien escribió contando que una persona que podría ser Ángel había vivido con otro nombre en California y que había muerto recientemente.[37] Se puede percibir un devenir colectivo del texto literario desde el hartazgo frente a la violencia y la complicidad de un sistema que la sostiene.

En un momento de la novela, Rivera Garza recuerda que, en su visita a la Facultad de Arquitectura para ver el

---

[36] Esmeralda Vaquero, «Entrevista a Rivera Garza: "La restitución del daño es quizá más fundamental que el aspecto punitivo"», *pikaramagazine.com*, 4 de enero de 2023; disponible online.

[37] Ver la nota de Benjamin Russell en el *New York Times* del 12 de marzo de 2022, «Escribió sobre el asesinato de su hermana. Y consiguió una gran revelación»: https://www.nytimes.com/es/2022/03/12/espanol/invencible-verano-liliana-rivera-garza.html

expediente académico de su hermana, vio los murales en rememoración de los estudiantes de la Escuela Normal de Ayotzinapa asesinados y expresa: «"Los corazones vivos no olvidan a los corazones muertos", decían las letras del mural que decoraba el espacio de la escalera con grandes flores coloridas e imágenes de los estudiantes de Ayotzinapa, desaparecidos a la fuerza en septiembre de 2014 en el estado de Guerrero».[38] Conectando las violencias, la escritora comenta su deseo de que hubiera un mural allí conmemorando a Liliana y a tantas otras que fueron asesinadas por feminicidio. Tras la publicación de la novela, se creó un mural en la UAM con los rostros de tres mujeres que estudiaron ahí y fueron asesinadas: Karina García Alemán, Liliana Rivera Garza y Edna Reyes Gutiérrez. La idea de incluir sus rostros estaba ligada a la necesidad de materializar el deseo de terminar con la violencia en el espacio educativo, así como también de demandar formas de justicia.[39] Conformando un sitio de memoria de las muertas por feminicidio en diferentes tiempos, el mural se vuelve también recordatorio de un problema que necesita frenarse y posibilita conversaciones sobre la violencia desde temporalidades diferentes. Se mezclan las historias de desaparición y se abre un espacio para pensar las muertes y las desapariciones en las que hay un papel de corresponsabilidad del Estado y de la malla social en diferentes formas.

En el proceso, el hecho de nombrar y de compartir los afectos, la sensación de impotencia frente al sistema jurídico se convierte en un disparador de acciones colectivas y enhebra otro tipo de capacidad de acción que ya no es solo la de «denunciar», sino la de articular, imaginar, otros sentidos y dimensiones de justicia, desde el desglose de qué significa responsabilizar y también qué tipo de proceso de sanación se puede generar colectivamente. La tensión

---

[38] Rivera Garza, ob. cit., p. 129.

[39] En la nota editorial del *Boletín UAM, Casa abierta al tiempo*, se describe todo el proceso:; ver https://www.comunicacionsocial.uam.mx/boletinesuam/722-22.html

pasado-presente es crucial en la novela y se dirige a un futuro múltiple en donde tenemos un rol, una capacidad de actuar *a tiempo quizás*. En medio de eso, el texto abre líneas para la construcción de una lengua común, algo clave en la prosa de Rivera Garza, que vislumbra la escritura como una «práctica de comunalidad» en interdependencia imaginativa, «justo en el horizonte de esa mutua pertenencia al lenguaje» en la que se teje muchas veces un «estar-en-común».[40]

¿Por qué volvías...?

¿Por qué volvías cada verano?, escrito por Belén López Peiró, también nos sitúa *exactamente ahí de donde el sistema quiere sacarnos: la violencia cotidiana en los universos familiares y complejos donde se sostiene y refuerza una normalidad basada en el silencio y la complicidad.* El libro lo expresa desde la memoria del proceso de denuncia a su tío policía, que abusó sexualmente de ella desde los 13 a los 17 años. El tejido narrativo nos hace sentir la pesadilla que emerge posteriormente dentro del universo de las personas de su familia y de la protección de su tío como «normal» dentro del Estado, en cuyo cuerpo de defensa trabajó. La red entre institución familiar y Estado, entre violencia interpersonal y sistémica se visualiza desde una complejidad textual que yuxtapone los legajos, las preguntas de abogados, las declaraciones juradas de quienes fueron llamados como testigos y un sinfín de comentarios, reproches y humillaciones de su familia por romper la paz y la «armonía». Escuchamos ruidos, murmullos, chismes, que constatan por ejemplo que tod*s sabían que él le pegaba a la tía, incluso cuando estaba embarazada, que había también violado a otra sobrina, que quizás —se abre la pregunta— violaba también a su hija... La denuncia destapa la olla y trae a la

---

[40] Cristina Rivera Garza, *Los muertos indóciles. Necroescrituras y desapropiación*, Ciudad de México, Random House de Bolsillo, 2019, p. 11.

luz todo ese sistema de murmullos y chismes, de lo que se sabía, pero que todos hacían «como si» no pasara nada. Como en el texto de Parker, se sostiene la imagen de un «hombre tranquilo» —el buen padre, el sujeto civil que «protege» a la nación, etc.—.

¿Por qué volvías...? recorre y materializa la complejidad que trae la denuncia y la apertura de un caso judicial cuando la violencia vino de alguien conocido y cercano dentro de la estructura de la familia y también del Estado como policía. El destape de la olla genera ahora una doble culpabilización hacia ella, también acusada de hacer sentir mal al tío y de destruir la estructura y la «paz» de la familia. La novela / testimonio / memoria funciona como una suerte de contradenuncia del sistema de violencia que opera en el aparato jurídico mismo y se convierte en otra forma de denuncia, una que ya no apela ni se dirige al Estado sino a quienes leemos y, por tanto, funciona *en un sentido múltiple*. Se intercala la transcripción del formulario de denuncia, y adquiere el estatus de denuncia a la denuncia, como suplemento que se convierte también en una caja de resonancia de todo lo que este hecho provoca alrededor: en la estructura familiar, en las relaciones sociales, en las instituciones que involucra, incluyendo la institución policial, ya que el tío abusador es policía.

Hay una doble espacialidad textual: por un lado, se registra el proceso judicial y se transcriben las actas de la declaración de l*s testigos. Por otro lado, se abre el proceso que siempre se acalla o se nombra poco dentro del marco de la denuncia, donde la que se anima a denunciar es castigada, problematizada, puesta en duda. Parte del grosor y de la densidad semántica que emerge en el libro viene de ese contrapunto entre lo legal hecho ficción y la ficción literaria que registra todas esas reacciones que se abstraen en el imaginario social cuando se habla institucionalmente de «justicia» —si hizo algo, entonces, ya se hará justicia—. El texto nos muestra la retórica de esa ficción por excelencia en la que se encubre y reproduce una y otra vez la impunidad del abuso en muchos niveles. A la denuncia y al proceso judicial se les agrega ese doble que es la no-vela / crónica como sitio de *denuncia a la denuncia* donde escuchamos todo el ruido que materializan los sistemas de reculpabilización por haberse animado a hablar, sobre todo porque la violencia viene del tío que, a la vez, es un policía. Se trata de una denuncia que tiene como objeto conjuntamente a la familia y al Estado.

El libro nos sumerge en una serie de voces múltiples, de culpabilizaciones, de declaraciones falsas, de encubri-miento al abusador, que intentan destruir a la que se atre-vió a hablar. Nos muestra lo que pasa cuando la familia es la que tiene que probar, declarar, testimoniar. No hay aquí lugar para la impersonalidad de la razón, sino que se nos muestra la limitación del sistema jurídico para lidiar con el abuso cotidiano, familiar, es decir, con aquello que constituye la trama misma de la sociedad patriarcal en sus jerarquías. «Leemos» las voces de tías, primas, etc., que reprochan: «Y entonces, ¿por qué volvías cada verano? ¿Te gusta sufrir? ¿Por qué no te quedabas en tu casa?», «Hija de puta, ¿qué dijiste? Decime que es mentira, dale. Decime que todo lo que dijo tu mamá es mentira. ¿Cómo podés hacernos esto? Lo mataste. Hija de puta, ¡hablá!».[41] Además del contexto familiar, la novela va creando una caja de resonancia de voces mezcladas, donde emergen preguntas: «Es su papá, no puede hacerle eso. Pero me lo hizo a mí que soy su sobrina».[42] La tía fluctúa entre la com-prensión y el encubrimiento: «Sí querida, ¿cómo no vamos a creerte? Si sos como nuestra hija. Además, él siempre me dio mala espina, *viste lo que le hizo a tu tía cuando era joven. Nadie se olvida de cómo la cagaba a trompadas*»; «¿Pensaste en la abuela?»;[43] «Sos una cloaca. [...] Estás podrida. Nadie te quiere. ¿Qué te pensás, imbécil? ¿Quién te creés que sos para decir eso de mi viejo? Abrí los ojos, no tenés a nadie.

---

[41] Belén López Peiró, *¿Por qué volvías cada verano?*, ob. cit., pp. 7 y 20.

[42] Ibídem, p. 20.

[43] Ibídem, p. 37.

Ni antes ni ahora. Todo lo que decís son mentiras».[44] En todo este entramado, se va exponiendo frente a nuestros ojos todo un contexto social, familiar que sostiene el abuso. Vemos cara a cara eso que a veces teorizamos como «cultura abusiva» y es en este sentido que se hace patente la necesidad de un cambio profundo.

Una seguidilla de páginas al final, en las que aparecen tan solo una pregunta o comentario, nos hacen pensar en el peso de las palabras, en dónde caen y cómo, sobre todo las preguntas legales que se hacen para poder reconstruir «el hecho,» asumiendo dudas o sugiriendo una culpa constante. Su abogado pregunta: «¿En algún momento fue violento con vos? Digo, sí, *más allá de estos hechos*»[45] o «en la denuncia decís que los hechos ocurrieron entre ocho y diez veces, ¿podrías ser un poco más precisa?»;[46] «¿Estás segura de que no entró? [...] Como te comenté por mail, voy a necesitar que seas más precisa. Fecha, hora, lugar [...] Sí, ya sé que hay imágenes borrosas. A todas les pasa lo mismo. Pero los jueces necesitan hechos y no sueños. No los convence cualquier fantasía pelotuda»;[47] «¿Qué consecuencias te trajo todo esto? Si son más de una, te agradecería si podés enumerarlas»;[48] y así, hasta la página final que dice: «Y, decime, ¿qué se siente ser abusada?».[49]

Esta última pregunta viene después de la ficha del examen psiquiátrico-psicológico de psicodiagnóstico del tío, donde se concluye que, siguiendo las respuestas ofrecidas por él, se trataba de una persona totalmente normal. Esto abre una pregunta sobre todos los saberes que se concatenan en ese concierto de ocultamiento del abuso, sobre todo en cómo el esfuerzo social por mantener invisible el

---

[44] Ibídem, p. 45.

[45] Ibídem, p. 107.

[46] Ibídem, p. 111.

[47] Ibídem, p. 21.

[48] Ibídem, p. 115.

[49] Ibídem, p. 124.

abuso está privándonos de formas que podrían ser más constructivas socialmente para educarnos en cómo responder, interrumpir, enfrentarlo. En ese sentido, la creatividad respecto a cómo vincularnos con este tema a nivel de legislación es clave, porque tipificar como crimen el abuso sexual y la violencia de género no ha tenido un gran impacto en la disminución de estas violencias. La mayoría de las intervenciones escritas de las mujeres que tienen acceso a la escritura y a publicar sus textos sobre la experiencia del abuso insisten también en el contexto de escucha como algo fundamental y en las formas en que las estructuras existentes para lidiar con el habla son usualmente humillantes y tejen formas sutiles de castigo.

Al ir atravesando las escenas y las voces, hay una especie de desfamiliarización que nos hace ver el carácter siniestro de esa paz basada en el encubrimiento, al mismo tiempo que rompe el mito de la denuncia policial como forma de protección a las personas que fueron abusadas y vulneradas. Mientras tanto, vemos todo lo que se mueve entre las personas del entorno que reaccionan a esa ruptura del pacto social de silencio con el que se ha mantenido históricamente el abuso en las familias, entre amig*s, en circuitos políticos, centros de estudios, etc. Al analizar el texto, Gabriela Cabezón Cámara y Carolina Cobelo expresan brillantemente cómo el abuso se naturaliza socialmente como «potestad del varón» y cómo esto persiste aun cuando se rompe el silencio desde la protección: «Las familias de los abusadores sí importan, porque al abusador se lo puede percibir como un hombre de bien, como un buen vecino».[50] Sin embargo, eso no pasa cuando se trata de la criminalización de la pobreza; más bien, se da lo contrario.[51] Desmontar estos esquemas que están tan arraigados en la cultura abusiva es muy importante para ir a las raíces de ese sistema de «propiedad» que rige la naturalización del abuso.

---

[50] Gabriela Cabezón Cámara y Carolina Cobelo, «La lengua del abuso», *Página/12*, 5 de noviembre de 2023, disponible online.

[51] Ibídem.

Poner en palabra, contextualizar y dialogar son formas de abrir canales de sanación respecto a un proceso doloroso en el que pareciera que el daño inicial, en ese caso, la violación sostenida por parte de su tío policía, pasaba a ser lo menos relevante para todo el mundo. Esto nos ubica ante el problema que la textura compleja de este libro intenta tejer-recorrer: cuando lidiamos con violencias que pertenecen al sistema, a su reproducción, violencias que parecen multiplicarse, es difícil encontrar «un» tipo de solución. Necesitamos desarrollar pedagogías feministas de escucha, usar, compartir, los materiales que existen y trazar la dimensión de la lengua, del habla como una de las múltiples partes cruciales de un proceso de justicia entendida como responsabilización y sanación. En la entrevista de Gisele Alessi a López Peiró, le preguntan por qué y cómo decidió publicar el libro, y ella responde que hacerlo tenía que ver con un tipo de justicia que va por otro canal que el de los tribunales, y también con la conexión con otras que pasaron por lo mismo. Nuevamente, como en «Justicia para Liliana. Justicia para todas» vemos esa inserción inmediata de lo colectivo para buscar otro sentido de justicia hacia la vida, ahí donde el sistema individualiza y culpabiliza. López Peiró habla del libro como una materialización de un tipo de justicia «otra, que es la mía y que pude hacerla con el libro, para mí y para las otras chicas». Con la publicación, la palabra impresa y compartida hace posible «un respiro que podía también significar un alivio para muchas otras mujeres. En el libro redacto mi situación, pero todo el ahogo, la asfixia y el silencio que le dieron forma pueden ser adaptados a otras situaciones». El título de la entrevista de Alessi es crucial: «*justicia por palabra propia*», porque en ese paso a la palabra se da algo crucial que usualmente queda encerrado en el silencio como pacto con la promesa del olvido: la comunidad, la relación con otras, otros y otr*s. Esa capacidad de compartir y sacar la palabra de lo que Pizarnik décadas atrás llamó «los dueños del silencio» enhebra un sentido de justicia que permite visualizar y romper con todos los pactos de silencio (aun en las voces que reaccionan para avalarlo) que sostienen una normalidad. Destapar la olla es también encontrarse un mundo de complicidades, con el dolor y el daño, y también es el mundo de lo que puede quizás frenarse.

Al igual que la novela de Rivera Garza, *¿Por qué volvías cada verano?* también generó de inmediato una malla de sintonías y palabras compartidas, donde el hecho de atravesar el silencio fue componiendo un colectivo de enunciación que permitía conversaciones, preguntas y apoyos. Esto se explicita en el texto posterior, *Donde no hago pie*, cuando se manifiesta cómo muchas mujeres que conectaron desde sus experiencias con la novela comenzaron a generar toda una red en el sistema de apoyo que acompañaría la trama del juicio que siguió. Al volverse colectivo el acto de enunciación, se percibe la utilidad de los dispositivos expresivos que, trayendo nuevamente a Deleuze y Guattari, arman «cuerpo colectivo» ahí donde no lo había y se convierten en herramientas claves para procesar nuevos sentidos en lenguas compartibles. Podemos ver que al ruido generado por el destape de olla que compone *¿Por qué volvías...?* le sigue toda una exhibición casi kafkiana de la abstracción y la incomprensibilidad de la lengua jurídica que construye *Donde no hago pie*. Su distancia se marca a través de las múltiples búsquedas de expresiones y figuras legales para poder comprender su propio caso judicial. Volvemos a dar con esa lengua de la «razón imparcial» que, distanciada de los sentidos cotidianos en su doblez fantasma, hace necesario todo un proceso de traducción y aterrizaje.

***

Los textos que se escriben y publican a pesar de esos dobles y múltiples castigos por cruzar el silencio concertado nos traen una de las formas de articular lo que, en «Los usos de la ira», Lorde enfatiza como la capacidad de traducir la ira en formas de lenguaje y acción dentro de una visión de otra configuración de la vida en el planeta: «Cuando la ira se expresa y se traduce en acciones al servicio de nuestra visión y de nuestro futuro, es un acto de clarificación liberador y fortalecedor porque en, ese proceso doloroso de traducción, identificamos quiénes son nuestr*s aliad*s, a pesar de las grandes diferencias, y también quiénes son nuestr*s auténtic*s enemig*s. La ira está cargada de información y de energía».[52] Esa traducción a la lengua y a la acción es un modo de usar un tipo de poder que usualmente no vemos como tal. Hay una relación entre la *injusticia y la configuración sensorial, emocional, afectiva* que, sin embargo, queda ausente del registro legal que domina la escena de la justicia, enmarcada, como argumenta Young, en un sistema de «imparcialidad». También hay una conexión entre justicia y un modo de hacer que es particular: escuchamos o decimos «se hizo justicia», «se cometió una injusticia». La injusticia se siente y se vive intensamente en el cuerpo —hay un cambio de temperatura, de sensaciones, de colores, y hay también una relación entre cada nueva injusticia y esa larga historia de sensaciones que aloja el cuerpo como memoria que se activa cada vez—, de nuevo: «La ira está cargada de información y de energía».[53]

En los últimos años, vivimos momentos donde hay una claridad y una puesta en visibilidad de la relación entre la ira, el dolor y el grito de basta, enlazados en llamados muy concretos de acción y movilización colectiva. A lo largo del tiempo y de diferentes formas, el arte ha sido un lugar fundamental para poder hablar, ver, sentir, relacionar lo que usualmente queda «fuera» del encuadre estrecho que adquieren el discurso y la práctica legal con la primacía de una racionalidad estrecha (denuncia, sentencia) que, las más de las veces, se presenta con la excusa de la imparcialidad. El arte es un sitio que nos prefigura un tipo diferente de contexto, que no maneja la mutilación entre *afecto y pensamiento* y

---

[52] Lorde, *La hermana, la extranjera*, ob. cit., p. 127. Traducción modificada.

[53] Ibídem.

hace posible visualizar relaciones hacia otra forma de sensación, de sentir la justicia. No es banal que haya sido también un espacio feminizado y a la vez transformado en un lujo, frente a la racionalidad filosófica ejercida por hombres que han establecido cierto uso público y soberano de la palabra. Encontrar las palabras y abrir otros horizontes de sentidos y vida es una tarea crucial.

Las intervenciones en la lengua emergen como un respiro en medio de la presión y la tensión, una gota de agua en medio del desierto. Jugando con la *conexión entre lo poético en la lengua y la respiración en el cuerpo*, se trata de líneas que recorren diferentes décadas y nos permiten tener materiales para decir diferente, *estirando la posibilidad de la lengua para abrir sentidos e interrumpir los que tenemos automatizados. Lo poético nos permite respirar los sentidos que, como el aire, son muy materiales pero muy invisibles* —los actualizamos una y otra vez en nuestros modos de referir, designar, expresar, pero son menos las veces que nos detenemos a ahondar en la densidad de los sentidos—. Como con la respiración, no podemos detenernos y no respirar por mucho tiempo. Vivimos la lengua en una multiplicidad de capas y sentidos.

Usualmente, la dimensión poética de la lengua emerge en la figura de la respiración, siguiendo el ritmo de Cecilia Vicuña: «La poesía es una afinidad suprema con el habla del mundo / Significando habla como respiración secreta / Inhalación y exhalación, el corazón del mundo latiendo / en un lenguaje común de percepción».[54] En *Breathing: Chaos and Poetry* [Respirar: caos y poesía], Bifo Berardi plantea lo poético como una «reactivación de la respiración social» que funciona como «inspiración de la imaginación social y el discurso político», otorgando «un exceso semiótico que apunta más allá de los límites del sentido convencional mientras que nos revela simultáneamente una esfera posible de la experiencia todavía no experimentada, es decir,

---

[54] Cecilia Vicuña, «Book's Breath (Poetics)», *New and Selected Poems of Cecilia Vicuña*, Berkeley, Kelsey Street Press, 2018, p. 6.

de lo experimentable (experienciable)».[55] Si llevamos esto
a las formas de hablar de justicia, podemos ver que lo poético nos ayuda porque implica *la capacidad de poder abrir*
múltiples capas de significación en lugar de encerrarnos en una;
se vincula también a la posibilidad para transformar sentidos en
los que se cruza lengua y cuerpo; la capacidad de sentir de los
cuerpos y, en su dimensión de significación, de usos de la lengua
para remitir al mundo.

Estas posibilidades de cruce, de líneas que componen
una veta común expresiva y liberadora, elaboran lo que
entiendo como «poética», que implica tomarnos en serio
la imaginación como espacio de reflexión y de cruce de re-
gistros, lenguajes y formas de preguntar que enlazan cuerpos, deseos, territorialidades. Gayatri Spivak habla de la
imaginación como ese gran «instrumento de otredad que
llevamos incorporado».[56] En ese sentido, la imaginación es
también un sitio crucial para poder ahondar en formas *no*
analógicas que nos permiten entender los límites de ciertos modos liberales de pensar, hablar y ejercer la justicia.
Al hablar de formas no analógicas, traigo la idea simple y
fundamental del rol de la desfamiliarización que se hace
crucial para poder plantear la pregunta por la justicia desde los sitios marginalizados, acallados por formas dominantes de legislación y de hábitos culturales. Termino con
esto porque creo que cuando hablamos de resignificar lo
que entendemos por *justicias*, necesitamos estirar la capacidad de relacionar dimensiones y aprender a dar con más
formas de vincular problemas y escuchar palabras que se
acuerpan desde diferentes situaciones y de las que emergen procesos y transformaciones cruciales.

La limitación de la justicia a la gestión del castigo nos
ha mutilado la posibilidad de entender toda una serie de

---

[55] Franco «Bifo» Berardi, *Breathing: Chaos and Poetry*, Los Angeles,
Semiotex(e), 2019, pp. 18 y 21.

[56] Gayatri Chakravorty Spivak, *Death of a discipline*, Nueva York,
Columbia University Press, 2005, p. 13 [ed. cast.: *Muerte de una*
disciplina, Santiago de Chile, Palinodia, 2009].

dimensiones que son fundamentales para poder vivir vidas dignas y heterogéneas. La capacidad de henchir sentidos, de aterrizar las palabras y conectarlas con universos invisibilizados son formas de hacernos entender lo que el «realismo» político nos quita —la necesidad de «relacionar» situaciones que parecen «inconexas», de responder a preguntas con horizontes que no son aquellos que nos imponen—. Termino con estas palabras clave que dijo Lorde, al hablar del rol que tenía la dimensión poética que el mercado iba cercando: «*¿Qué pasa cuando nuestras palabras, los recursos de exploración de nuevos saberes son alejados de nosotras?* En otras palabras, ¿qué pasa cuando somos condenadas a hacer una y otra vez las cosas en el viejo estilo?».[57] Hay una larga historia de toma poética de la palabra que el presente está revitalizando.

---

[57] Conversación con Rich para la Fundación Astrea, p. 20.

Segunda parte

¿Quién protege a quién? Lecturas relacionales de marcos legislativos y políticas de seguridad neoliberal

———

4

Legislar y criminalizar en el neoliberalismo

Cuando analizamos las violencias desde las luchas feministas, emerge una tensión con las limitaciones de la lengua del derecho liberal y su tendencia a la individualización y a la separación de los contextos en los que ocurren las violencias.[1] Situar las formas de comprender las violencias en su carácter multidimensional nos insta también a historizar y complejizar nuestra relación con la dimensión legislativa y la trampa que emerge cuando se la convierte en fin o meta de nuestras luchas. En este sentido, algunos debates sobre feminismos punitivistas o antipunitivistas pueden terminar limitando los análisis sobre violencias, planteando, o bien una confianza ciega en los procesos legislativos de tipificación y criminalización, o bien generando un rechazo absoluto a la lógica del derecho. Esta complejidad en torno a cómo lidiar con diferentes violencias, y su traducción en un proceso legislativo, generó mucha división, así como la neutralización de las luchas feministas en el pasado. Quizás podamos plantearnos si en vez de un rechazo o aceptación absoluta, la cuestión no radicaría más bien

---

[1] Las propuestas de pluralismo jurídico señalan esta limitación y abren la posibilidad de generar otro tipo de comprensión del derecho capaz de interpretar los contextos de injusticia y desigualdad que el sistema liberal abstrae. Ver, por ejemplo, el libro de Antonio Carlos Wolkmer, *Pluralismo jurídico. Fundamentos de una nueva cultura del Derecho*, Madrid, Dykinson, 2018.

en afinar *cómo* vincularnos *estratégicamente* con el ámbito legislativo para poder ampliar nuestra capacidad de lucha en lugar de que esta termine capturada y neutralizada.

La conversión de la multidimensionalidad del análisis feminista de las violencias a *la unidimensionalidad* que plantea generalmente la resolución legislativa de limitar la lucha contra las violencias a formas de criminalización termina fortaleciendo los sistemas de seguridad y violencia del propio Estado. Este es quizás uno de los desafíos que estamos nuevamente atravesando en diferentes lugares. Al mismo tiempo, vivimos un momento en el que la derecha ultraconservadora está tomando el campo legislativo y judicial como una «zona de guerra» contra las mujeres, personas trans, no binarias y disidentes.[2] Necesitamos ejercitar la capacidad de vincular nuevos contextos de violencia dentro de una historia más larga de luchas y de capturas desde arriba, para poder ensayar lecturas relacionales de los procesos legislativos, sin renunciar a ellos, pero sin entregarnos a la unilateralidad que su lógica impone.

Al compás de los procesos de neoliberalización, encarnados en los ajustes estructurales que se realizaron desde la década de los años ochenta bajo la sombra de la represión y el endeudamiento con el FMI y el Banco Mundial, se

---

[2] En una investigación detallada sobre Alliance Defending Freedom, grupo que fue sedimentando el sendero a la repenalización del derecho a abortar en Estados Unidos, Amy Littlefield menciona que uno de sus fundadores, Alan Sears, lo definió como un «ejército legal». Se trata del equipo que viene trabajando desde hace años en generar los marcos legislativos necesarios para avanzar en la agenda de la ultraderecha cristiana. Con un presupuesto anual de 50 millones de dólares, el grupo legal transforma el campo legislativo en un territorio bélico en el que se establecen las medidas que van a afectar a los cuerpos que el sistema asedia, criminaliza, niega o «corrige», como viene pasando con las legislaciones antitrans en las políticas de conversión / corrección en las escuelas. Ver Littlefield, «The Christian Legal Army Behind the Ban on Abortion in Mississipi», *The Nation*, 30 de noviembre de 2021, disponible online.

fueron instalando nuevos paradigmas de seguridad que «contendrían» los efectos de las medidas socio-económicas de mayor despojo e injusticia social.[3] La criminalización de la pobreza y de la protesta social fueron el caldo de cultivo de los nuevos sentidos de seguridad, que necesitamos pensar en continuidad con los regímenes represivos de los años setenta y ochenta. La inversión en «seguridad» pública iba de la mano con una desinversión en educación, vivienda, salud, que, en el marco neoliberal, pasaban a ser vistos como un «gasto» social. En muchos países, si no en casi todos, pasamos de la presencia policial y militar de la dictadura a su continuación en la implementación de políticas de «guerra» antidroga.

En ese contexto de ajustes en los que se fueron materializando los procesos de neoliberalización, se iba generando otro sentido del derecho y de la justicia que imponían el punitivismo y el encarcelamiento como medidas que se fueron naturalizando en regímenes de mayor desigualdad social. En los procesos de una progresiva crisis en la

---

[3] Además de los análisis claves sobre neoliberalismo y globalización que hicieron Silvia Federici (*Revolución en punto cero*, ob. cit.) y David Harvey (*Breve historia del neoliberalismo*, Madrid, Akal, 2007), remito a los estudios condensados en diferentes regiones y realidades nacionales. Para entender el proceso de acumulación y reestructuración del capital en el contexto de México, Colombia y el Triángulo Norte, ver el análisis clave de Dawn Paley, *Drug War Capitalism*, Oakland, AK Press, 2014 / *Capitalismo antidrogas: una guerra contra el pueblo*, Ciudad de México, Libertad bajo palabra, 2020, sobre el que volveré en el próximo capítulo. Sobre las diferentes reformas jurídicas que se avanzaron con la neoliberalización en México, ver Juan José Carrillo Nieto, «Neoliberalismo, reestructuración jurídica y extractivismo en México», en Rodrigo Gutiérrez Rivas y Mylai Burgos Matamoros (eds.), *Globalización, neoliberalismo y derechos de los pueblos indígenas en México*, Ciudad de México, UNAM, Instituto de investigaciones jurídicas, 2020, pp. 159-208; en Argentina, ver Maristella Svampa, *La sociedad excluyente*, ob. cit.; en el contexto de Estados Unidos, ver Beth Richie, *Arrested Justice: Black Women, Violence, and America's Prison Nation*, Nueva York, NYU Press, 2012.

condiciones materiales de la reproducción social se empezaron a generar también algunos marcos de derechos para las mujeres, pero *¿para qué mujeres?* Lo que empeoraba las condiciones de vida, por un lado, se camuflaba en una retórica de derechos contra la violencia, por otro. Esta es la tensión que me interesa recorrer en este capítulo porque generalmente los debates a nivel legislativo se plantean como en un carril separado de las condiciones materiales que hacen posibles la producción y la reproducción de la vida. Esta conexión es clave cuando miramos desde *el cruce entre feminismos centrados en la reproducción social y las luchas anticarcelarias, ya que nos permite posicionarnos en otro lugar para relacionar contextos y realidades que los sistemas de derecho usualmente abstraen.* De ahí salen muchas posibilidades, dado que no se trata tan solo de «criticar» la selectiva geografía que establece el sistema legislativo liberal, sino también de *experimentar* con la posibilidad de generar y desplegar otros sentidos de las luchas en múltiples dimensiones.

La pluralización de las formas de comprender la violencia tiene que ver con la capacidad de vincular diferentes mecanismos en los que opera más de un registro a la vez. Analizando la reestructuración jurídica en el proceso neoliberalizador mexicano, Juan José Carrillo Nieto ahonda en el marco legislativo que fue facilitando la expropiación de la tierra, la inversión extranjera y la entrega de mano de obra sin derechos y barata, hasta condensar la acumulación de riqueza en dos docenas de familias multimillonarias. Esta transformación jurídica neoextractivista acompañó la narrativa de nuevas lógicas de seguridad en el marco de criminalización de la pobreza y de la protesta, así como en la generación de lo que Rita Segato llama «segundo» Estado, que actúa en alianza con los propios gobiernos.[4] Si traducimos esto en vidas, mucha de la violencia feminicida de la que escapan tantas mujeres que tienen

---

[4] Rita Segato, *La guerra contra las mujeres*, Madrid, Traficantes de Sueños, 2016.

que desplazarse forzadamente (migrar) no se resuelve tan solo con una ley que penalice a quienes la cometan (usualmente los eslabones bajos de la secuencia de los negocios ilícitos paralelos a la expropiación territorial), sino que asimismo requiere de una lucha legal para terminar la entrega de la vida de comunidades enteras a los capitales extranjeros que han ido avanzando en la toma territorial en completa impunidad. En este sentido, *la sabiduría que traen las luchas feministas populares con la imposibilidad de separar cuerpos y territorios nos ilumina nuevos senderos para avanzar en una lucha contra la violencia en formas que son contraintuitivas dentro del sistema neoliberal del derecho.*

En 1994, la Organización de Estados Americanos aprueba la Convención Interamericana para Prevenir, Sancionar y Erradicar la Violencia contra la Mujer (Convención de Belém do Pará), que sería uno de los primeros tratados que abordan la violencia contra las mujeres dentro de la lógica de los derechos humanos, tematizándola como el derecho a vivir sin violencias. En ese mismo año, en Estados Unidos se aprueba la primera legislación que tipifica a nivel federal la violencia contra las mujeres como uno de los crímenes más graves. Estos modelos sientan las bases de una serie de procesos que irán generando legislaciones similares en diferentes países latinoamericanos en la década siguiente (en Argentina, Bolivia, Brasil, Chile, Colombia, Costa Rica, Ecuador, El Salvador, Guatemala, Honduras, México, Nicaragua, Panamá, Paraguay, Perú, República Dominicana, Uruguay y Venezuela). Son legislaciones que siguen las rutas de la penalización del feminicidio como crimen, algunas de las cuales agregan leyes integrales para una vida sin violencias.[5] Sin embargo, si analizamos estos avances fundamentales dentro de un

---

[5] Para la historia crítica de la convención de Belém do Pará, ver Fernanda Martins, ob. cit. y el recorrido del proceso que realiza Luz Patricia Mejía Guerrero en «La Comisión Interamericana de Mujeres y la Convención de Belém do Pará. Impacto en el Sistema Interamericano de Derechos Humanos», *Revista Instituto Interamericano de Derechos Humanos*, núm. 56, 2012, pp. 189-213.

mapa más amplio que las ponga en relación con las rees-
tructuraciones político-económicas que acontecían en esos
años, vemos una serie de paradojas: esos derechos a vivir
sin violencia iban acompañados por procesos de ajustes
estructural que generarían una intensificación de la violencia a nivel hemisférico en términos de más criminalización de la pobreza, expropiación territorial, especulación
de vivienda, migración forzada.

Planteo aquí un recorrido que propone un análisis relacional de las lógicas del derecho para entender un mapa
más amplio y simultáneo de legislaciones y decisiones
presupuestarias. Un análisis relacional que enlace reformas legislativas y económicas nos permite leer las narrativas del derecho en un sentido múltiple que las aterrice
también en situaciones de sostenimiento de la vida y en el
hecho de que, aun cuando se legisla para supuestamente
«proteger» a las mujeres, la violencia se ha intensificado
en diferentes formas.[6] La pregunta de fondo sería entonces: *¿Qué pasa cuando las claves que se nos plantean como «soluciones» para terminar con la violencia contra las mujeres son,
también, los mecanismos que han caracterizado el avance neoliberal en su fórmula hiperpunitivista, donde legislar se empezó
a identificar con «criminalizar»?* A partir de un análisis más
complejo de conjunto, se hace importante contraponer
otra pregunta: ¿cómo trazamos líneas creativas que nos
permitan reconducir la práctica de legislar a otras zonas
que no se limiten a las de criminalizar / penalizar? Es decir, ¿cómo llevamos la lucha contra la violencia de género
más allá del planteo de la penalización como solución última con la que se cierra el problema?

El arte de preguntar se vincula a la posibilidad de generar nuevos comienzos en instancias que parecen cerra-
das. Hacer memoria y recorrer procesos son formas de
mapear caminos, encontrar nuestras palabras y abrir la

---

[6] Ver el minucioso análisis de Francoise Vergès en *Una teoría
feminista de la violencia*, Madrid, Akal, 2022, sobre las políticas
colonialistas que han regido tal «protección».

imaginación a otro tipo de derecho y legislaciones que no reiteren las pautas del patriarcado en alianza con el sistema estatal-capitalista neoliberal. Las claves de la comprensión política de la violencia en los años setenta y en el presente nos permiten comprender estos procesos desde una alerta frente a las capturas que necesitamos evitar para plantearnos desde ahí formas diferentes de ahondar en el rol de la legislación desde las luchas. Cuando miramos desde el cruce entre feminismos populares y abolicionismo carcelario, la legislación es un campo estratégico de lucha, pero nunca un fin en sí mismo ni una solución única. Se trata de una parte que necesita engarzarse con otras formas de proponer transformaciones a múltiples niveles y, por tanto, nos exige poner en práctica estrategias desde la *creatividad y la sagacidad* para entender la complejidad de las medidas legislativas en relación con las políticas económicas en que se inscriben y las consecuencias que adquieren *a largo plazo*. Implica, también, movernos dentro de la creatividad de pensar en otras herramientas como forma de buscar soluciones más allá de la figura de la cárcel como sitio abstracto de «megasolución» que se basa en el fetiche de la «desaparición» del problema.

Para poder imaginarnos un derecho diferente, las líneas que propongo aquí vienen de la necesidad de ahondar, por un lado, en la lógica neoliberal de una comprensión del *legislar como criminalizar* que se fue imponiendo casi como un sentido común neoliberal y, por otro, en la capacidad de rearticular los sentidos de la ley desde la sabiduría que emerge en las luchas y la capacidad de nutrir y reconstruir los lazos que el neoliberalismo destruye en su proceso de expropiación y división de comunidades. En este sentido, se trata de pensar en la tonalidad *polirrítmica* de cambios en los que podamos ser parte de la transformación, en lugar de simplemente reiterar una delegación monorrítmica a los viejos ejercicios de poder.

El contexto de la Violence Against Women's Act y los marcos de «justicia» como penalización

El presente dialoga con las movilizaciones de los años setenta, pero necesita reflexionar críticamente sus tensiones con el instante de gran institucionalización que aconteció en los años noventa como momento de fuerte neoliberalización a nivel global. Nos urge analizar y entender cómo nos relacionamos con los instantes en que muchas luchas fueron puestas en sordina bajo reformas y legislaciones que se impusieron en el discurso dominante como si fueran triunfos. *En ese sentido, pasados-presentes configuran también mapas para trazar otros caminos que quedaron truncos dentro de una historicidad más larga.* A lo largo de toda su obra, Federici nos permite entender una larga historia de luchas contra la violencia hacia las mujeres que se intensifica durante los procesos de acumulación. Dentro de estos, la construcción de nuevas figuras de «criminalidad» es crucial, porque con el despojo se generan las subjetividades que pasarán a ser sujetos criminalizables.[7] Este es un punto que enfatiza Marx en su análisis de la acumulación originaria: cuánto más se expropia, más se criminaliza.[8]

Me centraré en reformas políticas legislativas de la década de los años noventa que acompañaron la primera legislación contra la violencia hacia las mujeres en Estados Unidos junto a una serie de recortes de beneficios sociales y un refuerzo de políticas de seguridad en el marco de la llamada guerra contra las drogas. En 1994, se aprobó la legislación federal más importante en la historia sobre violencia de género, la Violence Against Women Act (VAWA) (Ley de violencia contra las mujeres), como parte

---

[7] Silvia Federici, *Calibán y la bruja, Mujeres, cuerpo y acumulación originaria*, Buenos Aires / Madrid, Tinta Limón / Traficantes de Sueños, 2010.

[8] Me refiero al análisis de Marx sobre el proceso legislativo que acompasa a la expropiación masiva de tierra y derechos en el proceso de constitución del trabajador «libre» en el capítulo 28 de *El capital*, vol. 1, Nueva York, Penguin, 1990, pp. 896-904.

del mayor plan de legislación sobre «delitos» en la historia del país, de un complejo paquete de medidas de criminalización y reformas presupuestarias. Cuando por un lado decía proteger a las mujeres frente a la violencia, implicaba, por otro, una serie de recortes y formas nuevas de criminalización que llevarían al aumento exorbitante del encarcelamiento de mujeres y jóvenes adolescentes pobres en las décadas siguientes, llegando a los niveles más altos en la historia. En este sentido, si, *para apuntar a las relaciones entre violencia interpersonal y sistémica, la clave del primer capítulo era «¿Quién nos está matando?», la clave de este será:* «*¿Quién nos está protegiendo?*». Las preguntas pueden ser paralizantes si esperamos respuestas unificadas; sin embargo, muchas veces pueden funcionar como pequeñas brújulas que nos permiten abrir otros horizontes. Entonces, si miramos solamente la VAWA, abstrayéndonos del resto, vemos un paso histórico porque se instala la violencia contra las mujeres en la lengua del derecho y se la tipifica como uno de los «delitos» más graves en la sociedad. Sin embargo, si atendemos al contexto legislativo en el que se realiza esta legislación, vemos que, de forma casi simultánea, las otras medidas legales estaban violentando y criminalizando selectivamente a las mujeres y a las comunidades más afectadas por el neoliberalismo, generando una situación que ameritaba, como pasó más adelante, formas de traducir históricamente el legado de la pregunta lanzada por Sojourner Truth: «¿Acaso no soy una mujer?».

Miremos de cerca la VAWA para luego pasar a una lectura de conjunto. En uno de los estudios más a fondo de esta legislación, publicado una década después de su aprobación, Kristin Bumiller analizó en detalle la cantidad de presuposiciones culturales que enmarcaron discursivamente la legislación, reforzando una serie de estereotipos racistas y clasistas contra los que habían luchado los feminismos negros y populares desde los años setenta.[9] La

---

[9] Kristin Bumiller, *In an Abusive State. How Neoliberalism Appropriated the Feminist Movement Against Sexual Violence*, Durham, Duke UP, 2008.

VAWA puso el tema en el mapa como problema nacional / federal y tipificó la violencia de género en la categoría de «delito grave» (*felony*). La palabra clave en la definición legal de ese tipo de crimen era el *animus,* es decir, poder demostrar con hechos que la *motivación* del acto de violencia venía «a razón del género o con base en el género y debido, aunque sea en parte, *a un animus* basado en el género de la víctima».[10] Como acontece hasta hoy a diferentes niveles, el problema central de este marco legal venía de *cómo se construye la evidencia* para mostrar que la violencia denunciada se debía, como motor, a ser mujer *y no a otros motivos,* algo que se hace siempre difícil de argumentar porque la violencia no opera de forma aislada y, tal y como veíamos en el análisis de la categoría de violencia feminicida, se trata de una compleja malla de microviolencias sostenidas por el sistema, incluido el judicial.

La legislación se movía dentro de una idea de violencia contra la mujer que dejaba a un lado la complejidad del análisis generado por los feminismos negros y de color que hemos visto, instalando un lenguaje que simplificaba y separaba cada violencia. La historia legislativa establece que, aún en casos de violación, siempre hay *una mera suposición* de que el crimen haya sido cometido por razones de género y que, por lo tanto, hay que llevar todas las pruebas (evidencias) necesarias para *mostrar* esto».[11] El modo de hacer legalmente legible y enunciable la violencia contra las mujeres estaba borrando las claves que veíamos en el primer capítulo como análisis capaces de comprender la multiplicidad de las violencias en su inseparabilidad y relación y como formas imbricadas de opresión. En este sentido, es importante recordar que fue en el escenario legal y jurídico que la imbricación entre diferentes sistemas

---

[10] Ver Rebekka S. Bonner, «Reconceptualizing VAWA's 'Animus' for Rape in States' Emerging Post-VAWA Civil Rights Legislation», *The Yale Law Journal,* núm. 111(6), abril de 2002, pp. 1417-1456, 1418.

[11] Ver Bumiller, ob. cit., p. 143.

de opresión se tradujo como «interseccionalidad» para apuntar a la limitación y unilateralidad con la que se tematizaban a nivel jurídico los casos de discriminación, sea sexual, racial o de clase, siempre como una categoría «separada» del resto. La clave del planteo de Crenshaw venía de la pregunta: ¿cómo se muestra legalmente una discriminación que es generada por múltiples sistemas de opresión que se viven de forma inseparable? ¿Por qué a nivel jurídico solamente se puede nombrar *una* de las múltiples formas de violencia como separada del resto?[12] Esta clave abrió un horizonte crucial de sentido para entender formas de discriminación estructural a ese tipo de comprensión del derecho.

A otro nivel, ahora más internacional, podemos ver también que la separación entre múltiples formas de violencia tiene consecuencias concretas nefastas en las vidas de muchas mujeres y nos muestra los límites de los marcos liberales con los que el sistema neutralizó las luchas existentes por resignificar la justicia. Carolina Vergel Tovar traza la historia del concepto de «justicia de género» que puso en boga la ONU-Mujeres a partir de los los años ochenta, desde una suerte de ciega «confianza en el derecho» planteada como relación «instrumental» desde la cual un feminismo liberal asume lo jurídico como «parámetro de igualdad» que hace como si las situaciones de todas las mujeres fueran las mismas.[13] Aquí es donde se necesita nutrir el análisis de conjunto, para ver, por ejemplo, cómo lo que se defiende por un lado, está siendo atacado por otro. En este sentido, hagamos ahora un *zoom out* para ver el resto del paquete legislativo que hacía que, para muchas mujeres, fuera cada vez más difícil sobrevivir fuera de la cárcel, por los recortes presupuestarios

---

[12] Crenshaw, «Demarginalizing the Intersection of Race and Sex», ob. cit., pp. 357-358.

[13] Carolina Vergel Tovar, «El concepto de justicia de género: teorías y modos de uso,» *Revista de derecho privado*, núm. 21, julio-diciembre de 2011, pp. 119-146 y 139.

para vivienda, los recortes de asignaciones familiares, la precarización laboral o la intensificación de las políticas antidrogas. Por ejemplo, como estudia Leigh Goodmark, en 2017 se destinaban 266 millones al sistema criminal legal para lidiar con las violencias de género, *pero tan solo 30 millones* para la vivienda, aun cuando se sabe, y muchos estudios lo registran, que uno de los problemas más cruciales para alguien que vive en un contexto abusivo es acceder a una vivienda.[14]

Criminalización y precarización de las vidas de las mujeres

La VAWA se aprueba en 1994 y se implementa en el año 1995. En 1996, se aprueba la reforma de asignaciones sociales que implicaba recortes de apoyo económico para muchas mujeres empobrecidas, generando un proceso que llevaría de diferentes modos a su criminalización y encarcelamiento.[15] Esta reestructuración del presupuesto de los años noventa atacaba frontalmente varias puntas de las luchas feministas de los años setenta: por un lado, la captura de la lucha contra la violencia hacia las mujeres neutralizada en lo que luego se llamaría «feminismo carcelario» y, por otro, las luchas en torno a los beneficios sociales. Documentada y estudiada por Premilla Nadasen, se trataba de una lucha constituida mayoritariamente por madres pobres y racializadas, crucial en la conformación de una política feminista negra radical, gestada y tejida

---

[14] Leigh Goodmark, «Introduction», *Decriminalizing Domestic Violence. A Balanced Policy Approach to Intimate Partner Violence*, Oakland, University of California Press, 2018.

[15] Esta reforma se llamó «Personal Responsibility and Work Opportunity Reconciliation Act». Ver los análisis de Premilla Nadasen, *Rethinking the Welfare Rights Movement*, Londres, Routledge, 2012; y Alejandra Marchevsky, *Not Working Latina Immigrants, Low-Wage Jobs, and the Failure of Welfare Reform*, Nueva York, New York University Press, 2006.

con fuerza a nivel nacional y con múltiples alianzas inte-rraciales.[16] A partir de los recortes y las reformas de 1996, las mujeres que no tenían empleos dignos, además de no tener recursos, tenían que demostrar al Estado que estaban buscando «activamente» trabajo para poder recibir alguna asignación familiar. Así se recortaron miles de millones de dólares de beneficios en seis años. Se sellaba con esto la obsesión y el estereotipo recurrente de que las mujeres po-bres «roban» las asignaciones familiares para no trabajar, cortando así la historia de las luchas feministas en torno a las asignaciones familiares.[17]

A nivel ideológico, la discusión reforzaba la ética conser-vadora y protestante del trabajo, así como también los valo-res conservadores de la familia heterosexual tradicional que habían sido problematizados en la larga lucha. Con esto, se cortaron fondos destinados a ayuda alimentaria para niños de hogares pobres, usualmente a cargo del sostén y cuidado de la madre; se sacó de los fondos a niñ*s de familias mi-grantes; y se puso el foco en que las mujeres necesitaban de-mostrar que estaban formándose para conseguir trabajo. *De repente, en el mundo imposible fabricado por el imaginario conser-vador y (neo)liberal del país, se esperaba que las mujeres que vivían en situaciones de precariedad y pobreza, sin recursos económicos ni acceso a la educación, fueran capaces a la vez de cuidar a todos sus hij*s, formarse y educarse constantemente y encima demostrar que estaban esforzándose en buscar incluso mejores empleos.* Así, el recorte de las asignaciones asumió entonces el nombre de «Asistencia temporal para familias necesitadas» con el que triunfaba la larga lucha de los años de Reagan contra todo tipo del «bienestar social», centrándose en el estereotipo de la «reina del *welfare*» , con el que se estigmatizó histórica-mente a las mujeres racializadas y pobres como «haraganas» que robaban el dinero del Estado.[18]

---

[16] Premilla Nadasen, op. cit.

[17] Patrick Boleyn-Fitzgerald, «Misfortune, Welfare Reform, and Right-Wing Egalitarianism», *Critical Review*, núm. 13 (1-2), 1999, pp. 141-163, 142.

[18] Angela Davis discute estos estereotipos en «Facing our Common

Con esto comienza todo un camino más amplio de múltiple criminalización, ya que la nueva legislación tuvo consecuencias siniestras para la mayoría de las mujeres que no tenían acceso a derechos básicos como vivienda, alimentación para ellas y sus hijos, educación o empleo. Sarah Jaffe, Mariame Kaba, Randy Albelda y Kathleen Geier entretejen las diferentes formas de criminalización de madres racializadas y pobres en el país como parte de las catastróficas medidas legales de los años noventa.[19] Por ejemplo, Shanesha Taylor fue arrestada con cargos por «abuso infantil» cuando dejó a sus hij*s en el auto para poder ir a una entrevista de trabajo, necesaria para confirmar su búsqueda de empleo, sin el cual no optaría a la «asistencia temporal» del Estado. Otro caso que se hizo público fue el de Debra Harrell, criminalizada y encarcelada también con cargos por «abuso infantil», porque, mientras ella estaba trabajando en un McDonald's, dejó a su hijo de nueve años jugando en el parque, al carecer de recursos para pagar cuidados. Se introdujo la idea de que había que «incentivar» la búsqueda de empleos, pero ¿quién cuidaba a los niños mientras tanto? Las cárceles están llenas de historias como estas.

Al compás de estos recortes, aparece otra pieza en este paquete de reformas que incluye también legislación sobre la «guerra contra las drogas» con el refuerzo de un aparato de seguridad a nivel nacional e internacional. Esta venía a constituir el gran embudo que llevaría a una cantidad cada vez más alta de mujeres al circuito de detención juvenil, encarcelamiento, vigilancia policial. Se trata del Crime Bill [Proyecto de ley contra el crimen] de la era Clinton, diseñado por Joe Biden, que, con el nombre de «Ley de control de delitos violentos», fue aprobado junto con la «Ley antiterrorista y de pena de muerte». Se trata

---

Foe: Women and the Struggle Against Racism», *Women, culture, politics*, Nueva York, Vintage, 1990, pp. 16-34

[19] «How to end the criminalization of America's mothers?», *The Nation*, 21 de agosto de 2014, disponible online.

de la legislación de este tipo más amplia en la historia del país y sus consecuencias pavimentaron el camino para la expansión de uno de los sistemas carcelarios más grandes del mundo. Se legislaba a favor de extender el uso de la pena de muerte, se agregaban más formas de criminalizar a las comunidades más empobrecidas con el nombre de «crímenes de pandillas» (*gang related crimes*), se agregaba un registro de violadores (*sex offenders*) que implicaba un estigma que criminalizaba de por vida a alguien, pero no ofrecía ningún modo de responsabilizar, sanar y cambiar para la persona. Se extendían las condenas en prisión y la vigilancia policial en los barrios pobres junto con las medidas de criminalización en el contexto de la «guerra contra las drogas» y la criminalización de la migración (*illegal immigration reform*). Se agregaban miles de millones a los presupuestos para las cárceles, policía y vigilancia policial mientras se recortaban los programas educativos en las cárceles. Esas medidas incluían la legislación en el marco de la «guerra contra las drogas», nombrada por Dawn Paley más acertadamente como «guerra contra las comunidades pobres», que tuvo como consecuencia el aumento descomunal de mujeres encarceladas, dado que la precarización de la vida que generó el recorte de bienestar social generó la necesidad de entrar en el circuito de economías populares «informales», que son más perseguidas por la policía.

Entre las numerosas medidas legislativas, en 1994, se incluyó como parte de la legislación antiviolencia la política de *three strikes and you are out* [tres golpes y estás afuera] con la que se generaron sentencias larguísimas por problemas minúsculos, condenando a mucha juventud a la cárcel de por vida. Alguien que tuviera tres casos designados como delitos, incluyendo en esto posesión de droga o venta de esquina, estaba sentenciado a la cárcel de por vida. Esta ley afectó más que nada a la población joven, pobre, latina y afroamericana, dejando a gran parte de la juventud tras las rejas por problemas minúsculos. Luego se discutirían e implantarían estas formas de legislación, que producían múltiples figuras criminalizables en los países latinoamericanos. Los viajes y consultorías a América Latina de figuras claves como William Bratton, llamado «superpolicía» y líder de las políticas de «la teoría de las ventanas rotas», hablaban de un plan que acompañaría ajustes, recortes y reformas de seguridad que ha ido aumentando la población carcelaria a nivel hemisférico. Podemos ver las medidas que se tomaron en Estados Unidos como una matriz de lo que se iría imponiendo como política de seguridad nacional en el resto de los países, dado que estas siempre van acompañadas del sistema de deuda y de medidas de intervención y cooperación entre élites a nivel internacional, y hoy retornan con las justificaciones de tomar *más* medidas de seguridad.

Este mapa de precarización a nivel económico y de derechos hacia comunidades enteras trae una gran complejidad perversa porque, en muchos casos, el sistema que, por un lado, decía «proteger» a las mujeres era el mismo que, por otro lado, las estaba precarizando o encarcelando. *¿Para quiénes se legislaba?* Esto genera también una pregunta por la situación de un montón de feministas que no querían o no podían creer en todo ese sistema que reforzaba y expandía el sistema carcelario y policial generador de más violencias. Aquí emerge una importante línea de fuga que necesitamos introducir en el mapa, ya que fue desde las zonas de feminismos antirracistas donde se generó una mirada crítica, por la incomodidad de una «solución» patriarcal al tema de las violencias que, en realidad, mirada en contexto, poco hacía para terminar con las violencias sistémicas que se expresan en formas de violencia interpersonal.

En contextos de precarización y criminalización, la violencia de género se intensifica en lugar de disminuir. Hay historias de vida que nos permiten ver el cruce de estas diferentes legislaciones en formas complejas que intensifican la precarización de la vida. Por ejemplo, si miramos desde la coordinación entre policía local y migratoria (sistema criminal y sistema migratorio) en Estados Unidos, vemos que en muchos casos se usan las denuncias por violencia doméstica en la corte civil como instancia para identificar a personas migrantes y detenerlas de diferentes modos (sea a quien postulaba la denuncia o a quien era denunciado). Por ejemplo, se usaban las fechas de la corte para detener a personas sin papeles cuando acudían a la cita o, a veces, cuando una mujer se presentaba en la corte civil tras hacer la denuncia de violencia doméstica, era ahí mismo detenida por el Servicio de Control de Inmigración y Aduanas (ICE, por sus siglas en inglés). La campaña «ICE fuera de las cortes», que se desplegó tras el aumento de presencia de policía migratoria en las cortes, apuntaba a denunciar y a terminar con esa coordinación que aumentó cada vez más a partir de 2019. En Nueva York, el Immigrant Defense Project [Proyecto de defensa de inmigrantes] identificó un aumento vertiginoso en los arrestos, ya que eran los agentes migratorios los que los coordinaban.[20]

Parte de esta situación viene del paquete legislativo de los noventa, en el que se legisló sobre la criminalización de la violencia contra las mujeres junto con la criminalización de la migración. La trampa es que se asegura que la denuncia no pondrá en peligro a la persona en relación con su estatus migratorio, pero lo que acontece en la vida real y cotidiana de muchas mujeres es que la denuncia policial, como única solución que brinda el sistema para defender a la mujer, es usada en muchos casos como una forma de localizar a personas migrantes para entregarlas a las cárceles del ICE. En este sentido, también sucede que, al presentar un caso de violencia doméstica, se abre una causa «criminal». Esto hace que la persona migrante del género que sea pase a tener menos posibilidades de salir de detención migratoria porque pasa a la categoría de «migrante

---

[20] En la página web del Immigrant Defense Project, se pueden ver los análisis de la lucha. Ver, por ejemplo, «Denied, Disappeared, and Deported: the Toll of ICE Operations at New York's Courts in 2019», enero de 2020; disponible online en https://www.immigrantdefenseproject.org/wp-content/uploads/Denied-Disappeared-Deported-FINAL.pdf.

criminal» y persona peligrosa para la sociedad. Mientras tanto, el sistema migratorio gana por cada cama ocupada y las familias comienzan con la secuencia de gastos, deudas y dolor: abogados, comida, llamadas telefónicas, todo administrado por corporaciones que engrosan más y más sus ganancias de esta forma. Y estas aumentaron todavía más desde el comienzo de la presidencia de Trump, sin modificarse con el cambio de gobierno de Biden según los datos de ACLU (American Civil Liberties Union), de modo que, en 2020, el grupo GEO recibió del ICE unos 662 millones de dólares y CoreCivic, unos 533 millones.[21]

Necesitamos insistir en enlazar la violencia de género con las políticas económicas de despojo para no sostener la retórica de una defensa de «derechos» que no es aplicable a casi nadie fuera de los circuitos cada vez más reducidos de privilegio. Por eso, necesitamos retomar la pregunta que plantearon tantas luchas a finales de los años setenta, instando a mirar siempre desde lo más abajo de la pirámide social para entender desde ahí lo que implica una visión de transformación radical de la vida dentro de un horizonte de justicia social. De ahí emerge un desafío actual en torno a cómo *resignificar las formas de relacionarnos con la práctica de legislar en condiciones de neoliberalismo*, así como de enfatizar mecanismos múltiples para incluir todas las dimensiones de la vida que han sido precarizadas por ese sistema de criminalización y que tienen que ver con la posibilidad de supervivencia. Es un momento clave para re-imaginar los planteamientos a nivel legislativo para poder engarzarlos con mecanismos que no

---

[21] GEO y CoreCivic son enormes grupos de inversionistas de cárceles privadas y centros de detención que han manejado la mayor parte de las cárceles de migración en Estados Unidos como servicio contratado por el Estado en las últimas décadas. El grupo GEO también funciona a nivel internacional en América del Norte, Inglaterra, Australia y Sudáfrica. Sobre el aumento de ganancias de estos grupos en relación con el encarcelamiento de personas migrantes, ver Eunice Cho, «More of the same: private prison corporations and immigration detention under the Biden Administration», *ACLU*, 5 de octubre, 2021, disponible online.

conduzcan a reforzar la violencia del sistema. Desde las luchas abolicionistas del sistema carcelario se abre la idea de «reformas no reformistas» que permitan abrir y trazar miradas relacionales con la legislación dentro de un mapa mayor de políticas económicas y formas de sostener la vida.[22]

La idea de pensar reformas no reformistas viene de André Gorz en el contexto de la nueva izquierda como forma de salir de la parálisis que plantea «reforma o revolución» como disyunción excluyente. Dentro de la lucha abolicionista de la sociedad carcelaria y de los movimientos por desfinanciar la vigilancia policial, ha sido un modo de reactivar intervenciones a nivel legislativo que tengan como horizonte la abolición del sistema industrial penal en lugar de pensar en reformarlo. En este sentido, hablar de reformas-no-reformistas permite pensar intervenciones concretas a diferentes niveles desde la pregunta sobre cómo pensar propuestas que interrumpan y detengan las violencias del sistema contra las que se lucha. Hay una sintonía profunda entre esto y lo que Gago plantea como «realpolitik revolucionaria» para comprender la multiplicidad de planos en los que se mueven los feminismos populares.[23] Este cruce entre los feminismos populares y las luchas anticarcelarias nos insta a ejercitar la creatividad y la imaginación, preguntándonos por marcos y horizontes de vida desde donde se abren otros tipos de sentido para la palabra justicia. Veremos más adelante la relación entre estos sentidos y la necesidad de re-establecer lazos comunitarios para tejer modos de relacionarnos socialmente que no impliquen la

---

[22] Sobre la reactivación de «reformas no reformistas» en los movimientos abolicionistas penales, ver la entrevista de John Duda a Mariame Kaba, «Towards the horizon of abolition. A conversation with Mariame Kaba», *The next system project*, 9 de noviembre de 2017; Mark Engler y Paul Engler, «Las reformas no reformistas de Andre Gorz», *Jacobinlat*, 25 de julio de 2021, y «Making our demands both practical and visionary», *Waging nonviolence*, 27 de julio de 2021; todos disponibles online.

[23] Gago, *La potencia feminista*, ob. cit., pp. 170-173.

destrucción de otras vidas. El propósito es plantearnos modos de evitar nuevas capturas de las luchas populares en diferentes dimensiones y abrir horizontes que nos ayuden a resignificar las demandas legales dentro de procesos más amplios que nos aseguren las condiciones materiales para la reproducción de la vida.

Algunos triunfos de luchas recientes desde diferentes feminismos desmontan la fórmula neoliberal de legislar/criminalizar y apuntan a expandir procesos de descriminalización social dentro de otro tipo de horizonte político en el que la posibilidad misma de la reproducción de la vida es fundamental. Dentro de las luchas más recientes, encontramos varios frentes que ponen la centralidad en los cuerpos y en su posibilidad de autonomía y reproducción material. Mencioné en el capítulo anterior la lucha por despenalizar la autodefensa de las mujeres sobrevivientes a nivel legislativo en Illinois (2016) y en Nueva York (efectiva en 2016), y los desafíos que le siguen para hacer efectiva su implementación. Son claves los recientes logros para la despenalización y legalización del aborto en Argentina (2020), Colombia (2022) y México (2021), con sus formas de despliegue más allá de la limitación de la fórmula liberal de la «decisión» para poder replantear otro tipo de mirada sobre los cuerpos y las formas de entender la salud y la conexión entre diferentes luchas de mujeres, personas trans, no binarias y travestis.[24] *En ese sentido, la despenalización y legalización no implica solamente aprobar una ley, sino continuar luchando en un arduo proceso que toca varias dimensiones políticas de la comprensión de la autonomía de cuerpos y saberes dentro de sistemas de autoridad y control.* El uso del pañuelo verde que desde Argentina se desplegó a muchas regiones traza una operación semántica de continuidad con las madres y abuelas de Plaza de Mayo

---

[24] Remito al análisis de Lucila Szwarc, Florencia Maffeo y Sandra Salomé Fernández Vázquez, «Aportes de los activismos feministas y LGBT+ en Argentina a la construcción de una salud feminista», *Revista de Historia*, núm. 23, 2022, pp. 205-229.

contra las violencias múltiples en el Estado dictatorial entendidas como un control minucioso sobre los cuerpos.[25]

Vivimos también en un momento en el que se vuelve a articular de modo más visible la lucha por despenalizar el derecho a abortar y la exigencia de terminar con la práctica de las esterilizaciones no consentidas de mujeres pobres, racializadas e indígenas. En este campo, tras una larga lucha de mujeres negras y latin*s, muchas todavía en prisión, se logró en 2021 un reconocimiento del estado de California con el objeto de elaborar procesos de reparación por la práctica ilegal de esterilización no consentida en los centros ginecológicos de la cárcel.[26] Esto engarza con la reciente lucha de mujeres migrantes que denunciaron la práctica de esterilizaciones no consentidas de mujeres detenidas en el centro de detención de migrantes Irwin, en Ocilla (Georgia). Tras un arduo proceso, se logró terminar el contrato con el ICE y cerrar la cárcel, conectando así la lucha por abolir el ICE y la lucha por la justicia reproductiva.[27]

---

[25] Verónica Gago despliega las formas de comprender los niveles no liberales que adquirió la lucha por la despenalización del aborto dentro de la trama de los feminismos actuales. Ver la entrevista realizada por Julià Matrí y Juliana Hernández, «Verónica Gago: "El feminismo está reconceptualizando el internacionalismo desde la práctica"», *El Salto*, 13 de febrero de 2019; disponible online.

[26] Sobre el proceso de lucha en coalición y el análisis que genera, ver la entrevista de Molly Porzig a Diana Block y Moonlight Pulido, «Esterilizaciones forzadas en las prisiones de California y la obtención de reparaciones», *La abolicionista. Una publicación de Critical resistance,* núm. 39, verano de 2023, pp. 10-12. Se puede ver el informe de la «California Coalition for Women Prisoners» en «Reparations 4 Reproductive Justice Behind Bars», disponible en https://women-prisoners.org/our-programs/reparations-4-reproductive-justice-behind-bars/. Para conocer la historia del problema y el proceso organizativo dentro y fuera de las cárceles de mujeres que llevó a la organización, es clave el documental dirigido por Erika Cohn, *The Belly of the Beast*, Nueva York, Women Make Movies, 2020.

[27] Wendy Dowe, «"The traumas of Irwin continue to haunt me": non-consensual surgery survivor seeks restitution, calls to shut down detention centers», *Ms. Magazine*, 9 de diciembre de 2021, disponible online.

En esta dimensión se encuentra también la larga lucha de las mujeres indígenas, sobre todo de la región de Ayacucho, que fueron esterilizadas sin consentimiento en el Perú fujimorista y la que está aconteciendo en Quebec, Canadá, que denuncia la práctica de esterilización forzada de mujeres indígenas en los hospitales.[28] Es importante mencionar aquí las políticas colonialistas e imperialistas de Estados Unidos en Puerto Rico, donde las luchas feministas están poniendo nuevamente en el centro sus efectos sobre los cuerpos y los territorios.[29] Podemos comprender así una secuencia de violencias políticas que tomaron los cuerpos de las mujeres más pobres y racializadas para realizar esterilizaciones forzadas o testeo de métodos anticonceptivos;[30] y ligarla con el uso militar de la isla de Vieques por la marina de Estados Unidos, donde se realizaron bombardeos que dejaron consecuencias letales irreparables en los cuerpos y en el ecosistema. El poema *Grito de Vieques*, de Aya de León, expresa la simultaneidad de estas múltiples violencias sobre los cuerpos de las mujeres y el territorio puertorriqueño.[31]

En el ámbito del trabajo reproductivo y de cuidados, la ratificación del convenio 189 de la Organización Internacional

---

[28] Para una historización del proceso en Perú, ver Alejandra Ballón (ed.), *Memoria del caso peruano de esterilización forzada*, Lima, Biblioteca Nacional de Perú, 2014. Para la lucha reciente que está aconteciendo en Quebec, ver Verity Stevenson, «Quebec Judge Authorizes Class Action by Atikamekw women alleging forced sterilizations», CBC, 22 de agosto de 2023, disponible online.

[29] Ver la conexión que elabora Zoán Dávila Roldán en «La justicia reproductiva como herramienta de liberación colectiva», *La abolicionista*, núm. 39, ob. cit., pp. 4-5.

[30] Lucía Busquier, «Las "mujeres del Tercer Mundo" en Estados Unidos: control de natalidad y esterilizaciones forzosas (1970-1975)», *Revista Estudios Feministas*, núm. 28(1), 2020; Laura Briggs, *Reproducing Empire: Race, Sex, Science, and US Imperialism in Puerto Rico*, Berkeley, University of California Press, 2002.

[31] Se puede leer y escuchar en *The freedom archives*, disponible en: https://freedomarchives.org/wild-poppies-the-poems/grito-de-vieques/

del Trabajo en España en el año 2022 nos remite a una larga lucha de las trabajadoras de hogar y cuidados, en su mayoría migrantes que fueron reivindicando formas de trabajo históricamente denigradas e invisibilizadas.[32] Con la consigna «Sin nosotras no se mueve el mundo», la colectiva de Territorio Doméstico fue clave en la articulación de esta demanda a nivel legislativo, poniéndola tan solo como uno de los muchos frentes en su capacidad de desplegar procesos organizativos de cuidado y de alta creatividad en sus formas de intervención.[33] En este campo es importante conectar también las luchas en torno a la despenalización y la legalización del trabajo sexual en diferentes partes del mundo, ya que esta ha sido una forma en la que históricamente se ha controlado y criminalizado a las disidencias sexo-genéricas y las vidas no binarias, trans y travestis. En el próximo capítulo, veremos más a fondo también el rol de las luchas por cerrar cárceles de mujeres (sin que implique la apertura de nuevas) para poder destinar esos presupuestos al sostenimiento de la comunidad.

En este breve resumen, actualizado en el proceso de edición final del libro, podemos ver una serie de cruces entre luchas que permiten articular formas de legislar *para* despenalizar y terminar con las políticas de cercamiento feroz y

---

[32] Entrevista de Capire a Rafaela Pimentel, «Las trabajadoras de hogar estamos articuladas en una de las luchas más potentes en España», *capiremov.org*, 6 de septiembre de 2022, disponible online; y Laura Olías, «España ratifica el Convenio 189 de la OIT que amplía los derechos laborales de las trabajadoras de hogar», *eldiario.es*, 9 de junio de 2022, disponible online.

[33] Para comprender el tejido múltiple de la lucha que viene tramando Territorio Doméstico como otro tipo de ejercicio de una política centrada en la vida, ver el cuaderno *Biosindicalismo desde los territorios domésticos. Nuestros reclamos y nuestras maneras de hacer*, coescrito por Rafaela Pimentel Lara, Constanza Cisneros Sánchez, Amalia Caballero Richard y Ana Rojo Delgado, Madrid, La Laboratoria / Fundación Rosa Luxemburgo, 2021; disponible para descargar en http://laboratoria.red/publicacion/biosindicalismo-desde-los-territorios-domesticos/

sostenido a las autonomías de los cuerpos y las comunidades. Así, las diferentes acciones que están aconteciendo en torno a una resignificación de la política desde la capacidad de sostenimiento de la vida nos sacan del lugar de habla liberal porque sitúan una trama compleja que pone los cuerpos como terminales de múltiples operaciones de violencia que exigen también planteamientos políticos diferentes. Se abre un abanico de luchas que exponen la posibilidad de nutrir diferentes condiciones materiales de vida y de autonomía de los cuerpos. En este sentido, se han ido expandiendo nuevas geografías donde las intervenciones a nivel legislativo no suscitan una confianza excesiva en ese sistema ni tampoco toman sus logros como metas finales. Cada logro implica la apertura de una nueva instancia de lucha que sigue. Se trata así de articulaciones estratégicas necesarias que requieren continuarse en diferentes ámbitos que tienen que ver con las pedagogías populares y una multiplicidad de posiciones epistemológicas sobre los cuerpos y sus saberes, así como su conexión con luchas presupuestarias que traduzcan esa legislación en condiciones materiales que permitan la sostenibilidad de la vida y la gesta de autonomía. En este sentido, la lucha por la justicia reproductiva y las luchas anticarcelarias tienen un horizonte común no solamente porque al penalizar el aborto se está expandiendo el alcance del sistema carcelario, sino también porque, al encarcelar en formas cada vez más intensas las vidas y las comunidades más precarizadas por el sistema, se está imposibilitando la capacidad de criar y maternar. Este es también un punto que conecta la lucha de las madres y abuelas de personas desaparecidas por las dictaduras en América Latina y las luchas de las madres organizadas tras perder a sus hij*s por el sistema de violencia policial en Estados Unidos en el presente.[34]

---

[34] Conectamos estos puntos con Verónica Gago en «Las luchas como escuela. Reflexiones sobre la justicia reproductiva desde Argentina y Estados Unidos», *Jacobin América Latina*, 2 de agosto de 2022, disponible online.

Al *ir desautomatizando la fuerza neoliberal de legislar con la de criminalizar, se impone la necesidad de ahondar en otros sentidos que puede adquirir la legislación como uno de los muchos mecanismos que nos permitan generar transformaciones, sin desvincularse de los contextos de violencias económicas, políticas, sexuales, culturales como «asuntos» separados.* Esto nos exige desplegar formas de experimentar cómo traducir la conectividad entre problemas y violencias en formas de plantear legislaciones fuera de la ficción de soluciones liberales y reformistas. Por ejemplo, en Estados Unidos, tras la repenalización del aborto, irrumpieron múltiples debates que venían aconteciendo respecto a las posibilidades del ejercicio de la legislación hasta entonces existente.[35] Desde los años noventa, figuras claves del feminismo negro empezaron a hablar de *justicia reproductiva* en lugar de solamente hablar de «derechos» reproductivos para abrir un marco de lucha que ampliaba la comprensión de la reproducción más allá de la fijación semántica que se había producido al reducir la conversación solamente al derecho a abortar, y a plantearla legislativa y filosóficamente como una cuestión de elección. Se empezó a ampliar el

---

[35] Un punto del debate remitió a la Hyde Amendment Act, que fue aprobada en 1976 y ratificada por la corte suprema en 1980, con la que, a pocos años de la legalización, se eliminaban los fondos para abortar de los presupuestos federales destinados al seguro médico público para personas de bajos ingresos. Con variaciones respecto a si permitía o no el uso de fondos para casos de violación, incesto o condiciones serias de salud que hacían peligrar la vida de la madre, la Hyden Amendment Act había convertido la posibilidad de tener acceso a un aborto seguro en un tema de clase social. Esta legislación permaneció vigente hasta el año 2021, cuando, tras múltiples presiones por el carácter racista y clasista de esa medida, el gobierno de Biden creó un presupuesto que omitía la restricción de fondos. Sobre la «Hyde» ver: «Access denied: origins of the Hyde Amendment and other restrictions on public funding for abortion», *ACLU*, 1 de diciembre de 1994, disponible online, y «Abortion access and reproductive Justice», 24 de junio de 2022, disponible en https://ocr.seattle. gov/abortion-access-seattle/?fbclid=IwAR2wlJWFakAu--LDCYvjFmNMNaP0gCKRSHCExT4T6Wz-X469BC2cTJSovuM

marco para incluir no solo la defensa de la capacidad de abortar como derecho, sino también las trabas enfrentadas cada vez más intensamente por las mujeres pobres y racializadas para poder maternar y sostener una vida digna dentro de comunidades sostenibles. Una figura histórica en la lucha de los años setenta, Loretta Ross, explica que, al hablar de justicia reproductiva, se genera un marco más amplio que implica el derecho a tener o no tener hij*s, a poder tener control sobre la forma en que se quiere parir y a poder criar y maternar en condiciones sostenibles.[36] Estas *categorías expansivas* nos permiten justamente redefinir la cantidad de dimensiones que están en juego cuando hablamos de la reproducción y de la formas de autonomía de los cuerpos *en* su interdependencia. ¿Cómo garantizamos la capacidad de criar y maternar en formas sostenibles, así como la capacidad de decidir no maternar, y tener la posibilidad de atravesar ambos procesos digna e íntegramente?

Poder ir desengarzando la idea de legislar con la de criminalizar nos impone la necesidad de ahondar en qué sentidos puede adquirir la legislación como uno de los muchos mecanismos que nos permitan generar transformaciones que no desvinculen las violencias económicas, políticas, sexuales, culturales como «asuntos» o «esferas» separadas. Muchas de las luchas que están aconteciendo en diferentes países en el campo legal ayudan a visualizar otros sentidos de justicias desde las movilizaciones contra la precarización de la existencia y la lucha por la supervivencia que han acontecido al compás de los recortes sociales, los ajustes desde el FMI y el BID, los desplazamientos forzados en las últimas décadas.[37] A

---

[36] Loretta Ross, «Understanding Reproductive Justice», *Off our backs*, núm. 36(4), 2006. También se puede leer más en la página de SisterSong, que es un grupo histórico en la lucha por la justicia reproductiva: https://www.sistersong.net/reproductive-justice

[37] Es clave aquí el análisis de Luci Cavallero, que plantea la necesidad de entender la lucha contra las nuevas formas de endeudamiento con el FMI en relación con las luchas feministas contra la violencia y la defensa de las autonomías. Ver «Por qué la deuda

tono con esto, muchas intervenciones recientes desde los feminismos proponen reabrir hilos de historia reflexiva sobre la resignificación de la ley en relación con formas de amor y vulnerabilidad que problematicen la retórica del poder establecido, y tramar una forma de afirmación de los cuerpos y la vida.[38] Así, se van abriendo múltiples caminos que nos instan a mapear diferentes sentidos de vincular legislación, vulnerabilidad y afectividad, poniendo como clave la genealogía que viene de los años setenta y ochenta, como formas de traer la vigencia de un hilo que articule nuevos sentidos en torno a qué significa legislar dentro de prácticas feministas populares que ponen el cuerpo y las reconfiguraciones de relaciones sociales en el centro. Es necesario descentrar la víctima pasiva que espera el Estado, para poder retomar sentidos para actuar, vivir, desear, luchar y responsabilizar.

---

con el FMI se mete en cada casa», *Página/12*, 28 de enero de 2022, disponible online; y la nota de Melina Fit en conversación con Luci Cavallero, «La deuda externa es una guerra contra las autonomías», *larevuelta.com.ar*, 5 de marzo de 2022, disponible online.

[38] Este es un punto que recorre una serie de publicaciones claves entre 2017 y 2019, como *The Vexy Thing*, de Imani Perry, ob. cit.; Jennifer Nash, *Black Feminism reimagined. After intersectionality*, Durham, Duke University Press, 2019; la reedición del manifiesto de la Colectiva del Combahee River acompañado de entrevistas, *How we get free*, ob. cit.; y los materiales de la lucha por el salario doméstico compilados en Silvia Federici y Arlen Austen (eds.), *The New York Wages for Housework Committee. History, Theory and Documents 1972-1977*, Nueva York, Autonomedia, 2017 [ed. cast.: *Salarios para el trabajo doméstico. Comité de Nueva York 1972-1977. Historia, teoría y documentos*, Madrid, Traficantes de Sueños, 2019].

5

«No estamos todas, ¡faltan las presas!»[*] Políticas de seguridad y toma colectiva de palabra desde las cárceles

«Ninguna de nosotras es libre si una de
nosotras está presa»[1]

Las pancartas con la inscripción «¡No estamos todas, faltan las presas!» se han ido convirtiendo en una parte integral de las movilizaciones callejeras contra los feminicidios y la violencia de género desplegadas en el presente. A través de esta consigna, la realidad social de muchas mujeres empezó a tener más visibilidad en un sentido que conecta diferentes violencias entrelazadas. «No estamos todas, faltan las presas» habla de una transformación en los modos de entender lo político, ya que la llamada prisión «social» o «común» nunca estuvo tan presente en las movilizaciones feministas como en el presente.[2] En las últimas décadas, ha habido un *aumento*

---

[*] Desde 2016, «No estamos todas, faltan las presas» es una consigna que comenzó a ser parte de las marchas feministas en Argentina y más países para generar un reconocimiento de todas las mujeres en situación de prisión. Esta se usó desde mucho antes en actos y asambleas de mujeres zapatistas en México, para llevar la presencia y la lucha de las presas políticas.

[1] California Coalition for Women's Prisoners, *Fire Inside Newsletter*, núm. 60, 2019.

[2] En las marchas del paro de mujeres realizadas en Nueva York en 2017 y 2018, se hizo una parada obligatoria afuera de las oficinas de la policía de migración (ICE), en la calle Varick, para exigir una ciudad y una vida sin ICE; frente al edificio,

proporcionalmente mayor y sostenido de las tasas de encarcela-
miento de mujeres asociadas a las políticas de la «guerra contra
las drogas».[3] Diferentes análisis realizados desde los estudios sobre criminalización de las mujeres en las últimas
décadas sostienen que tan solo entre 2006 y 2011, el encarcelamiento de mujeres en América Latina se duplicó. En
este sentido, Meda Chesney-Lind y Merry Morash proponen que leamos las políticas de guerra contra las drogas
como una guerra contra las mujeres porque se trata de
quienes terminaron siendo encarceladas y perseguidas en
formas proporcionalmente más altas.[4] Según las estadísticas de Prison Policy Initiative, vemos que, en Estados Unidos, el encarcelamiento de mujeres en prisiones estatales
aumentó a más del doble respecto del ritmo de crecimien-
to del encarcelamiento masculino.[5] La «guerra contra las
drogas» y el refuerzo de políticas de «seguridad pública»
han ido redimensionando lo social debido a una sensación
de «vivir en un estado de guerra frente a la existencia de
un enemigo impredecible, invisible y súbito».[6] En este sentido, al hablar de seguridad pública, se ha ido generando
una militarización del imaginario, a raíz de un sentimien-
to de inseguridad permanente que empieza a naturalizar
nuevos modos de criminalizar y encarcelar.

---

cruzando varias emociones, nuestra compañera Myrna Lazcano
habló de su experiencia en cuanto a detenciones, su deportación
y el entramado de abusos constantes que constituían cada parte
de esa experiencia.

[3] Corina Giacomello, «Mujeres, delitos de drogas y sistemas penitenciarios en América Latina», ob. cit. Como mencioné más arriba,
Chinyere Oparah analiza la situación en Estados Unidos desde los
años setenta y encuentra un aumento del 2.800 por ciento del encarcelamiento de mujeres entre 1970 y 200; ver ob. cit., p. xiv.

[4] Meda Chesney-Lind y Merry Morash, «Transformative Feminist Criminology», ob. cit., p. 296.

[5] Wendy Sawyer, «The Gender Divide», ob. cit.

[6] Robinson Salazar e Ivonne Yenissey Rojas, «La securitización
de la seguridad pública: una reflexión necesaria», *El cotidiano*,
marzo-abril de 2011, pp. 33-43 y 34.

Judith Butler habla de un «asalto a los sentidos» como práctica que acompaña los procesos de familiarización con un imaginario de guerra, donde se va generando una percepción sobre *qué vidas* son dignas de ser vividas y defendidas y qué vidas serán convertidas en «un instrumento, un *target*, o un número».[7] Dentro de este contexto, hay una serie de operaciones que son instaladas en el imaginario social a partir de divisiones cada vez más rígidas de clase, raza, etnicidad, acompasadas de una valoración moral que pone a las personas más pobres y racializadas como personas propensas a la «criminalidad». La cárcel se convierte en un lugar social en el que se «deposita» *todo lo que se percibe como posible amenaza a la propiedad*. Como dice Dorothy Roberts, las cárceles se convierten en «la respuesta estatal a la crisis social» que el propio capitalismo genera a través del desempleo, la precarización de vivienda o la segregación por barrios, así como también «a las rebeliones de las personas marginalizadas que sufren esas condiciones».[8]

Necesitamos atravesar el régimen de moralización de formas de clasismo, patriarcado y racialización que permean el imaginario carcelario para abrir otras maneras de mirar y preguntar: ¿cuáles son las historias de vida que nos encontramos en las cárceles?, ¿quiénes están «pagando» con sus vidas esta supuesta «guerra» y los diferentes dispositivos neoliberales de criminalización de la pobreza?, ¿cómo se relacionan con ese «enemigo» abstracto y estereotipado que se usa para generar miedo? Las narrativas e imágenes que dominan el miedo social desde el Estado y los medios de comunicación manejan *abstracciones que necesitamos aterrizar en cuerpos, vidas y comunidades*. Como escriben en el primer número de la revista *Sitiadas*, tejida en el Colectivo Mujeres de Frente, dentro y fuera de las cárceles de Ecuador, se impone la figura de un «fantasma

---

7 Judith Butler, *Marcos de guerra. Las vidas lloradas*, Buenos Aires, Paidós, 2009.

8 Dorothy Roberts, «Abolition Constitutionalism. A foreword», *Harvard Law Review*, núm. 133(1), 2019, pp. 1-122.

oscuro» que opera como una amenaza permanente que nos va controlando a través de los miedos y los castigos.[9]

A contrapelo y al compás de la cartografía punitiva y carcelaria dominante, se ha ido generando de forma sostenida y subterránea una toma de palabra y una lucha desde colectivos que funcionan en el dentro-fuera de prisión. Hacer visible esta toma colectiva de la palabra nos permite ahondar en saberes que *desmontan* la retórica del sistema y los dispositivos discursivos dominantes con los que se camuflan múltiples operaciones de despojo del capital. Entiendo estos procesos como formas de acuerpar «agenciamientos colectivos» que construyen *otro tipo de sensibilidad* para plantear otras líneas de lo colectivamente habitable.[10] De Sur a Norte, colectivos como YoNoFui (Buenos Aires, 2004), Mujeres de Frente (Quito, 2004), Hermanas en la Sombra (Atlacholoaya, Morelos, 2005), Mujeres en Espiral (Iztapalapa, Ciudad de México, 2008), National Council of Incarcerated and Formerly Incarcerated Women and Girls (2010, formalmente 2015), California Coalition for Women's Prisoners (1996), Survived and Punished (2016) vienen generando y articulando una gran cantidad de publicaciones y de procesos colectivos cruciales para entender la densidad del problema vivido por cada vez más mujeres encarceladas.[11] En su mayoría

---

[9] Mujeres de Frente, *Sitiadas. Una revista de mujeres en situación de castigo*, núm. 1(1), p. 16.

[10] Con esto, remito nuevamente a los «dispositivos colectivos de enunciación» que plantean Gilles Deleuze y Félix Guattari en *Mil Mesetas. Capitalismo y esquizofrenia,* Valencia, Pre-Textos, 1994; y *Kafka. Por una literatura menor*, ob. cit.

[11] En la última década se han ido generando cada vez más saberes y estudios situados que se conectan desde fuera y dentro de la situación carcelaria. Menciono algunos de los libros que fueron generando saberes situados desde diferentes territorios: desde Ecuador, Andrea Aguirre, *Vivir en la fractura. El castigo y las resistencias en la cárcel de mujeres*, Quito, Universidad Andina / Abya Yala, 2010, y Lisset Coba Mejía, *SitiadAs. La criminalización de las pobres en Ecuador durante el neoliberalismo*, Quito, FLACSO, 2015;

se trata de grupos compuestos en diversidad de habilidades, donde se parte de relaciones entre mujeres que habitan el afuera y el adentro, generando pedagogías que van permitiendo hacer y luchar a partir de un deseo común por desmontar el sistema de injusticia que expresa el dispositivo carcelario. En este sentido, el hacer colectivo cruza varios muros invisibles, desafiando el mandato social de roles y lugares sociales fijos y contraponiendo otro tipo de tejido para construir saberes diferentes. Desde el lugar que más se invisibiliza socialmente, la palabra colectiva ha ido creando formas de análisis situado y una imaginación acuerpada sobre líneas necesarias para poder «salir» del circuito punitivo una vez que este empieza a crecer y crecer. Como veremos más adelante, en muchos casos, a la toma colectiva de palabra en el encierro le sigue un proceso en el que se tejen otras relaciones sociales a partir de la lucha por transformar las condiciones que precarizan la existencia y conducen a la cárcel como un destino casi inevitable: vivienda, educación, alimentación, trabajo, sanación. Propongo leer estos experimentos que se vienen sosteniendo a lo largo del tiempo como trazas cruciales desde donde *se empiezan a resignificar los sentidos de la palabra justicia,* engarzada a la compleja pregunta por la capacidad de reproducción material de una vida digna. Esto abre *una dimensión política* que conecta los esquemas

---

desde México, Rosalva Aída Hernández del Castillo, *Múltiples injusticias. Mujeres indígenas, derecho y lucha política en América Latina,* México, CIESAS, 2019; desde Uruguay, Graciela Sapriza y MariAna Folle (comps.) y Natalia Montealegre (coord.), *El tiempo quieto. Mujeres privadas de libertad en Uruguay,* Montevideo, Facultad de Humanidades y Ciencias de la educación, 2016; desde Estados Unidos, *Arrested Justice: Black Women, Violence and America's Prison Nation,* ob. cit. En diferentes estilos, todos estos títulos hablan de la necesidad de crear herramientas y saberes para ahondar en esta nueva situación de emergencia social. Además de los libros, comenzaron a proliferar revistas, fanzines y libros cooperativos desde muchos colectivos como parte del trabajo de escritura que se realiza desde la cárcel, sacando la palabra del encierro que genera la invisibilidad del problema.

de seguridad y punitivismo con los que se condena a comunidades enteras a una «muerte prematura»[12] y los materializa en historias de vida concreta.

Este capítulo está tramado a partir de las *líneas de análisis que han posibilitado los saberes gestados desde la cárcel, tomándolas como prismas que abren un campo de visibilidad que suele estar ausente cuando hablamos solamente desde el aparato punitivo.* Como afirma Meztli Yoalli Rodríguez Aguilera, necesitamos enfatizar la relevancia de generar «conocimiento, reflexiones y pensamientos sobre la justicia desde una institución estatal como la cárcel» que es un dispositivo de invisibilización y silenciamiento.[13] Al tomar la palabra que sale de un lugar que la reprime, se comienza a dar un proceso epistemológico de liberación a múltiples niveles. *Estas palabras acuerpadas en una situación de encierro generan una inteligencia colectiva que exhibe la materialidad concreta de los procesos de criminalización al compás de múltiples despojos: la expropiación de la tierra y vivienda, el abuso sexual, físico y psicológico, la precarización laboral que conduce al terreno de economía llamada «informal» (también penalizable), la imposición de una lengua penal abstracta muchas veces ininteligible para quienes son «procesadas» y condenadas en ella.*

Propongo leer este recorrido fragmentario que visibiliza y conecta estas experiencias colectivas que vienen aconteciendo en el Sur y en el Norte como instancias concretas de prácticas abolicionistas de la sociedad carcelaria y punitiva que no necesariamente llevan ese nombre, pero cuyo eje consiste en iluminar y enfatizar lo que se precisa crear y sostener para vivir dignamente en comunidad. Sugiero entender así la lucha contra el sistema carcelario: como una insistencia en construir las condiciones

---

[12] Ruth Gilmore, *Golden Gulag*, ob. cit., p. 28.

[13] Meztli Yoalli Rodríguez Aguilera, «Resistencia desde adentro: mujeres indígenas y vida cotidiana en el CERESO de San Miguel», en Márgara Millán (coord.), *Más allá del feminismo: caminos para andar*, Ciudad de México, Red de feminismos descoloniales, 2014, p. 213.

materiales para sostener y reproducir la vida social en la que las relaciones sociales e institucionales no sean regidas por el sistema de lo desechable que instala vidas vivibles y vidas «descartables». El hecho de poder atender a los experimentos que vienen aconteciendo desde los lugares menos visibles permite iluminar tomas colectivas de palabra que conducen a procesos de otro tipo de economía y relaciones sociales. En este mapa, el cuerpo es el sitio clave donde se cruzan múltiples dimensiones de precarización y expropiación. En un fanzine que prefiguraba una huelga internacional de mujeres, dentro y fuera de las cárceles, las fanzineras de la cárcel de Santa Marta Acatitla usaban como epígrafe un punto clave de Silvia Federici que pone el cuerpo como sitio fundamental de expropiación y lucha: «En la sociedad capitalista el cuerpo es para las mujeres lo que la fábrica es para los trabajadores asalariados: el principal terreno de su explotación y resistencia».[14]

La guerra contra las drogas como nombre de guerra de múltiples procesos de expropiación capitalista

La lectura conjunta de textos de mujeres que se traman en diferentes contextos carcelarios del Norte y del Sur nos permite entender patrones comunes de la llamada «guerra contra las drogas» como dispositivo múltiple de despojo y militarización a partir de los paradigmas de defensa de la «seguridad» nacional con los que continuó el intervencionismo del Norte tras el «fin» declarado de la «guerra fría». La guerra contra las drogas tuvo un protagonismo en las políticas de Reagan en los años ochenta y se convirtió en un paradigma central en los años noventa. Con esto, se generó una forma de continuar, intensificar y transformar el intervencionismo ahora con un nuevo enemigo de muchas caras: «terrorismo», «pandillas», «cárteles» y «narcos». Necesitamos entender esta nueva estrategia hemisférica

---

[14] Viri, «Mujeres en huelga, se cae el mundo», *Fanzine LeelaTú* de Mujeres en Espiral.

dentro del marco de implantación de políticas económicas neoliberales que coinciden con un «saqueo» a partir de privatizaciones y recortes de los derechos sociales y un refuerzo de las lógicas de seguridad.

La minuciosa investigación de Dawn Paley recorre los ritmos de los planes claves en esa política internacional de «guerra contra las drogas». Centrándose en el Plan Colombia en 1999-2000, el Plan Mérida en 2007-2008 y su expansión en Guatemala, Honduras y El Salvador, Paley propone *romper el binario* que domina ese esquema con la figura de *«los Estados» que luchan contra un «enemigo» (como el narco), dado que esto regula las múltiples olas de violencia con las que se justifican más medidas de seguridad.* Nos dice: «Deshacer ese binario significa *aprender* a partir de la gente cuyas vidas han sido directamente afectadas por grupos armados y cuya actividad se lleva a cabo en total impunidad».[15] Romper ese esquema implica también problematizar el nombre mismo de «guerra contra las drogas» para poder hablar directamente de una «guerra contra las comunidades pobres» a raíz de la «expansión del sistema capitalista en territorios y espacios sociales nuevos o hasta ahora inaccesibles».[16] En esta línea de análisis, Oswaldo Zavala desmonta la narrativa de los «cárteles» como «enemigos» del Estado, analizando su coactividad con aparatos políticos de los gobiernos que dicen montarles una guerra.[17] Raúl Zibechi habla de la guerra contra las drogas en términos de una «acumulación por guerra» y Rafael Sandoval la encuadra como una forma de continuar estrategias de «contrainsurgencia del Estado».[18] Junto a todo

---

[15] Dawn Paley, *Drug War Capitalism*, ob. cit., p. 17, traducción mía [ed. cast.: *Capitalismo antidrogas. Una guerra contra el pueblo,* Ciudad de México, Libertad bajo palabra, 2020].

[16] Ibídem, p. 15, traducción mía.

[17] Oswaldo Zavala, *Los cárteles no existen. Narcotráfico y cultura en México*, Barcelona, Malpaso, 2018.

[18] Rafael Sandoval, citado por Alejandra Guillén, *Guardianes del territorio,* Puebla, Grietas Editores, 2016; Raúl Zibechi, «El agua

un nuevo sistema de crueldad, se refuerzan los mecanismos de expropiación territorial, inversiones corporativas, extracción de riquezas y destrucción ecológica. Paley analiza la expansión del capital de esta nueva política internacional que beneficia a corporaciones de Estados Unidos y Canadá, a bancos, al mercadeo de armas y a la creación de nuevas reglamentaciones que contribuyen a las empresas de petróleo, gas, minería, entre otras cosas. Se establece así todo un sistema de control neocolonial con el que se profundiza la criminalización de la pobreza, despojando y encarcelando a las comunidades más asediadas, mientras mantiene en una total impunidad a las corporaciones y a las políticas que generan esas violencias.

La «guerra contra las drogas» constituye un dispositivo que explica el aumento de encarcelamiento de mujeres. ¿Por qué? Como explica Giacomello, esto no significa solo que el aumento en las tasas de encarcelamiento de mujeres supere proporcionalmente al de los hombres, sino que *las tareas en las que participan las mujeres para sobrevivir, como la venta de esquina, el transporte en el cuerpo, etc., son las «más perseguidas» por la policía*.[19] Ninguna de estas tareas toca realmente los anillos de poder económico y político que rodea al negocio, sin embargo, son las formas en las que el sistema se justifica y se extiende a más regiones. Como afirma Lisset Coba Mejía desde la experiencia de Mujeres de Frente en Ecuador: «Los casos de pequeñas traficantes yacen amontonados en los tribunales penales del país», convirtiendo la vida y el destino de tantas mujeres en «*chivos expiatorios de las políticas antidrogas*» con las que se sostienen múltiples intereses de las élites nacionales e internacionales.[20] También se trata de personas que no cuentan con recursos para poder sobornar o negociar por

---

y la vida en el centro de la acumulación por guerra», *La Jornada*, 1 de julio de 2011, disponible en https://www.jornada.com.mx/2011/07/01/opinion/021a1pol

[19] Giacomello, ob. cit., p. 2.

[20] Lisset Coba Mejías, *SitiadAs*, ob. cit., p. 177; énfasis mío.

atrás su salida.[21] Al analizar el encarcelamiento de mujeres indígenas por cargos vinculados a drogas en una cárcel de mujeres en Oaxaca, Concepción Núñez habla del rol que cumplen las llamadas «política de certificación» con las que Estados Unidos sostiene su práctica imperialista, calificando y descalificando países según su implicación en la «guerra contra las drogas».[22] De esta forma, las cifras de las tasas de encarcelamiento se usan para mostrar que el Estado lucha activamente contra el «comercio clandestino de drogas» y se convierten en un «carné de aprobación y buena conducta».[23]

Mirando desde las vidas y la inteligencia colectiva de las mujeres encarceladas, podemos elaborar geografías expresivas y políticas que dan cuenta de aquello que el sistema denigra y marginaliza como vidas que no cuentan.[24] La cárcel se convierte en un mecanismo más que toma al

---

[21] Analía Silva, Mayra Flores y Vanessa Beltrán, «Las incorregibles. Narcotráfico y brujería en entornos carcelarios», en Eva Vázquez, Lisset Coba, Cristina Vega e Ivonne Yánez (eds.), *Brujas, salvajes y rebeldes. Mujeres perseguidas en entornos de moralización, extractivismo y criminalización en Ecuador*, Quito, Acción Ecológica, 2021, p. 184.

[22] Concepción Núñez Miranda, *Deshilando condenas, bordando libertades: Diez historias de vida. Mujeres indígenas presas por delitos contra la salud en Oaxaca. Narcotráfico, pobreza, justicia y derechos humanos*, pp. 25-26; texto disponible en https://www.pensamientopenal.com.ar/system/files/2014/12/doctrina37613.pdf

[23] Ibídem, pp. 36-37.

[24] Así como nos dice Segato que en el cuerpo de las mujeres asesinadas podemos leer los fracasos del Estado, en «El color de la cárcel en América Latina», explica cómo la indiferencia a la racialización de la población carcelaria materializa una necesidad de eludir múltiples fracasos, como, por ejemplo, el del ideal de mestizaje que encubría un deseo de exterminio de lo indígena y de lo negro, y también el de las lecturas de clase desde las izquierdas de los años setenta, que omitían el racismo estructural. Segato, «El color de la cárcel en América Latina. Apuntes sobre la colonialidad de la justicia en un continente en deconstrucción», *Nueva sociedad*, núm. 208, 2007, pp. 142-161.

cuerpo de las mujeres como sitio de conquista dentro de la intensificación de *esquemas de masculinidad* y «pedagogías de la crueldad», como propone Segato,[25] con las que se marcan los cuerpos de las mujeres para afirmar una «dueñidad» que necesitamos leer en relación de continuidad con una política de apropiación del territorio.[26]

Cuerpo-territorio y encarcelamiento de mujeres

Desde los feminismos comunitarios y la lucha crucial de las mujeres en defensa del territorio, se hace visible todo un proceso de expropiación en el que el cuerpo tiene un lugar central donde ver múltiples relaciones que sostienen la vida. El cuerpo-territorio abre sentidos que visualizan una multiplicidad de procesos en que se encadenan múltiples violencias. Como modo de desliberalizar una noción de cuerpo como propiedad, se trata de un «concepto práctico» que nos permite entender los diferentes mecanismos en que se violenta el cuerpo individual y colectivo desde el despojo, así como se despliega una «cartografía del conflicto».[27] En las historias de vida compartidas en y desde la cárcel, *cuerpo-territorio* es una figura clave para entender y hacer visible las múltiples dimensiones del despojo en donde el cuerpo de las mujeres es convertido en un sistema de intervención. Vemos que la expropiación de la tierra o la falta de acceso a una vivienda, la precarización

---

[25] Rita Segato, *Contra-pedagogías de la crueldad*, Buenos Aires, Prometeo, 2018.

[26] «Más allá de la guerra contra las drogas: otras operaciones del Pentágono en América Latina» menciona el reporte de la Comisión Global sobre Políticas de Drogas, en donde se hablaba de un «*drug control imperialism*» en el que se expande una política militarizada y prohibicionista en diferentes países como mecanismo de control mucho más amplio. Ver John Lindsay-Poland, «Beyond the Drug War: The Pentagon's Other Operations in Latin America», NACLA, 30 de junio de 2011, disponible online.

[27] Verónica Gago, La *potencia feminista*, ob. cit., p. 91.

de la vida laboral y el abuso sexual y psicológico se continúan a lo largo de la vida de muchas mujeres en las que
también cae la explotación y el peso de sostener todo el
trabajo reproductivo no valorado ni pagado. Esta acumulación emerge en sintonía con la producción de dolor y
pena frente a un cerco vital intenso.

*Bajo la sombra del Guamúchil. Historias de vida de mujeres
indígenas y campesinas en prisión*, coordinado por Rosalva
Aída Hernández del Castillo y publicado en 2010 fue crea-
do desde las historias de vidas compartidas por mujeres
presas en la cárcel Centro de Readaptación Social (CERE-
SO) de Atlacholoaya, Morelos. En su mayoría, se trata de
mujeres campesinas e indígenas que hicieron sus historias
a dos voces o aprendieron a escribir en castellano para poder contar sus historias. El grupo empezó cuando coin-
cidían espontáneamente en el único sitio que tenía una
conexión con la naturaleza en medio del cuadriculado de
cemento de la cárcel: la sombra del árbol Guamúchil. Con
el tiempo, esta experiencia iba a resultar en la creación de
la Colectiva Editorial Hermanas en la Sombra. La poeta
Elena de Hoyos, a cargo de uno de los talleres, habla del rol
metafórico que empezó a tener también «la sombra» como
imagen que refiere a aprender a mirar desde abajo, desde
lo que queda socialmente invisibilizado. Al proceso de escritura poética iniciado por de Hoyos, le siguieron otros,
uno de los cuales fue la elaboración de historias de vida
a cargo de Hernández del Castillo. Del trabajo sostenido
por doce mujeres encarceladas sale ese libro-CD[28] desde la
cárcel con más mujeres encarceladas en todo el estado de
Morelos, sobrepoblada por casi el doble de mujeres.[29] En

---

[28] Rosalva Aída Hernández del Castillo (coord.) y Elena de Hoyos (ed.), *Bajo la sombra del Guamúchil*, Morelos, Centro de investigaciones y estudios superiores en Antropología Social, Grupo
Internacional de Trabajo sobre Asuntos Indígenas, 2010.

[29] El CERESO Morelos fue construido en el año 2000 con el traspa-
so de personas que habían estado presas en Atlacomulco, Cuernavaca, Morelos. Como detalla Hernández del Castillo, la cárcel
fue hecha para 120 personas, pero aloja a 205. Ver Aída Hernández, *Múltiples injusticias*, ob. cit., p. 314.

su mayoría, son mujeres que fueron campesinas, muchas de las cuales no tenían el castellano como lengua materna y fueron condenadas tras haber sido obligadas a firmar papeles en un idioma que no comprendían. Muchas de ellas fueron condenadas por delitos de salud, que es como se llama a las condenas por droga; en muchos casos, se les imputaron cargos sin pruebas. Las historias que leemos en el libro se tejieron colaborativamente: la que sabía leer y escribir iba escribiendo lo que la otra contaba, y editaban juntas en un proceso de aprendizaje común. En algunos casos, como el de Leo Zavaleta, el proceso la instó a querer aprender a escribir para contar su vida y la de otras, para luego publicar un libro sobre su vida, *Los sueños de una cisne en el pantano*.[30] A través del acto de contarse las historias de vida, se puso en marcha un proceso que les permitió empezar a sentir y tocar partes del ser que la cárcel mutila al convertir la vida en un número y en una serie de cargos. En *Bajo la sombra*, coexiste la singularidad de cada vida mientras escuchamos *una repetición* constante de patrones que tienen como eje común el despojo territorial, el abuso sexual y psicológico, la falta de lugar y de posibilidades para poder vivir por fuera de ese circuito. El proceso de investigación colectiva se traslada a nuestro acto de lectura, donde vamos encontrando componentes que resuenan entre sí y se vuelven comunes a través de las historias de diferentes contextos de precarización y violencias. En cada vida y en el conjunto, se va haciendo patente un sistema en el que las violencias se coimplican y continúan.

Como expresa Hernández Castillo en la introducción: «Las historias aquí reunidas no son excepcionales, tan solo son ejemplo de las múltiples historias de violencia sexual, racismo, discriminación y violencia de Estado que comparten muchas de las 16.632 mujeres que se encuentran presas en los 604 centros de reclusión existentes en México».[31] En todas, el abuso sexual y psicológico es una

---

[30] Leo Zavaleta, *Los sueños de una cisne en el pantano*, Cuernavaca, Colectiva Editorial Hermanas en la Sombra, 2016.

[31] *Bajo la sombra*, ob. cit., p. 25.

dimensión que recorre la vida entera desde la infancia, explicitando la continuidad entre despojo del cuerpo y del
territorio. Nunca hay un momento de habla para poder
compartir y cerrar heridas que se van acumulando, sino
que la violencia vivida se continúa en diferentes formas,
como si se pasara de un agente a otro, del familiar o la
pareja a la policía y la cárcel. La constante devaluación y el
control de la vida de las mujeres componen el pasaje entre
abuso y cárcel: la falta de territorio para vivir, la humillación y la desvalorización profunda de cada cuerpo femenino, la sobrecarga de cuidados y de trabajo doméstico
sin tener acceso a alimentación, educación y trabajo digno
dirigen a la cárcel como destino casi fijo. Se trata de un cerco de violencia que engarza tierra, cuerpo y vida. Esto nos
hace pensar en los cruces entre las formas de operar del
colonialismo (tomar, poseer el cuerpo de las mujeres como
marcación territorial), las políticas imperialistas (guerra
contra las drogas) y el Estado y el capitalismo como sistemas que se nutren de la cárcel.[32]

Como analiza Hernández del Castillo al hablar de los
colectivos de mujeres indígenas que vivieron la represión
salvaje contra el Frente de Pueblos en Defensa de la Tierra y otras organizaciones, la lucha no quedó solamente
en llevar casos a la Comisión Interamericana de Derechos
Humanos, sino que también se establecieron conversaciones a múltiples niveles. Se enlazaba así, por un lado,
la pregunta sobre la transformación de significados para
terminar con la idea de que el «cuerpo de las mujeres» sea
un territorio de disputa o de honor masculino. Y, por otro
lado, se enfrentaba el sistema de impunidad sin limitarse

---

[32] Cuando se comienza a invertir en las cárceles, se genera la
necesidad de poblarlas para que el negocio sea redituable. Un
artículo publicado en *El economista,* de México, trata sobre ese
negocio de inversores, las empresas de construcción (de «vivienda») y la cantidad de corporaciones que luego articulan el negocio interno en cada cárcel. Ver «Slim invierte ahora en cárceles.
Compra participación a Homex», *El economista*, 19 de abril de
2013, disponible online.

al planteamiento inerte del «que los metan presos», articulando una demanda para desmilitarizar sus regiones.[33] Esto es muy importante porque implica consecuencias que debemos mirar y dimensionar para poder resignificar la justicia. Podríamos pensar que, en modos no liberales de significar la justicia, esta palabra va de la mano con la necesidad de romper el sistema de expropiación, es decir, ir a las condiciones materiales de despojo múltiple para empezar a restituir los territorios y desarmar los dispositivos de expropiación que tienen a la militarización como uno de sus ejes.

Salir, salir... ¿adónde? Abuso, desalojo, calle...

Desde las diferentes geografías se reitera la falta de vivienda y empleo, la sobrecarga del trabajo de cuidados sobre los hombros de una sola mujer y el problema que se genera respecto a la posibilidad de salir después de haber pasado por la cárcel. ¿Cómo hacer para conseguir trabajo? Cuando una compañera salía, el único tipo de trabajo que conseguía era imposible para sobrevivir; eso la llevaba a entrar otra vez en angustia, depresión, adicción y cárcel nuevamente. Es un circuito del que se hace cada vez más complicado poder salir; pesa la desilusión, la carencia de apoyo. Como recuerda, desde Los Ángeles, Susan Burton, que pasó décadas entrando y saliendo de la cárcel, cada vez que salía, los guardias que abrían las rejas se despedían diciendo: «Nos vemos pronto». Se dibuja un círculo en el que se trama un destino de cárcel. ¿Cómo romper el círculo para tejer la espiral? Abriendo el espacio de escucha, sentimos cómo, a diferencia de los estereotipos de

---

[33] Hernández del Castillo, «Cuerpos femeninos, violencia y acumulación por desposesión», en Marisa Belausteguigoitia y María Josefina Saldaña-Portillo (coords.), *Desposesión: género, territorio y luchas por la autonomía*, Ciudad de México, UNAM – Instituto de Liderazgo Simone de Beauvoir y Debate Feminista, 2015, pp. 79-100 y p. 84.

abstracción que minan las nociones que asocian «delincuencia» y «criminalidad» a la gente más precarizada y
racializada, lo recurrente desde la palabra de quienes habitan o habitaron la cárcel es *la materialidad de una imposibilidad para sobrevivir fuera de ese sistema.*

Un número de la revista de *YoSoy* organizada por el
colectivo Tinta Revuelta de YoNoFui se titula «SALIR» y
habla de la dificultad que implica salir del sistema de la
cárcel. En uno de los textos de ese número, leemos acerca
de una mujer que, en ese embudo del entrar y salir, empezó a ver que el único sitio donde podía estar con algo
de trabajo y tener donde dormir era la cárcel. Se preguntan entonces: «Cuesta aceptar que alguien vea en la cárcel una salida, y lejos de pensar que a las detenidas "les
gusta" estar presas porque allí la vida es fácil —sentido
que cierta prensa intenta imponer—, nos preguntamos
qué tiene que haber pasado para que la cárcel sea una
opción en la vida de una mujer. A partir de allí, tratamos
de aportar herramientas para abordar la cuestión en toda
su complejidad».[34] Liliana Cabrera recuerda que el «salir»
implica un proceso complejo a muchos niveles: «Lo que
significa volver a encontrarse con la calle, la problemática
del trabajo, lo que es tratar de encontrar vivienda y poder volver a un medio "del que una se sentía como afuera,
pero no"».[35] Poder tener adónde ir es crucial y esto es uno
de los eslabones más importantes de la cantidad de organizaciones autogestionadas de mujeres que pasaron por la
cárcel y construyen puentes colectivamente hacia un afuera. Ese es un aspecto central de una lucha narrada en una
publicación reciente que también muestra una historia de
vida, la de Susan Burton, como testimonio colectivo de la
secuencia de despojos territoriales y violencias que empieza a evidenciar la cárcel como laberinto del que se hace

---

[34] Tinta Revuelta, «Salir de la cárcel, ¿el fin de la pena?» pp. 26-32
y p. 27.
[35] Entrevista radial a Liliana Cabrera y Antonella Tiravassi de la
organización YoNoFui en Radio Vuelta Cangrejo.

casi imposible salir. Burton narró su memoria como forma de enlazar las partes de una lucha colectiva para terminar con el encarcelamiento desde la posibilidad de construir caminos para poder «salir» de la cárcel.[36] La vivienda es un punto clave en ese sueño que traza la continuidad con el proyecto de construcción de una red de «casas seguras» que recuerda la lucha por terminar con la esclavitud.

Burton comienza su memoria trazando la relación entre abuso y encarcelamiento que veíamos anteriormente en las historias de *Bajo la sombra*: «Se estima que el 85 por ciento de las mujeres encarceladas sufrieron, en algún momento o en varios momentos de su vida, abuso psicológico o sexual, o ambos. En forma desproporcionada, estas mujeres son negras y pobres. Yo nací y fui criada dentro de estas estadísticas. Dedico ahora mi vida a parar este ciclo».[37] Varios informes recientes sobre la detención juvenil hablan del abuso sexual y psicológico como eslabones de un ciclo interminable de encarcelamiento que para muchas personas empieza en la infancia y la juventud.[38] Se trata de una secuencia compleja: huir de casa para terminar con la situación de abuso, que genera muchas veces quedar en situación de calle, que implica la posibilidad de ser ingresad* al sistema penal juvenil, en el que se continúan muchas veces varias formas de abuso, patologización o victimización.[39] Una de las preguntas que Burton

---

[36] Susan Burton, *Becoming Ms. Burton. From prison to recovery to leading the fight for incarcerated women*, Nueva York, The New Press, 2019.

[37] Ibídem, p. 28.

[38] Malika Saada Saar, Rebecca Epstein, Lindsay Rosenthal y Yasmin Vafa, *The Sexual Abuse to Prison Pipeline. The Girl's Story*, Georgetown Law Center for Poverty and Inequality, 2015; disponible online.

[39] Al igual que Burton, Cyntoia Brown pasó 15 años de su vida en la cárcel cuando en 2004, a los 16 años, como parte de una secuencia de abuso y tráfico se defendió de quien la había contratado y recibió una condena de por vida. A pesar de que tenía 16 años, la corte decidió condenarla como adulta porque la consideraron un

recuerda que le abrieron otro sendero en su vida fue pensar *qué le habría ayudado a poder salir de ese laberinto carcelario
circular cada vez que salía y volvía a la cárcel.* La respuesta
era: tener un lugar adonde ir, una vivienda y un espacio
donde poder empezar a sanar heridas profundas de toda
una vida marcada por la acumulación traumática de dolores, incluyendo la pérdida de su hijo atropellado por un
policía que nunca le pidió perdón.[40]

El hilado de la historia pone el cuerpo-territorio como
centro vital de *una lucha concreta por la vivienda* como paso
fundamental para poder empezar a «salir» del círculo cár-
cel-salida-cárcel que, muchas veces, implica la vida entera,
desde la juventud a la vejez. La historia de los múltiples
procesos de cercamiento y despojo corporal hacen que la
lucha por la vivienda sea parte de los procesos de contar
historias y generar otro tipo de condiciones para relacionarse y luego vivir. Se postula un paralelo con la lucha de
la abolición de la esclavitud, donde el problema común
era salir, crear la capacidad material y emocional para escapar del sistema de esclavización y encarcelamiento. Una
vez liberada y tras haber podido tener la oportunidad de
lidiar con el dolor y las heridas que la habían mantenido

---

peligro para el sistema de menores. Cyntoia siguió luchando por su
libertad desde la cárcel, junto con grupos de apoyo legal, feministas y comunitarios. Cuando su caso volvió a tener visibilidad mediática, logró que se considerara una audiencia para pedir clemen-
cia al gobernador de Tennessee. Tras una larga lucha, fue liberada
en 2019 y publicó sus memorias unos meses después: *Free Cyntoia:
My Search For Redemption in the American Prison System*, Nueva
York, Atria Books, 2019. Desde su liberación, Cyntoia ha estado
militando para cambiar el sistema. Más información en «Cyntoia
Brown Granted Clemency! Analyses & Interviews», 12 de enero de
2019, disponible en https://survivedandpunished.org/2019/01/12/
cyntoia-brown-granted-clemency-analyses-interviews/

[40] Luego de que su hijo muriera atropellado por un policía fuera
de servicio del Departamento de Policía de Los Ángeles (LAPD),
Burton comenzó un ciclo de encarcelamiento que duró décadas
de su vida y solo finalizó cuando su hermano la ayudó a pagar
un programa de rehabilitación en Santa Mónica.

atada a la adicción, comenzó a trabajar como cuidadora.[41]
Resuenan las similitudes con Harriett Tubman, que, después de lograr escapar de la plantación, trabajó como em-
pleada doméstica en Pennsylvania, pero sentía que su «libertad» individual no tenía sentido mientras tantas otras
personas seguían esclavizadas. Al trabajar como cuidadora de una red de ancianas, Burton empezó a darse cuenta
de que el cuidado representaba la base de cualquier nuevo
sentido de la existencia y empezó a imaginar la creación
de un espacio de cuidados colectivos que permitiera a las
mujeres presas hacer la transición a una verdadera salida
del sistema: espacios colectivos que ofrecieran vivienda,
comida, trabajo, cuidados, asistencia legal y sanación colectiva para mujeres y niños.

Junto a dos compañeras que habían salido de la cárcel
y con la colaboración de personas que confiaron en ellas,
consiguieron una primera casa donde podrían alojar a algunas mujeres. El nombre del sueño venía del deseo de poder
sanar de sus heridas: la idea de empezar una nueva vida,
de no verse otra vez volviendo: cortar el circuito. En ese
proyecto se combinan diferentes prácticas: apoyo afectivo,
educación, asesoramiento para la defensa legal y para recuperar la tenencia de los hijos, sanación a través de talleres,
creación de narrativas que emergen al compartir historias
(algunas reunidas y publicadas en la página del proyecto
Testif-i). *La vivienda es el primer paso para una comunidad que
se empezó a gestar y que Burton describe de la siguiente manera:
«... una nueva comunidad de mujeres empezó a florecer. Juntas*

---

[41] Una vez que entró al centro de rehabilitación de Santa Mónica
diseñado para personas con altos recursos económicos, Burton
vio cuán diferentes eran las formas de recuperación de la adicción
y las interacciones con el sistema judicial que estaban disponibles
para quienes podían pagar. El capítulo «A Tale of Two Systems»
(«Historia de dos sistemas») ahonda en la diferenciación por
clase en el tratamiento de la adicción y muestra cómo la ley y
el mundo de la «guerra contra las drogas» se aplica de forma
radicalmente diferente según las posiciones de clase y color.

estábamos sanando».[42] Esto ha generado proyectos similares en diferentes contextos.[43] El hecho de que no haya casi reincidencia entre las mujeres involucradas en la red de casas seguras habla de la importancia de generar condiciones materiales de vida digna en lugar de destinar tanto presupuestos a programas que intensifican la precarización de la vida.[44] Estos son pequeños laboratorios para otras maneras de entender la justicia, en donde vemos la relevancia que tiene la creación de condiciones materiales dignas y de redes de confianza y autodeterminación colectiva para materializar nuevas relaciones sociales.

Laboratorios para otros sentidos de justicia como sanación: recomponer tejidos, exigir vivienda, tramar comunidad

La pregunta que veíamos en Burton a partir de la imaginación de qué le habría ayudado cada vez que salía de

---

[42] Burton, ob. cit., p. 148.

[43] Un ejemplo reciente fue la creación de Hope House en el Bronx, organizado conjuntamente por dos mujeres que se conocieron en la cárcel, Topeka K. Sam y Vanee Skyes, con el apoyo de Burton. Durante la pandemia, Vanee Skyes murió de COVID-19. Ver el artículo de Alyxaundria Sanford, «Formerly Incarcereated Woman Builds Hope in the Bronx», *medium.com*, 18 de octubre de 201; disponible online. En el otoño de 2018, Burton recibió una subvención del fondo Art for Justice para replicar esta experiencia en otras partes del mundo y la llamaron SAFE Housing Network, Red de Casas Seguras. La posibilidad de compartir esta experiencia y este proceso cruzó el océano y dio pie a un proyecto similar en Uganda, denominado «Wells of Hope». Ver Breanna Edwards, «The People: Susan Burton On Leading Women Returning to Society to "A New Way of Life"», *essence.com*, 24 de mayo de 2019, disponible online.

[44] En el documental *Visions of Abolition: from Critical Resistance to A New Way of Life*, se narra el proceso de lucha. Ver Setsu Shigematsu, Jolie Chea y Cameron Granadino, *Visions of Abolition*, PM Press Video, 2011.

prisión reemerge actualmente en un proceso comunitario en las afueras de Boston (Roxbury, Dorchester y Mattapan), la zona en la que se había articulado la lucha feminista de las Combahee a finales de los años setenta. Organizadas al salir de la cárcel bajo la consigna «Familias por la justicia como sanación. Construyendo pueblo, no cárceles», un grupo de mujeres articuló un proyecto municipal llamado «El presupuesto del pueblo». La idea de «justicia como sanación» articula la capacidad de sanar heridas con una demanda singular a nivel presupuestario para exigir las condiciones materiales que harían posible una vida fuera de la cárcel. Sanar implica poder reconstruir lazos y relaciones sociales exigiendo que parte del presupuesto que se destina a intensificar la precarización de las vidas, la vigilancia y encarcelamiento se derive hacia procesos de autodeterminación colectiva que permitan nutrir comunidades en lugar de destruirlas.[45]

Comenzaron haciendo una ronda de escucha que consistía en preguntar a las mujeres del barrio que habían pasado por la cárcel: «¿Qué pasaba en tu vida cuando te agarró el sistema? ¿Qué necesitabas y no tenías?». La respuesta más recurrente era la falta de vivienda y de comida para ellas y sus hij*s, sobre todo la imposibilidad de acceder a cualquier vivienda después de haber sido tomadas como blanco del sistema penal y tener antecedentes penales.[46] Así empezaron a cartografiar una serie de componentes que harían posible una infraestructura para la vida comunitaria, permitiendo volver a establecer lazos que han sido destruidos por el sistema carcelario, la adicción y la violencia feminicida. El experimento plantea un presupuesto que toca en una serie de eslabones que podrían terminar con la cárcel como destino impuesto a tantas comunidades. Se trata de imaginar un presupuesto que invierta

---

[45] Amandine Fulchirone habla de responsabilización y de sanación.

[46] Families for justice as healing, «The people's Budget», disponible en https://static1.squarespace.com/static/606d390593879d12d806037d/t/608b9d15142c842524655b7d/1619762455001/PEOPLES-CITY-BUDGET-2.pdf

en la vida, garantizando las condiciones materiales para la reproducción social en dignidad. Algunos de los puntos enunciados son: la necesidad de asegurar vivienda, alimentación y trabajos dignos; respuestas comunitarias al daño y la violencia *sin mediación de la policía como solución*, incluyendo así la relevancia de prácticas de justicia transformadora y restauradora en lugar del sistema de criminalización. Sostener cuidados y procesar la recuperación de l*s hij*s que el Estado arrancó a las mujeres en prisión. Generar educación en formas cotidianas de intervenir en casos de violencia de género sin reforzar las agencias y burocracias que victimizan y moralizan, activando más bien respuestas que permitan desescalar la violencia antes de que sea demasiado tarde. Estar más presentes en los lugares de juego en el barrio para empezar a desarmar las masculinidades tóxicas como modelo que empieza en la infancia. Abrir centros de tratamiento y sanación para la adicción que funcionen y elaborar procesos para educar en la defensa participativa a las personas de todas las edades que atraviesan casos judiciales.

Leer el proyecto nos ayuda a mapear muchas de las terminales que, de una forma u otra, conducen a tantas personas al laberinto carcelario. Actuando en coalición entre diferentes organizaciones de lucha, la propuesta nos permite visualizar toda una serie de condiciones materiales y relaciones que harían posible terminar con la cárcel como «solución» a la violencia y a la precarización impuesta por el sistema. Se trata también de un reclamo a nivel presupuestario para cartografiar líneas de fuga respecto al sistema, planteando una demanda para tener las condiciones materiales necesarias para otras infraestructuras. Esto es importante porque se establece otro tipo de relación con el Estado a través de una redistribución presupuestaria que permita enhebrar y sostener procesos de autodeterminación colectiva en lugar de una relación de dependencia asistencial. (Volveré sobre esto más adelante en relación con la propuesta que delineaba el manifiesto de la lucha por el Salario para el Trabajo Doméstico en los años setenta, ya que se trata de un tipo de planteo político similar que desestabiliza la habitual noción de un «asistencialismo» desde arriba y abre otro horizonte político para la autodeterminación colectiva). En este sentido, el proyecto de un presupuesto para el pueblo habla de un aquí y ahora donde la posibilidad de salir del sistema tiene que ver con la capacidad para reestablecer lazos entre personas y comunidad dentro de un horizonte más amplio de vida en común.

Esto es crucial porque, en ese hacer, se han ido exponiendo las pistas para entender mejor y de otra manera el múltiple sentido de cómo construir una sociedad que no recurra a la cárcel para resolver las violencias que acompañan la precarización de la vida: daño, abuso, dolor, adicción, precariedad laboral, falta de oportunidades educativas, falta de vivienda, sobrecarga y precarización de los cuidados, mandatos de masculinidades tóxicas que se vinculan también al sistema de vigilancia, etc. Vemos una suerte de imagen que visualiza condiciones posibles para una vida en la que nos sintamos libres y sin miedo en los espacios en los que nos movemos, acuerpando las condiciones materiales sin las cuales se hace casi imposible. El mundo liberal moderno usa una noción limitada de la libertad como elección y responsabilidad que ingresa en el sistema jurídico desde la abstracción. Como insistía Fanon en su mirada hacia la dialéctica del amo y el esclavo, el imaginario liberal ficcionaliza un comienzo entre iguales borrando la realidad de un sistema que relega a una enorme cantidad de personas a una zona de no ser. El imaginario de la elección liberal en el que se basa un sistema de justicia no da cuenta de la injusticia inicial de la que se parte. Como dice Angela Davis en «Conferencia inacabada sobre la liberación», es curioso que la palabra más preciada en la cultura occidental sea «libertad», y que esta coexista en una indiferencia absoluta con la condición de no libertad de la mayoría de las personas.[47] Familias por

---

[47] Angela Davis, «Unfinished lecture on liberation II», *The*

la Justicia como Sanación nos sitúa en la posibilidad de resignificar estas palabras desde un sentido de justicia engarzado a las condiciones materiales de reproducción cotidiana de la vida.

En el laberinto de puertas giratorias: el trabajo

Con el aumento del encarcelamiento de mujeres, se van ensamblando nuevas formas de explotación y expropiación capitalistas. El sistema carcelario moviliza una gran cantidad de presupuestos, servicios y empresas que han ido convirtiéndolo también en un sistema de inversión por el que fluyen formas renovadas en los circuitos de capital. Cuanto más crece ese sistema, más se enfatiza también la justificación de su existencia, ya que muchos trabajos y sistemas financieros van dependiendo cada vez más de él. Las prácticas de desinversión e interrupción o boicot cumplen un rol importante para concientizar y frenar todo un sistema.[48] Sin embargo, aquí me interesa traer formas de análisis y configuración de los costos y del trabajo en la cárcel que han ido tejiendo muchos colectivos de mujeres que pasaron por las prisiones o las habitan. Además de la limpieza de la cárcel, se agrega la «disponibilidad» de los cuerpos dentro de un sistema de control total de su tiempo, donde muchas empresas se benefician a través del «uso» de una cantidad cada vez mayor de personas.[49]

Brotherwise Dispatch. Theory, Critique & Aesthetics, 2010, disponible online.

[48] Es importante mencionar también la cantidad de interrupciones que moviliza una conciencia anticarcelaria como, por ejemplo, asociaciones de arquitectos abolicionistas que elaboran reflexiones e intervenciones en torno al sistema de injusticia que la industria arquitectónica y de diseño genera o profundiza en la trama carcelaria. Ver, por ejemplo, la entrevista de Whitney Mallet a Raphael Sperry, «Interview: Raphael Sperry on ethics, design, and the abolition of prisons», *Pin-Up*, núm. 29, otoño-invierno de 2020-2021.

[49] En el libro editado por Joy James, hay una sección dedicada a la economía que moviliza el sistema carcelario. Ver James, *States*

Por un lado, está el negocio en torno a lo que se precisa para sobrevivir adentro; por otro, el uso de las personas encarceladas como mano de obra casi esclava se ensalza con narrativas de «readaptación» que algunos estados explotan a partir de servicios de contratación. Muchas veces, el trabajo realizado por centavos al día sirve para ir mostrando «buena conducta»; otras veces, se trabaja y la paga nunca llega. Recuerdo, en el ala de mujeres de la cárcel de Rikers, las conversaciones sobre la arbitrariedad de los pagos a cargo de un varón encargado de pagarles o no a las mujeres según como se le iba antojando, o, en las cárceles de migración, donde la limpieza del recinto de forma gratuita se promovía como una forma de «mostrar» la buena moral y conducta que podía ayudar a calificar para la libertad bajo fianza.

Lejos de reducir la función y la comprensión del sistema carcelario a un mera lógica de explotación laboral, es importante poder entender la generación de ganancias y la extracción financiera a partir de los cuerpos encarcelados, así como también adentrarse en las lógicas *imposibles* del sostenimiento de la vida que la prisión impone. En *Múltiples injusticias*, Hernández del Castillo analiza la narrativa de la entonces sección de la Secretaría de Prevención y Readaptación Social, que en el sitio web de México invitaba a los empresarios a invertir en la industria penitenciaria. En la descripción, se narraba todo un sistema de esclavitud basado en la capacidad de lucro que ofrecía contar con cuerpos puestos a disposición para ser explotados *ilimitadamente*: «Los reclusos están a *total disposición* del empresario en cualquier momento en que haya necesidad de mano de obra. Los sueldos varían de un dólar y medio a dos dólares por días laborales de doce horas».[50]

La vida en la cárcel es cara. En el documental de Concepción Núñez realizado con mujeres indígenas

---

of confinement. Policing, detention and prisons, Nueva York, St. Martin's Press, 2000.

[50] Hernández, *Múltiples injusticias*, ob. cit., p. 200; énfasis mío.

encarceladas por «delitos» vinculados a la guerra contra
las drogas, vemos durante un día cómo se sobrevive en la
cárcel con el trabajo en los talleres textiles y de bordados.[51]
El trabajo es mal pago y muchas veces no es remunerado,
pero ¿cómo se reclama? Trabajo y deuda son dos puntas
de la vida dentro y fuera, porque en muchísimos casos,
cuando una mujer es detenida, necesita seguir sosteniendo desde adentro la vida afuera.[52] Como cuenta Eva Rei-
noso, también se duplica el trabajo porque hay que sostener desde adentro la vida de los niños afuera. Este es un
punto central también en los testimonios que componen
Bordando libertades: el trabajo costoso de sostener dos vidas, la de la cárcel y la de la gente afuera, sobre todo si l*s
niñ*s son cuidad*s por abuel*s y la madre presa es quien
da el sustento.

El segundo número del fanzine *LeelaTú*, publicación
coordinada por Gelen Jeleton en el contexto de los talleres
de Mujeres en Espiral dentro de la cárcel CEFERESO de
Santa Marta de Acatitla en México DF, se llama «Trabajo»
y se elabora en torno al costo de la vida ahí dentro, sobre todo para quienes eran cabeza de familia antes de ser
detenidas. Con la pregunta «¿Qué cuesta un día en Santa
Marta?», instalan explícitamente el costo diario que tiene
la vida en el encierro y la lucha diaria entre diversos tipos
de trabajo y la paga miserable.[53] En un collage que tiene
imágenes de artículos con sus precios, escriben: «Oye Tú
Leela, con estos precios, ¿te gustaría estar en la cárcel?».[54]

---

[51] Ver Concepción Núñez y Aline Castellanos, *Bordando libertades,
deshilando condenas*, México, Ojo de Agua, 2004.

[52] Como analizan Verónica Gago y Luci Cavallero, la deuda
se convierte en un «dispositivo de conexión entre el adentro y
el afuera de la cárcel y la cárcel misma se evidencia como un
sistema de deuda», ver Verónica Gago y Luci Cavallero, *Una
lectura feminista de la deuda. Vivas, libres y desendeudadas nos
queremos*, Buenos Aires, Tinta Limón, 2021, p. 15.

[53] Jacqueline, *LeelaTú*, núm. 2, Mujeres en Espiral, coordinado
por Gelen Jeleton, 2015.

[54] Aimaluman, en ibídem.

A esto se le agrega la complejidad de maternar en la cárcel y poder sobrevivir. Un texto de Simplemente Edith narra la forma en que el mandato de maternidad se impone todavía más fuerte dentro de la cárcel: «Nos dicen que debemos ser mamás las 24 horas del día, que no debemos dejar a nuestros hijos a cargo de personas que no conocemos y que no tenemos que tenerle confianza a nadie, por tal motivo no podemos trabajar en ningún taller».[55] De modo similar a lo que veíamos en la reforma de asignaciones familiares en el capítulo anterior, se impone un «deber» de maternar que se abstrae de todas las condiciones materiales para la posibilidad de sostener la vida y subsistir. En muchos textos hechos desde la prisión, se enfatiza el doble peso que recae sobre las mujeres encarceladas, donde además del «cargo», se impone también una condena invisible por no haber cumplido con el rol social impuesto. Las participantes al colectivo Tinta Revuelta explican que «en muchos casos solapan el reproche a la mujer por demostrar con su conducta no solo su desapego a la ley, sino también a algo quizás más grave: su desapego al mandato social en torno del rol materno».[56] Esa doble condena pesa también en el aislamiento que genera la prisión de las mujeres por parte de su gente. Esto se percibe en que las colas para la visita de las mujeres son generalmente mucho más cortas que las de las visitas a los hombres por muchos motivos. Algunos tienen que ver con el hecho de que son ellas las que cargaban con el sustento de toda la familia, otros con la marca moral que pesa en el estereotipo de que la que va presa es «mala mujer», porque es mala madre, esposa, etc.[57] En el doblez del peso moral se percibe también

---

[55] Simplemente Edith, «¿Cuáles son las condiciones de una madre en prisión?», en ibídem.

[56] Tinta Revuelta, «Infancia suspendida. De la cuna a la celda», *Yo Soy*, núm. 1(1), pp. 24-30.

[57] La situación de abandono de las mujeres presas se repite en muchos textos escritos desde Argentina, Ecuador, Uruguay, México, Estados Unidos, donde las colas de visita a los presos varones son siempre más del doble, porque son las mujeres y los

la dificultad constante para sostener la vida adentro y la de quienes quedan afuera, sobre todo cuando la mayoría de las mujeres que caen detenidas son cabeza de familia. En este sentido, la cárcel afecta no solo a la persona que «ingresa», sino a todo el anillo de personas que la rodean, lo que lleva muchas veces a la pérdida de l*s hij*s.

La palabra como trabajo colectivo para hacer y desear una vida en común

Muchas experiencias colectivas conectan sentidos de justicia y sanación, no entendida en el lenguaje médico, sino como proceso colectivo de nutrir y atravesar tantos dolores y mutilaciones de partes del ser de cada una y del ser colectivo. Sanar colectivamente se vincula al ejercicio de poder compartir la palabra y encontrar un lugar desde donde resignificar la vida. El proceso tiene la lengua en el centro porque uno de los efectos del sistema penal tiene que ver con el modo en que las palabras estigmatizan y caen como una condena sobre las vidas. Las experiencias que menciono en este capítulo comenzaron con el compartir la palabra y el arduo trabajo de volver a nombrar y a trazar sentires e historias comunes ahí donde el sistema punitivo reduce las vidas a la abstracción de un número vinculado a un expediente y a un cargo penal. Marilyn Buck se hizo poeta en la cárcel, donde pasó casi toda su vida como presa política, con algunos de sus cargos asociados a la fuga de Assata Shakur. Uno de sus poemas habla de la necesidad de reivindicar desde la palabra:

> las palabras están en peligro
> ...
> testigos exiliadas
> de una memoria colectiva y una patria

---

niños las que llevan comida y afecto, mientras que las de las visitas para las mujeres van quedando casi desiertas. Ver Marcela Lagarde, *Los cautiverios de las mujeres. Madresposas, putas, presas y locas*, México, Siglo XXI, 2016, pp. 654-655.

....
cántenlas grítenlas
enséñenlas
úsenlas
alrededor del cuello
amuletos contra la amnesia[58]

Las palabras se vuelve un sitio de lucha y de memoria, generando una toma simbólica y política de análisis y expresividad desde uno de los sistemas de mayor deslegitimación de la voz y de la vivencia de quienes lo habitan diariamente, ya que se trata de un dispositivo institucional de *invisibilización y silenciamiento*. En este sentido, la elaboración de saberes articulados desde la historia y la experiencia de vida de las mujeres encarceladas genera un proceso que nos exige transformar las condiciones de posibilidad de la escucha y legitimación de su palabra. Cuando Gayatri Spivak planteaba la pregunta «¿Puede hablar el subalterno?», una clave venía de que se puede hablar y hablar, pero si los contextos institucionales están concertados desde una sordina que deslegitima las voces, las palabras carecen de existencia legítima para el mundo social.[59] Con el aumento del encarcelamiento de mujeres, se ha hecho cada vez más necesario elaborar un tejido que vaya facilitando *la capacidad de desarticular la sordina institucional para generar colectivos de enunciación que habiliten formas de escucha activa e intervención* con el fin de cuestionar lo que se llama «justicia» y resignificarla desde otros lugares.[60]

---

[58] Marilyn Buck, *Inside/out. Selected poems*, San Francisco, City Lights, 2012.

[59] Gayatri Chakravorti Spivak, «Can the subaltern speak?» en C. Nelson y L. Grossbert (eds.), *Marxism and the interpretation of culture*, Urbana, University of Illinois Press, 1988, pp. 271-313 [ed. cast: *¿Puede hablar el subalterno?*, Buenos Aires, El Cuenco de Plata, 2011].

[60] Sobre la relevancia de generar dispositivos de cruce que amplifiquen la palabra generada dentro, ver el análisis de Yoalli Rodríguez, «Resistencia desde adentro: mujeres indígenas y vida cotidiana en el CERESO de San Miguel», en Márgara Millán

En el epílogo de *Bajo la sombra,* la poeta Elena de Hoyos, que comenzó con los talleres de poesía, nos cuenta que, en situación de encierro, la escritura se convierte en una «alquimia transformadora» para procesar el dolor y la carga social impuesta, generando un lugar diferente de habla. Nos dice: «La escritura es un modo de recoger los pedacitos y volverlos a unir en el proceso de escribirnos».[61] La palabra ayuda a levantar ese peso enorme que cae sobre cada mujer encarcelada en una larga secuencia de despojos, así como también hace posible afirmar dimensiones del ser, de la singularidad del existir, rebelándose contra la imposición múltiple que cae con las etiquetas (mala mujer, mala madre, mala esposa, etc.). Desde el taller de libros artesanales en una cárcel de Morelos, Amatista Lee escribe: «Soy como la brisa, a veces acaricio, otras, flagelo ligeramente la mente de la gente maligna... Una vez más deseo escapar, con alas de viento y refugiarme en mis sueños porque ahí soy libre para amar y ser amada, sin temores propios a esta cautividad. Dejar la apariencia monstruosa con la que la sociedad me etiqueta y ser esto, simplemente mujer».[62] Desde la cárcel de Santa Marta Acatitla, Arelhí escribe: «Caminar en espiral / por el espacio, / rápido y lento, / detenerse y platicar con la compañera. / Moverse en espiral, y alto. ¿Qué es la fuerza? / Caminar sobre el espacio /¿Qué es la esperanza? / Todas mareadas, divertidas, sensación de libertad».[63] Caminar, conversar, moverse, sentir en relación con las otras, recuperar la risa. Esto es un *ritornello* que se encuentra vinculado a cómo se describe el reencuentro con la palabra, con la capacidad de expresar, de sacar y compartir en la lengua. En otro

(coord.), *Más allá del feminismo,* ob. cit., pp. 213-228, p. 214.

[61] «Permanecemos a la sombra del Guamúchil», *Bajo la sombra,* ob. cit., pp. 279-292, 286.

[62] Amatista Lee, en *Fragmentos de mujer,* Taller de libros artesanales en el CERESO femenil de Atlacholoaya, Morelos, p. 13.

[63] Mujeres en Espiral, *Pintar los muros, deshacer la cárcel,* coordinado por Marisa Belausteguigoitia, Ciudad de México, UNAM, 2013, p. 108.

libro desde la cárcel, *Mareas cautivas*, Amatista Lee habla de lo que ha implicado el proceso: «Escribir en colectivo se ha hecho parte de mi vida [...] cada lunes desde que me levanto por la mañana, *comienza el tiempo*», narrando el evento como la apertura de otra capa de temporalidad que viene del encuentro en el taller con otras «brujas».[64] Es importante enhebrar algo que habitualmente se nos impone como separado y es la forma en la que la palabra compartida en ese proceso de investigación se convierte en una dimensión crucial dentro de un proceso más complejo de liberación colectiva a nivel territorial, económico, cultural. Es decir, que la palabra en las experiencias que analizo no es un ente separado del mundo ni un canal de «ajuste» a la celda, sino un modo de poder nombrar, abrir sitio ahí donde el sistema solo pone una reja y un muro, y enhebrar prácticas sin las cuales no se puede salir.

En la experiencia de YoNoFui en Buenos Aires, vemos un proceso que comienza trabajando la palabra como sitio para figurar y posicionarse desde otro lugar que el que impone la cárcel, y que se continuó en prácticas de formación, trabajo cooperativo, publicaciones y talleres. Cuando algunas de las integrantes del taller empezaban a ser liberadas, se generaron las propuestas de tener talleres a ambos lados de las rejas como instancias formativas para poder ejercitar habilidades que califiquen para conseguir puestos de trabajo o vender lo que se producía en ellos.[65] En este tipo de proceso, es importante comprender el rol clave que disparan las palabras como una primera instancia que habilita procesos más hondos de liberación, rompiendo las cadenas invisibles de los estigmas que pesan sobre cada vida en el encierro.

---

[64] Amatista Lee, «Llegaron las Brujas», en *Mareas Cautivas. Navegando las letras de mujeres en prisión,* de Colectiva Editorial de Mujeres en Prisión, Morelos, 2012.

[65] Participantes de YNF narran el proceso de despliegue de los talleres en el documental *YoNoFui x Untref,* realizado por estudiantes de la Licenciatura en Gestión del Arte y Cultura de UNTREF, disponible en https://www.youtube.com/watch?v=fu9UQ2g0Vn4

La defensa participativa

En un libro publicado en una edición cartonera, desde el encierro de la Cárcel de Ezeiza, en las afueras de Buenos Aires, Liliana Cabrera coloca ese estigma que pesa sobre cada vida en el encierro y abre, espacia, de esta forma el rol que tiene el poder decir «BASTA» a esa limitación de la subjetividad asfixiante:

> Yo fui
> todo lo que se imputa
> y también las razones
> que no conocés [...]
> algo más
> que las letras en negrita
> de un expediente.[66]

Las palabras abren una serie de preguntas que tienen que ver con los procesos de abuso en general, en este caso *jurídico*, donde un acto comienza a volverse uno de los únicos modos de definir e identificar a alguien, acotando con esto la posibilidad de sanar, de sentir algo más que eso que marca un dolor. En el sistema punitivo, la criminalización hace que la persona sea definida por esas «letras en negrita del expediente» que señala el poema. La labor de lucha implica poder espaciar la vida que es definida por el cargo y despojada de la densidad de una historia y de las condiciones materiales de vida. En palabras de Leo Zavaleta, escritas todavía en prisión, mucho del proceso de sacar el dolor se vincula con lidiar y enfrentar colectivamente los mandatos y roles que pesan sobre las vidas de las mujeres presas: «De diferentes lugares / de diferentes idiomas / pero lo más hermoso / todas libres espiritualmente / aunque la sociedad / «entre comillas» nos diga / las presas / las olvidadas / la escoria / las malas».[67]

---

[66] Liliana Cabrera, *Bancame y punto*, Buenos Aires, Bancame y Punto Ediciones, 2016.

[67] En *Divinas ausentes. Antología poética de mujeres en reclusión* del Colectivo Editorial Hermanas en la Sombra, compilado y editado

«Entre comillas», «en negritas»... Ese «algo más» que se borra es todo lo que el sistema ignora y borra activamente al ir generando una reducción de la persona al «cargo,» a la acción criminalizada. Ese *«algo más»* es el punto crucial de la poética que se ha ido generando desde la voz de mujeres valientes que cruzan las rejas que la sociedad les impone. La persona en prisión es identificada con un acto que la criminaliza, y este se empieza a convertir en un todo. Cabrera frena esa operación social para defender todo eso que no es ni el expediente ni la condena y suplementa esta limitación de la persona con lo que no se conoce ni se imagina. Los poemas son y facilitan espacios de lucha contra la reducción que implica la cárcel al transformar a alguien a un solo acto y definir a la persona desde ahí. En los poemas o en las historias desde adentro, se nos plantea la poética de otro tipo de justicia que hace posible el habla para denunciar múltiples injusticias a través de actos de habla y figuración que hacen visible una trama que nadie prefiere mirar. ¿Por qué la cárcel está dirigida a la contención de las personas más pobres, racializadas, precarizadas, sobrevivientes de abuso y abandonadas por un sistema cada vez más injusto? ¿Por qué se ha vuelto casi normal que una persona que no tiene demasiados recursos económicos y se va de su casa para evitar una serie de abusos que no soporta más tenga que encontrar en la indiferencia y la cárcel casi su único destino posible?

Desde un proyecto colectivo juvenil en Filadelfia, Philly Youth Hub, y la labor de YASP [Youth Art and Self-Empowerment Project], que empezó también con talleres de poesía y arte en las cárceles donde están detenid*s jóvenes que han sido sentenciad*s como adultos o que son transferid*s al cumplir 18 años a la cárcel de adult*s, se habla de la necesidad de elaborar análisis a partir de las emociones que el sistema reprime y que constituyen un volcán

---

por Elena de Hoyos, Aída Hernández y Marina Ruiz, Morelos, Colección Revelación intramuros-Poesía, 2013, p. 56.

interno al que no se llega.[68] El proyecto empezó a nutrirse de l*s jóvenes que salían de la cárcel, generando el primer colectivo a nivel nacional que hace defensa participativa para jóvenes. La defensa participativa es un trabajo desde las familias y la comunidad para coelaborar una historia de la persona que frente al juez o la jueza aparece tan solo como un caso más, «un cargo» sin historia. Al trazar la defensa desde la comunidad, se está poniendo todo eso que Cabrera decía que no entraba en las negritas del informe.

Se trata de una forma de suplementar la defensa legal en un sentido que expresa lo que veíamos en el capítulo de las luchas feministas populares contra la criminalización de la autodefensa. Al colectivizar la defensa, se hace frente a la soledad que impone la individualización y el aislamiento del sistema de castigo a nivel penal. Y de este modo, se ha comenzado a tejer un sentido de comunidad desde el proceso de defensa participativa, donde las familias o personas que necesitan presentarse en la corte empiezan a aprender cómo hacerlo y cómo crear una defensa desde la propia comunidad. En esta práctica, se traen las dimensiones de la persona que se borran y se empieza a suplementar un sistema de crueldad ciego. El día en que alguien debe ir a la corte, van muchas personas del colectivo para mostrar también que hay más ahí que la persona acusada, y se codiseñan vídeos con historias de vida. Lo interesante del Philly Youth Hub y, en general, de mucho de la defensa participativa es que el peso para armar el caso viene de la comunidad, es decir, de los vínculos que rodearon a la persona más que de l*s abogad*s.

Hace poco, lograron también que se les permita comenzar un laboratorio de justicia alternativa con justicia restauradora que llamaron Healing Futures [Sanando futuros], donde nuevamente aparece la palabra «sanar» para

---

68 El Philly Youth Hub está enfocado en la defensa participativa y es una pata de YASP, que trazó el comienzo de la autoorganización juvenil a partir de talleres de poesía y arte en prisión. Ver más en la página web: http://www.yasproject.com/

poder reponerse de las heridas que genera el sistema. El trabajo del colectivo implica también ir construyendo una comunidad en los barrios, donde cada semana se juntan a aprender cómo defender sus casos y donde muchas familias y personas que pasaron por ahí para poder defenderse siguen yendo después de haber terminado de luchar por su caso.[69] Es decir, se empiezan a generar instancias en las que vemos cómo la capacidad de sostenerse colectivamente es crucial para poder seguir viviendo fuera.

Las experiencias colectivas sostenidas en el tiempo ayudan a entender un modo de organización que resiste la violencia institucional que implican la criminalización y el encarcelamiento a partir de formas de hacer visibles otras posibilidades. Es una respuesta fundamental frente al desafío que implica el *cómo salir de la cárcel* en una sociedad que rechaza a las personas con antecedentes penales y no cuentan con oportunidades ni apoyo después de la liberación. Y se trata también de poder responder a través de la construcción de un espacio colectivo autogestionado que potencie otro tipo de relación social sin caer en la revictimización que mantiene a quien sale en una «inferioridad» creada por el propio sistema. Así, la capacidad de construir comunidades fuertes se vuelve un sitio fundamental a nivel existencial, tanto a nivel individual incluyendo la estima, que la cárcel como punto cúlmine de un abuso legitimado por el Estado logra demoler, como a nivel colectivo, a la hora de generar confianza y afecto para poder seguir viv*s y crecer como personas.

Se hace frente a un punto clave del neoliberalismo que es romper lazos, precarizar, forzar separaciones y desplazamiento que debilitan lo comunitario, desde la gesta de una sensación de libertad colectiva que se acuerpa en prácticas concretas, donde *la imaginación es una fuente*

---

[69] Para ver las diferentes dimensiones de ese proceso y su repercusión en la comunidad, ver «Congregando a la comunidad: defensa participativa y el Philly Youth Hub», entrevista a My Le por Susana Draper, *La abolicionista*, núm. 36, invierno de 2021, p. 9.

principal para romper las cadenas que van fijando destinos y abrir caminos que hacen posible otro tipo de lugar.
Desde ahí, viendo todo lo que se logra cuando se apuesta
a sostener otro tipo de vida que sea digna de vivirse, en
lugar de la lucha espesa y laberíntica de cómo sobrevivir
cada día, desde las luchas abolicionistas, nos planteamos
una pregunta crucial: ¿y si todo ese dinero que el Estado
destina a mantener a tanta gente enjaulada se destinara a
posibilitar condiciones de vida vivible fuera de las cárceles? De a poco, más y más publicaciones van trayendo luz
a esa zona en la que se gestan canales, puentes y preguntas
que *conectan y enlazan el adentro y el afuera de las rejas* desde
la posibilidad de generar lazos a partir de situaciones de
desigualdad radical. Son también herramientas educativas cruciales para tramar salidas colectivas, para crear un
nosotras ahí donde el sistema impone un *yo* aislado. Permiten deshacer el muro y la reja y generar conciencia para
quienes no habitan el universo carcelario, pero se comprometen en la lucha por un mundo que no las necesita.

Así, la palabra y la imaginación conecta lo que las rejas
separan, produciendo una imaginación práctica desde las
alianzas entre clases y colores diferentes. En estos experimentos sostenidos ya por una década, podemos palpar la
relevancia de la palabra articulada y organizada en una
lucha contra la privatización e individualización de la
múltiple condena social que sienten tantas mujeres a raíz
de la precariedad y luego la soledad de la cárcel. Recobrar
el sentido de lo político desde la capacidad de resignificar
que emerge ahí donde más visible se hace la lógica neoliberal del individualismo y el régimen de explotación y
violencias. A través de la experiencia de diferentes colectivos, se pueden ver procesos que comenzaron con la propia
materialidad del lenguaje, mediante la expresión poética.
Romper una larga historia de silencio posibilitó un proceso colectivo de cuidados a través del cual se pudieron
desarrollar otras formas de relación social y cuidado colectivo. Esto es importante porque la posibilidad de contar
historias unas a otras dispara un proceso en el que el «yo»

ya no permanece aislado, como los cuerpos en las celdas, y permite una lectura social, sistémica e histórica de una situación social. Se *desprivatiza la violencia* carcelaria y, al dejar de ser concebida como lo que sucede por lo que alguien hizo, se enmarca dentro de un mapa más amplio de violencia múltiple. Así, las revistas hacen *visible la malla que va de lo singular de cada historia al contexto que desvela* la tonalidad común de múltiples despojos, haciendo visible un diagrama o diseño de precariedades generadas por el sistema.

El análisis que rompe con el silencio concertado por las instituciones penales nos impone también la necesidad de empezar a ver y legitimar saberes que tienen que ver con la reproducción social. Se trata del trabajo que hace posible sostener la vida cada día y que ha sido históricamente relegado al no valor. La inteligencia práctica generada en la frontera dentro-fuera de la cárcel se vincula con la necesidad de relacionar y poner en el centro la cuestión de la reproducción social que muchas veces se disocia de la situación carcelaria, resituando una pregunta sobre cómo se sostiene la vida dentro y fuera, antes, durante y después del encierro. El acto de visualizar la *red invisible de trabajo que nos sostiene,* como dicen en Territorio Doméstico, es también un acto de memoria en la que se descubren los saberes que nos adiestraron *a no ver y a no entender* como tales.[70] Se trata activamente de tomar conciencia del ejercicio de una práctica política de la memoria en torno a los cuidados. En el número de *Sitiadas* dedicado a sobrevivir durante la pandemia, Nelly Molina y Juliana Centeno nos proponen la práctica de *aprender a ver el cuidar como ejercicio pedagó*gico. Repasando los talleres y escuelas de formación política que Mujeres de Frente hace posibles, escriben: «Pensarnos

---

[70] El trabajo colectivo sostenido desde Territorio Doméstico ha sido clave para visualizar la trama de saberes implícitos en cuidados que han sido desvalorizados históricamente por el capitalismo y el patriarcado. Ver https://eskalerakarakola.org/2014/06/01/territorio-domestico/ y *Biosindicalismo desde los territorios domésticos. Nuestros reclamos y nuestros modos de hacer,* ob. cit.

a nosotras mismas como constructoras y gestoras de conocimientos en nuestra vida diaria. Estos conocimientos se
materializan por medio de la palabra y la acción».[71] Aprender a cuidar, sostener condiciones, contención emocional,
dar ejemplo... enseñamos cuidando y en eso radica también
lo que llaman «un alto potencial transformador» de y en
nuestro quehacer diario.[72]

En el número del fanzine de *LeelaTú* dedicado al trabajo en la cárcel, las mujeres encarceladas ficcionaron un
paro internacional de mujeres en torno a los cuidados. La
figura central que abría el número era el trenzado, donde
aparecían las trenzas como tejidos y mapa de fuga hacia
otro mundo sin esclavitud: «Las fanzineras de Santa Martha decidimos que, esta vez, el número funcione como una
trenza que entreteja las vidas y demandas de las de adentro, con las vidas y demandas de las de afuera».[73] Recordando el pueblo Palenque, sitio histórico de cimarronaje
en la costa colombiana del Pacífico, como lugar en el que
las trenzas que se hacían las mujeres indicaban los mapas
para la fuga, el número del fanzine atraviesa un presente
compartido desde el ejercicio de la búsqueda colectiva de
libertad. Escriben: «En Santa Martha Acatitla un grupo de
mujeres haciendo fanzines trenzamos nuestras tristezas y
amarramos nuestras fuerzas mientras hablamos y ocupa-
mos un tiempo que solo nos pertenece a nosotras. Así, a
través del contacto de unas con otras, del trabajo en colectivo y de las conversaciones compartidas, deshacemos
la cárcel. Si "hacer cárcel" es deshacer cualquier posibilidad de lo común, deshacer la cárcel pasa, necesariamente, por prácticas de solidaridad y de trabajo colectivo».[74]

---

[71] Nelly Molina y Juliana Centeno, «Re-conocernos desde el cuidado de la vida» en Mujeres de Frente, *Sitiadas. Reflexiones sobre el estado punitivo y el sostenimiento de la vida sin estado*, núm. 3, noviembre de 2020, p. 22.

[72] Ibídem.

[73] Cardumen, ¡blue, blue, blue!, «Una historia de trenzas», *LeelaTú*, núm. 2, ob. cit.

[74] Ibídem.

En el acto de coescribir trenzando emerge un texto clave, «Mujeres en huelga, se cae el mundo», en el que imaginan una huelga de mujeres desde la cárcel de mujeres tan solo un año antes de que emergiera el primer paro convocado desde Argentina, tras la muerte de Lucía Pérez en 2016 y el primer Paro Internacional Feminista en 2017. Encabezado con la reflexión de Silvia Federici que mencioné más arriba, «En la sociedad capitalista el cuerpo es para las mujeres lo que la fábrica es para los trabajadores asalariados: el principal terreno de su explotación y resistencia», narran una huelga convocada por todas partes: «Las plazas de pueblos, prisiones y grandes ciudades, amas de casa, oficinistas, estudiantes, madres, viudas, obreras, campesinas y mujeres en prisión, *decidimos que no aguantaríamos más*».[75] En ese tejido entre vidas y trabajos desvalorizados y denigrados históricamente, se abre una imaginación activa de huelga que hoy en día se ha ido instalando en muchas partes del mundo. Al final del texto, las fanzineras de Santa Marta dicen: «Las mujeres no hemos cedido, no negociaremos con los Estados, somos radicales, queremos un cambio de las relaciones sociales de producción, aún hoy luchamos por el pan y por las rosas, para nosotras, pero también para nuestros compañeros».[76] La capacidad de narrar lo que se concibe como imposible rompe el cerco invisible que delimita una geografía domesticadora de lo «posible». Desde 2016 y 2017, con los primeros llamados a paros feministas, este texto revoloteaba en mi cabeza por la fuerza que despliegan esas palabras que, a raíz de las situaciones de mayor precarización de la vida, como es la cárcel, imaginaron una huelga internacional desde la palabra trenzada colectivamente para, como dicen, «deshacer» la cárcel y «hacer» común.

---

[75] Viri, «Mujeres en huelga, se cae el mundo», en *LeelaTú*, ob. cit.
[76] Ibídem.

Tercera parte

«Las comunidades fuertes no precisan policía». Tramar otras formas de estar y de imaginar las relaciones sociales fuera de los regímenes de lo descartable

———

La tradición Estado-céntrica nos hace deslegitimar la capacidad colectiva de activar modos de hacer y de responder a los problemas sociales con mayor autonomía. Al solamente delegar «allá arriba» la posibilidad de cambios, se van acotando las posibilidades de relacionar las dimensiones múltiples que componen las tramas de nuestras vidas. Cuando atendemos a procesos de reparación y justicia que no se reducen a la lógica retributiva punitiva del castigo, surge la pregunta de cómo resignificar los sentidos de lo que implica una *responsabilización* que permita desmontar la idea de que, sin una pena fuerte, lo que tenemos es impunidad. Desmontar esto implica poder abrir diferentes dimensiones y poner en juego miradas relacionales que no desvinculen el campo legal y jurídico del campo social y económico. Se trata de ahondar en las condiciones materiales y cotidianas que hacen posible y sostienen el daño en sociedades cada vez más destruidas y precarizadas por el neoliberalismo, las lógicas del consumo y la instalación de un imaginario que considera muchas vidas como descartables para el sistema. Al decir «nosotr*s somos nuestro recurso más valioso», Breece instalaba una clave importante que vuelve a traer eso que las prácticas de delegación omiten o invisibilizan: nuestra capacidad de intervenir, interrumpir y reconstituir formas de relacionarnos por las que pasa toda una microfísica del poder que refuerza, muchas veces, las lógicas institucionales patriarcales que sostienen o validan el daño.

Las preguntas por otros modos de dimensionar la justicia varían entre contextos urbanos y contextos de comunidades que comparten una historia más ancestral de vínculos y saberes diferentes. En este sentido, propongo aquí recorrer algunas formas de intervención que se han ido estableciendo como marcos alternativos desde diferentes espacios y regiones. En algunos, la palabra *justicia* sigue siendo un referente, como cuando se habla de *justicia restauradora* y de *justicia transformadora*. En otros, se enfatiza la idea de procesos de responsabilización comunitaria en lugar de hablar de justicia. Cada marco supone modos de intervención en niveles distintos: por ejemplo, la justicia transformadora y la responsabilización comunitaria que plantean algunos colectivos de base en Estados Unidos implican formas de lidiar con el daño interpersonal entre personas que se conocen. No son marcos universales, sino modos de intervención más precisa y situada con relación a un contexto de violencia interpersonal entre gente que de un modo u otro se conoce. Un desafío constante en el presente es cómo pensamos formas de responsabilización cuando hablamos de violencias a otros niveles, sobre todo con relación a la forma cada vez más expandida de narcoviolencia, que necesitamos también poder articular como una forma en la que participan políticos y Estado. Se trata de un tipo de violencia percibida como límite y usada estratégicamente para establecer cada vez más infraestructuras privadas de seguridad y más militarización de la vida cotidiana. El esquema de seguridad, llamado también «securitización», es quizás el dispositivo que más ha regido los discursos y medidas, incluso los presupuestos, de los diferentes Estados en la última década.

En esta parte, me interesa indagar diferentes formas de intervención colectiva que interrumpen las lógicas capitalistas de seguridad como militarización. Lejos de proponerlas como soluciones mágicas, creo que es importante ahondar en las dinámicas que establecen y los tipos de presupuestos ideológicos sobre qué entendemos por seguridad. En este sentido, las formas de análisis generados desde luchas feministas y luchas anticarcelarias nos permiten entender las violencias y las posibles respuestas a estas de formas complejas y múltiples. Al conceptualizar las violencias interpersonales y sistémicas como dimensiones imbricadas, se desprenden varias consecuencias a diferentes niveles que nos ayudan a orientarnos fragmentariamente en el mapa de las violencias actuales. En un momento de fuerte gentrificación global, los espacios urbanos son generalmente los lugares en los que los vínculos interpersonales están más horadados.[1] Esto hace que se haga más y más importante *insistir en horizontes en los que hacer comunidad se vea como un proceso altamente creativo; una práctica que ejercitamos dentro de contradicciones y complejidades dadas por las propias formas de despojo territorial y existencial que marcan la vida en este momento histórico. Se trata de ahondar en la posibilidad de desplegar una imaginación práctica que haga visibles posibilidades que usualmente parecen bloqueadas y que nos han adiestrado a ver como insignificantes o menores por pertenecer a la materialidad de la cotidianeidad en la que nuestras vidas acontecen.*

Al mismo tiempo, sin formas de intervención a nivel estructural que aseguren la reproducción social de la vida, es muy difícil que las violencias generadas por la precarización no se mantengan. En este mapa, es cada vez más urgente aprender y poner el foco en la importancia de las luchas que las comunidades indígenas vienen desplegando y articulando en defensa de la vida y los territorios como claves inseparables entre sí y como demandas que no son particulares a un grupo, sino que implican la posibilidad misma de continuar la vida frente a los daños cada vez más graves que las corporaciones extractivistas, agronegocios, hidroeléctricas, hoteleras, entre otras, vienen realizando en sus tierras con el apoyo de los sistemas jurídicos. Frente a siglos de resistencia a las políticas colonialistas

---

[1] Ver las hipótesis de Rafael Sandoval sobre la gentrificación y la expropiación territorial como herramienta contrainsurgente: «Estrategia de contrainsurgencia de Estado. La otra cara del capital», *InterNaciones*, núm 1(2), 2014, pp. 27-34.

y capitalistas expropiadoras de vida y tierra, estas luchas despliegan sentidos de justicia que son claves para poder comprender una integridad totalmente horadada por los imaginarios de progreso y desarrollo estatales capitalistas. Volveré sobre esto más adelante.

Vivimos un momento altamente individualista con cada vez más dificultades para poder hacer desde lo colectivo. La gran conflictividad que mina nuestras posibles relaciones sociales, marcadas por los regímenes de desigualdad y competencia, va haciendo cada vez más difícil pensar en formas comunitarias de justicia. Una lección que aprendemos de las formas de organización política de comunidades que mantienen vivos saberes y prácticas ancestrales es que la posibilidad de sostener mecanismos de responsabilización frente a situaciones de violencia interpersonal entre personas que se conocen, por ejemplo, se enlaza con una trama comunitaria más amplia en la que hay un reconocimiento de formas de actuar en conjunto.[2] Esto nos habla también de modos de comprensión de la justicia como una dimensión más de la práctica cotidiana de sostenimiento de la comunidad y no como una esfera aislada, delegada a personas desconocidas. Cuando parte de la expansión capitalista va horadando territorios y relaciones sociales, se va haciendo cada vez más difícil sostener lazos comunitarios a largo plazo. Porque la confianza entre las personas es algo que se teje a lo largo del tiempo, y las relaciones sociales se van materializando también desde la textura de tramas en los territorios donde habitamos. El desplazamiento forzado que se va dando tanto con relación a la vida rural, a consecuencia de los tratados de libre comercio y los intereses de los agronegocios, el narco, los procesos de especulación inmobiliaria y la gentrificación,

---

[2] Para el planteo de un mapa de realidades y desafíos en el contexto neoliberal, sobre todo, que ahonda en diferentes formas de practicar y conceptualizar justicia, soberanía y derechos, ver Rosalva Aída Hernández del Castillo, María Teresa Sierra y Rachel Sieder (eds.), *Justicias indígenas y Estado: violencias contemporáneas*, Ciudad de México, FLACSO-CIESAS, 2013.

hacen cada vez más compleja la posibilidad de generar lazos entre vecin*s y personas de diferentes generaciones. Esto impacta en la posibilidad de tejer redes de confianza y tiene un efecto importante en la capacidad de confiar y de generar sentidos de comunidad entre vecindades. Somos cuerpos en territorios y la pregunta por los sentidos de seguridad también tiene que ver con una capacidad de territorializar las redes de apoyo en las que pasan nuestras relaciones sociales. Estas son claves importantes cuando hablamos de sentidos de seguridad y formas de responder a las violencias desde lo comunitario.

Al territorializar la cuestión, vemos también cómo se hacen visibles de forma concreta conexiones que a otro nivel pueden sonar abstractas. Por ejemplo, cuando, desde las luchas feministas y las luchas anticarcelarias, enfatizamos la centralidad de la territorialidad, el derecho a una vivienda digna, que es un foco clave de despojo en las políticas neoliberales, vemos cómo muchas personas cuyas vidas culminan en feminicidio no tuvieron adónde ir para poder terminar con el abuso o, también, cómo muchas personas que abandonan el hogar para terminar con la violencia y el abuso en la casa pasan a situación de calle y, de ahí, al circuito de cárcel y reincidencia por no tener adónde ir después de cumplir una condena. En la violencia que está introduciendo el narco, el despojo territorial es un centro crucial: o bien se acepta el ejercicio de poder que imponen, o bien se migra (muchas veces, para terminar también en una situación de encarcelamiento en el nuevo lugar). Estos son aspectos cruciales a introducir en los debates sobre punitivismo y antipunitivismo. Sin ahondar en la composición de relaciones sociales diferentes y situadas, el problema de cómo nos posicionamos se queda en algo abstracto, muchas veces acusativo, y va perdiendo la dimensión cotidiana de las soluciones que podemos pensar.[3]

---

[3] Para comprender la trama del despojo territorial que está provocando el narco/Estado, sobre todo en el ámbito campesino, y las diferentes dinámicas de autodefensa colectiva que se han

La posibilidad de experimentar con sentidos de seguridad
y de justicia a través de otros dispositivos y mapeos ayuda
a imaginar universos diferentes que ahondan en el tipo
de temporalidad en juego. En los sistemas de justicia de
corte liberal que conocemos, la justicia emerge siempre en
un «después» asociado con la gestión o administración del
castigo en sistemas cuantificados. Sin embargo, cuando
hablamos de otros sentidos de justicia que engarzan con la
vida, la temporalidad en juego es también la del «antes»;
es decir, la de ver cómo podemos interrumpir y transformar las condiciones de vida en las que se generan las violencias. Esto implica cambiar la lente y pensar en formas
de hacer desde donde estamos, creando y visualizando las
redes que necesitamos como cuerpos interdependientes
para mantenernos viv*s y luchar para que esa posibilidad
no sea el privilegio de unos pocos.

---

generado en algunas partes del territorio mexicano, ver Luis
Hernández Navarro, *Hermanos en armas. La hora de las policías
comunitarias y las autodefensas,* Ciudad de México, Para leer en
libertad AC, 2014.

6
Laboratorios para imaginar otras justicias: responsabilización comunitaria y justicias transformadoras

Una clave para sostener el horizonte de las luchas contra las violencias viene de la pregunta acerca del marco o encuadre en el que pensamos el problema. Por ejemplo, si planteamos la violencia de género dentro de un marco de «políticas de seguridad», como lo hace usualmente el Estado neoliberal actual, se habla de resolver el problema a través de la creación de medidas punitivas o con la demanda de condenas más largas. Dentro de este marco, no emerge la pregunta sobre cómo esas medidas nos ayudan a terminar con la violencia. La base de estas exigencias viene de una confianza en la funcionalidad del sistema de derecho como espacio que solo es igualitario en una forma puramente abstracta. En tensión con esta posición, se va abriendo todo un abanico cada vez mayor de búsqueda de alternativas, sobre todo por parte de grupos y personas que vienen de una lucha por la justicia social y, por tanto, que parten de una sospecha y desconfianza en la capacidad de los mecanismos de penalización y mayor criminalización para «hacer justicia» y terminar con las violencias. Desde estas otras posiciones que recorreré en este capítulo de forma panorámica, la pregunta clave tiene que ver con la posibilidad de pensar y resignificar desde prácticas cotidianas lo que entendemos por justicia en relación con formas de responsabilización y de transformación de las condiciones materiales que gestan socialmente el daño y el abuso.

Parte de la desconfianza en la ecuación *justicia = penalización* del sistema viene también del hecho de que, cuando se establecen formas de criminalización de la violencia de género, quienes generalmente van a ser penalizad*s y encarcelad*s son quienes también lo serán por el sistema.

En «Reflexiones sobre impunidad, punitivismo y justicia en los feminismos en movimiento», Cristina Vega recorre los argumentos que marcaron históricamente los debates clásicos sobre punitivismo, recordándonos que «la cárcel no solo no reinserta, sino que incrementa la violencia, incluida la de género».[1] Un punto importante en este aspecto viene del reconocimiento de que la *cultura de la violación* (en un sentido amplio) permea el Estado, las instituciones y el conjunto de las relaciones sociales, normalizando comportamientos de violencia y desprecio contra los cuerpos feminizados. En este sentido, reconfigurar un horizonte de justicia más allá de las herramientas de la casa del amo nos permite plantear preguntas sobre cómo lidiar con la impunidad y generar múltiples mecanismos de *responsabilización* que tengan un impacto en el desarrollo de otro tipo de relaciones sociales en lugar de reforzar la cultura que estamos denunciando.

Sin la capacidad de relacionar varias dimensiones políticas, sociales, económicas, la pregunta sobre cómo actuar frente a la violencia contra las mujeres y la violencia de género queda acotada a una cuestión de derecho abstracto y

---

[1] Cristina Vega, «Reflexiones sobre impunidad», ob. cit. Durante la escritura de este libro, ha emergido una enorme cantidad de debates y textos periodísticos y académicos sobre este tema. Dentro de las publicaciones en español que mapean el problema, se pueden consultar: Florencia Goldsman, «Feministas cuestionamos el sistema punitivista dentro y fuera de internet», Asociación para el progreso de las comunicaciones (APC), 16 de octubre de 2019, disponible online; Rita Segato, «El feminismo punitivista puede hacer caer por tierra una gran cantidad de conquistas», 12 de diciembre de 2018, disponible en https://www.agenciapacourondo.com.ar/generos/rita-segato-el-feminismo-punitivista-puede-hacer-caer-por-tierra-una-gran-cantidad-de

unilateral que fabula un mundo que no se puede materializar en la realidad de tantas vidas, convirtiéndose en pura retórica. Las diferentes formas de legislar criminalizando tienen una relación con cierta cultura de lo desechable que se fue instalando con la política económica neoliberal basada en el valor del consumo como ideario de libertad individual. La maquinaria de producción «flexible», el no derecho a tener cualquier derecho laboral, la pérdida de un tiempo para la vida más allá de la supervivencia..., se vinculan con modos de reorganizar la experiencia que producen efectos sobre las maneras en que podemos imaginarnos la justicia. Con la cultura de lo desechable y la extracción de ganancias para el 1 por ciento con cada vez más riqueza acumulada, se fue instalando también la sensibilidad carcelaria como expresión de lo desechable en el modo de pensar la justicia. Separar y aislar son formas de deshacerse socialmente de problemas sociales, así como se invisibiliza toda la basura que se va echando en los océanos y cuyos efectos en la contaminación se van haciendo cada vez más presentes.

Coexisten con fuerza en el presente una serie de movimientos y saberes que vienen del cruce entre feminismos y luchas anticarcelarias que pugnan por una forma radicalmente diferente de abordar el daño y el abuso que va desde lo interpersonal a lo sistémico. Recorreré ahora hilos de historicidad que han ido abriendo otros horizontes para hablar, pensar y lidiar con la violencia interpersonal en formas que no automaticen las soluciones impuestas desde el sistema en los años noventa, al compás de la neoliberalización de las nociones de justicia. Para esto, la conexión entre *la violencia interpersonal y la violencia estatal* fue un nudo importante para desplegar preguntas. En un libro clave, Beth E. Richie propuso la imagen de una «justicia detenida», poniendo en el centro el proceso a través del cual, en los años noventa, se fueron separando las luchas por la justicia social y las luchas feministas, vaciándose la capacidad de imaginar ambas luchas como parte de un horizonte de transformación social profunda. La histórica conferencia de INCITE! y la posterior declaración-manifiesto coescrita con Critical Resistance y titulada «La violencia de género y el complejo industrial penal» (2001) planteó preguntas claves: ¿qué significa terminar con las violencias sin reforzar los sistemas que las intensifican a nivel sistémico?[2] ¿Cómo se vinculan las violencias de género con las violencias institucionales? ¿Por qué muchos movimientos de izquierda contra la violencia institucional y policial se resisten muchas veces a abordar, nombrar y lidiar con las prácticas de abuso y violencia de género que suceden en sus colectivos? *¿De qué modo las «soluciones» que se plantearon a nivel de un derecho punitivo desde los años noventa contribuyeron a cambiar las condiciones de posibilidad de esas violencias?* La base común del problema viene del reconocimiento de que, para muchas personas, el sistema que se plantea como solución es una parte esencial del problema.

Volvemos al punto que veíamos antes sobre la necesidad feminista de mirar desde una sensibilidad materialista, cotidiana, capaz de vincular las preguntas con situaciones que los números abstraen en un doblez fantasmal. Se trata de cortar ese universo paralelo de una violencia que sucede «siempre en otro lado», para poder ahondar en las situaciones tabú que sostienen un sistema de daño cotidiano permanente. Creative Interventions / Intervenciones Creativas, un grupo que emergió años después de la publicación del manifiesto de INCITE! y Critical Resistance, casi una década después de la VAWA y de la Convención de Belém do Pará, empezó a experimentar con formas de responsabilización comunitaria en Oakland (California), en 2004. Plantearon pautas de análisis que nos permiten pensar otro lugar desde donde entender y experimentar sentidos para los procesos de responsabilización. El punto de partida es que *si la violencia no es un asunto meramente*

---

[2] INCITE! y Critical Resistance, «Statement on Gender Violence and the Prison Industrial Complex», 2001, disponible en https://incite-national.org/incite-critical-resistance-statement/

individual, las respuestas tampoco pueden serlo. Las violencias son múltiples y no acontecen en el vacío. Esta es la clave de todo un largo proceso que también parte de la premisa de que gran parte de la violencia interpersonal que ocurre hasta el día de hoy ocurre entre personas que se conocen, ya sea en casa, la familia, el trabajo, las parejas, los circuitos sociales, etc. Cuando sufrimos violencia interpersonal, abuso sexual o violación, el daño no solo tiene un impacto en lo personal, sino también en los circuitos en los que nos movemos. Este es un punto que, como veíamos antes, se enfatiza en la dimensión poética como capacidad de volver a conectar con sentidos que atraviesan las abstracciones, aterrizando las violencias en la complejidad de los cuerpos colectivos en la cotidianidad.

Al hablar de desindividualizar el daño, Creative Interventions planteaba que una comunidad muchas veces sostiene el daño porque carece de herramientas para poder lidiar con muchas situaciones de violencia y, sobre todo, para prevenirlas: «Generalmente pensamos en la persona que daña como la que tiene que responsabilizarse de la violencia. La responsabilización comunitaria también significa que muchas veces las comunidades son responsables de ignorar, minimizar e incentivar la violencia».[3] Dar densidad a esta responsabilidad es lo que nos ayuda a ver sentidos de responsabilización fuera del establecimiento de la culpa. Nos insta a poder entender cómo deseducarnos de una cultura abusiva en que nos educaron a «no ver», «no saber», callar, hacer «como si»... Con esto, planteaban la relevancia de generar y compartir herramientas para tener idea de cómo podemos actuar, intervenir y prevenir violencias que permean el día a día. Al vincular lo interpersonal y lo sistémico para entender las violencias que vivimos, se apunta a comprender cómo esos sistemas se instalan en nuestro modo de actuar, reaccionar y reproducir el daño.

---

[3] Creative Interventions, *Toolkit*, ob. cit., p. 62.

Mimi Kim cuenta que Creative Interventions se consoli-
dó como forma de retomar el hilo que cuestionaba la uni-
lateralización de la violencia de género desde el sistema
penal y estatal. Se planteó como una respuesta crítica y
creativa frente a las formas cada vez más cooptadas y con-
troladoras que fueron tomando las maneras de lidiar con
la violencia doméstica a nivel estatal. A partir de los años
noventa, las luchas contra la violencia y el abuso sexual
quedaron cooptadas por el Estado, lo que generó varias
rupturas entre los grupos feministas que querían trabajar
con el sistema y los que querían transformarlo de raíz.[4]
Una vez que el Estado empezó a financiar muchos programas contra la violencia de género, algo que la VAWA
incrementó a nivel presupuestario, se fue materializando
un presupuesto que tenía como premisa la colaboración
con la policía (incluir la llamada al 911, etc.).[5] Kim cuenta
que, cuando trabajaba en un refugio para mujeres asiático-
americanas, empezó a ver que había tres ideas en la base
del programa que se asumían como incuestionables: 1)
todo se dividía en «víctima» y «abusador» sin claroscuros
ni complejidades; 2) se asumía que el abusador no iba a
cambiar nunca y que la persona que recibió el daño no
tendría problema en enviarlo a la cárcel; 3) se pensaba que
relacionarse con él era peligroso, por lo que había que dejar esa tarea a la policía. Estas presuposiciones generaban
muchas tensiones y contradicciones para quienes habían
participado en un feminismo vinculado a la justicia social,

---

[4] Me baso en el texto donde Kim narra la historia del grupo en
«Alternative interventions to violence: creative interventions»,
The international journal of narrative therapy and community work,
núm. 4, 2006; disponible online en https://dulwichcentre.com.
au/wp-content/uploads/2021/12/Alternative-interventions-to-
violence-Creative-interventions-M-Kim.pdf

[5] El libro de Bumiller que mencioné anteriormente, *In an abusive
state,* versa sobre este tema y analiza los modos en que el Estado
neoliberal va tomando control por medio de las medidas contra
la violencia de género desde los refugios, etc., que habían emergido como instancias de red y apoyo desde las bases y los grupos
de mujeres.

porque el movimiento antiviolencia venía históricamente de una lucha intensa contra el patriarcado dentro de la familia y contra la estructura estatal que protegía a ese patriarcado, en donde la policía juega un rol importante.

Apostando a la idea de crear, compartir y circular recursos comunitarios para aprender a interrumpir y desescalar procesos de violencia, se movieron en dos etapas: primero crearon un proyecto nacional que consistía en *compartir historias compartiendo estrategias* en las que se contaban procesos desde grupos que habían podido lidiar con situaciones de violencia en sus comunidades y también *estrategias que no funcionaron*. Se empezó a generar una historia de saberes y de estrategias que se podían comentar, discutir y poner en práctica. La segunda parte giraba en torno a un «proyecto de intervención basado en la comunidad» que planteaba formas alternativas de hacer intervenciones desde la trama comunitaria. Lo que empezó siendo un experimento pequeño se fue transformando en un semillero de ideas, de manuales, de formas de sensibilizarse sobre cómo actuar en un contexto de violencia cuando somos sobrevivientes de violencia o cuando participamos en situaciones de violencia sin saber cómo lidiar con ellas, o cuando nos cuentan algo y quedamos paralizadas al no saber cómo empezar a responder. Esta experiencia nos abre otro marco de posibilidades para desplegar una imaginación práctica que nos permita generar y compartir materiales para saber intervenir, y, sobre todo, crear espacios colectivos de escucha activa al compartir historias sobre cómo enfrentar colectivamente un problema generalmente individualizado.

Encuadre político de las justicias transformadoras

En los años recientes, la búsqueda de otras formas de responsabilización con relación a violencias interpersonales ha ido creciendo y abriendo un horizonte práctico de lucha por resignificar a múltiples niveles lo que entendemos

por justicia, cuestionando de raíz las formas automatizadas e institucionales de responder al daño, al abuso y al
conflicto. Se está configurando un campo de preguntas
que apuntan a pensar la justicia fuera de la cultura de lo
desechable y de la separación respecto a la pregunta sobre las condiciones materiales de esas violencias. En este
mapa, emerge una veta que se ha llamado «justicia transformadora» en tanto estrategias prácticas para responder
colectivamente a problemas poniendo en la base la pregunta sobre la transformación de las condiciones materiales en las que acontece el daño. Se plantea que muchas
situaciones de violencia se podrían evitar en el día a día
si empezamos a compartir estrategias y pedagogías feministas que nos permitan intervenir, saber actuar a tiempo
y desescalar. ¿Cuántas muertes podrían haberse detenido
a partir de procesos de desescalamiento, de aprender a entender formas de violencia en sus instancias más iniciales,
de escuchar y saber cómo intervenir cuando una persona
nos comparte su historia?

Mia Mingus define las prácticas de justicia transformadora como «un tipo de acercamiento y de encuadre
político para poder responder a la violencia, al daño y al
abuso. En lo más básico, es un modo de responder a la
violencia *sin crear más violencia* y/o introduciendo prácticas que disminuyan y reduzcan el daño».[6] Al mismo tiempo, enfatiza que se trata de una mirada doble porque no
solamente es el hecho de lidiar con violencias sin usar el
sistema que las produce y sostiene, sino que implica la
constante creación de prácticas y modos de relacionarnos
diferentes: «Es tanto resistir el mundo que no queremos,
como por ejemplo, no usar el Estado, como también *crear
activamente* el mundo que sí queremos, como por ejemplo,
cultivar activamente todas las cosas que sabemos que ayudan a prevenir la violencia».[7] Esta última es una clave que

---

[6] Mia Mingus, «Transformative Justice: A Brief Description»,
Leaving Evidence, 9 de enero de 2019; disponible online.

[7] «Entrevista a Mia Mingus», *We Rise,* «Episodio 5: Mia Mingus of
the Bay Area Transformative Justice Collective», audio disponible

necesitamos enfatizar más y más, ya que a veces queda a un lado cuando solo se enfoca un antipunitivismo abstracto que se mueve solo en el «no» —no llamar a la policía, no pedir cárcel—. Sin embargo, solo negando, sin implicarnos en procesos capaces de crear otro contexto, no estamos sino sosteniendo las mismas violencias. Mingus lo sintetiza diciendo: «no llamar a la policía no es en sí mismo un acto transformador o revolucionario», sobre todo cuando llevamos internalizadas muchas formas estatales y neoliberales que refuerzan formas violentas de vincularlos o de no saber cómo lidiar con el conflicto. Entonces, ese mundo que queremos necesita de infraestructuras materiales y afectivas que también nos exigen movernos a niveles múltiples (presupuestarios, de organización de formas diferentes de lidiar con el conflicto cuando hay una emergencia precisa y es necesario desescalar, etc.).

Esa doble mirada insta a configurar sentidos acerca de nuestras relaciones sociales desde instancias cotidianas y próximas, enfocándonos en pensar lo que significa lo comunitario y cuáles son las diferentes instancias que precisamos reforzar, quiénes constituyen nuestra red de personas, a quiénes recurriríamos si nos pasara algo, etc. En una conversación entre Kiyomi Fujikawa, Shannon Perez-Darby y Mariame Kaba sobre la construcción de formas de responsabilización comunitaria, ellas mencionan que, para muchas personas, hablar de «comunidad» genera una sensación de dificultad en contextos de soledad y desplazamientos forzados por la precarización de las viviendas. Por eso, proponen ejercicios que nos instan a pensar sobre quiénes son las personas con quienes hablaríamos si necesitáramos compartir un problema de violencia, o cómo mapeamos un circuito de personas a las que sentimos que podríamos acudir.[8] Esto es importante porque conecta la palabra con un grupo concreto.

---

en https://www.youtube.com/watch?v=VV_5reooT_Y&t=317s

[8] Kiyomi Fujikawa, Shannon Perez-Darby y Mariame Kaba, «Building accountable communities», 26 de octubre de 2018,

El despliegue de materiales que circulan para nutrir el ejercicio de diferentes prácticas de responsabilización se basa en la potencialidad del aprendizaje grupal, interpersonal, para entender, reconocer, actuar e imaginar otro tipo de respuestas con relación al daño y, sobre todo, formas de actuar antes de que la situación de violencia se intensifique. La posibilidad de compartir, circular, conversar, introducirlos en diferentes «aulas» donde acontecen instancias de formación formal e informal puede ir generando modos de volver a sentir que las formas de terminar con las violencias también son parte de reestablecer lazos comunitarios. ¿Cómo hacemos para nutrir mecanismos que ayuden a entender las maneras en que se expresan diferentes formas de violencias sin que se las *nombre directamente, cómo entender los signos y la complejidad que implica habitar un mundo en el que las violencias crecen junto con la precarización absoluta de la vida?* Se ilumina así una apuesta por lo cotidiano y por comprender las formas materiales en que la violencia se nutre en diferentes niveles día a día.

Hay una tensión entre las justicias transformadoras, que apuntan a esa doble dimensión, y la larga historia de justicia restauradora, sobre todo quizás cuando esta se va incorporando más a experimentos institucionales y menos en relación con la respuesta clave sobre la capacidad de transformar las condiciones que generan daño y violencia.[9] En una, el énfasis está en restaurar y, en la otra, en transformar. Desde ahí se abre un amplio y múltiple horizonte que nos ayuda a pensar de otras formas lo que entendemos por *hacer justicia*.[10] Las luchas por redefinir sentidos de justicia en formas que no sean la penalización, implican (1) una forma de comprender las violencias que

---

Barnard Center for Research on Women, disponible en http://bcrw.barnard.edu/event/building-accountable-communities/

[9] Para ahondar en la diferencia, ver Ruth Morris, *Stories of Transformative Justice,* Toronto, Canadian Scholars Press, 2000.

[10] Erica Meiners, «Restorative Justice is not Enough», *For the children? Protecting Innocence in a Carceral State*, Mineápolis, University of Minnesota Press, pp. 103-125.

es múltiple, es decir, que la violencia de género, por ejemplo, no es algo aislado de otras violencias, sino que está *en tensión con más formas de violencias*, poniendo en el centro del análisis la imbricación entre muchas violencias que son intensificadas en la sociedad neoliberal; (2) una apuesta y una creencia en que las soluciones necesitan verse junto con el desarrollo de otro tipo de relaciones sociales, económicas, culturales, etc., desde las personas y la comunidad en interdependencia y no como temas aislados o «asuntos individuales» de los que el Estado se hará cargo después; y (3) desde la pregunta acerca de cómo se hacen posibles las violencias, qué tipo de sistemas de supremacía de poder está reproduciendo el abuso y cómo podemos transformar las raíces que mantienen, sostienen e intensifican esas violencias. Finalmente, (4) se trata de que podamos pensar políticamente que las diferentes reformas de «seguridad» que se han ido implementando en las últimas décadas han intensificado las violencias, y no lo contrario.

La búsqueda de formas de responsabilización comunitaria y justicias alternativas se ha intensificado en las últimas décadas, quizás y sobre todo, en relación con una posible deriva del #MeToo, que refuerce un imaginario punitivo y bélico, incluyendo las «guerras» en las redes. Como dijo adrienne maree brown cuando comenzó la tendencia al escrache público de personas o de grupos en las redes: «¿Es eso todo lo que queremos?».[11] Sus intervenciones instan a pensar si podemos ir un poco más lejos. Las soluciones retributivas en las que el sistema nos educa emergen casi automáticamente como parte del grito, la rabia, la sensación de venganza. Volvemos al punto anterior de la ira y los actos de traducción que mencionamos. La rabia que sentimos y el deseo de venganza, a veces de humillar públicamente, también requieren *ser traducidos* por nuestras luchas en algo más profundo y a largo plazo. Desde la dimensión transformadora, las preguntas son: ¿es posible ir un poco más allá de lo que el sistema abusivo

---

[11] adrienne maree brown, «What is/isn't transformative justice», disponible en https://adriennemareebrown.net

nos pone como respuesta? ¿Es posible pensar en formas de lidiar con las manifestaciones de una cultura abusiva desde la pregunta por las condiciones de posibilidad y sostenimiento del abuso? Se trata de encender en nuestro imaginario maneras de materializar esas violencias en la vida aquí y ahora, y sobre todo aprender a visualizar y a reconocer formas de abuso para poder responder y actuar antes de que sea tarde. En este sentido, el componente comunitario, entendido como el entorno en el que transcurren las violencias, es crucial porque el daño no solo recae sobre una persona aislada y porque necesitamos aprender a reconocer patrones en los que normalizamos situaciones abusivas a partir de hábitos y costumbres. Así, una pregunta clave sería: ¿podríamos haber hecho otra cosa si tuviéramos más herramientas para entender y actuar colectivamente? Muchas veces, comentarios como «él es así, pero la quiere», «ella está exagerando», «me dijo que nadie la quiso tanto» o «su padre hacía lo mismo», son formas en las que sostenemos relaciones abusivas que podríamos aprender a modificar, a intervenir e interrumpir antes de que escale la violencia en modos más extremos o límites, incluido el feminicidio. Sin embargo, en un sistema que ha normalizado la violencia, no se habla del «antes» ni del contexto y, por eso, hablar de «justicia» parece tener que ver solamente con qué se hace después. La noción de transformación está ausente de esa forma punitiva, dado que se presupone que con el «castigo» y el «encierro» ya desaparecerá el problema. Quienes no compartimos esa perspectiva podemos insistir en multiplicar procesos que nos permitan volver a tomar un sentido de la cotidianeidad y procesos pedagógicos que nos permitan actuar para desescalar, interrumpir y transformar contextos de violencia.

En esta línea, las llamadas justicias transformadoras han ido desarrollando muchas herramientas de intervención, listas de materiales, balances situados de experiencias para lidiar con violencias interpersonales entre personas conocidas.[12] Desde contextos diferentes, se ha ido solidificando el uso de *pedagogías comunitarias* que enfatizan el aprendizaje de herramientas para aprender de a poco a poder hablar y responder a todo un mundo de violencias que se han sostenido en el silencio. En uno de los primeros documentos sobre justicia transformadora, Generation 5 usó la noción de pedagogías populares como clave para generar otros futuros.[13] Un desafío es la posibilidad de que las herramientas logren salir de los pequeños espacios de activismo para poder ser parte de procesos que atraviesen espacios sociales diferentes. En este sentido, han ido proliferando distintas experiencias para desescalar las violencias cotidianas en varios contextos, ya sea si nos suceden o si vemos que están sucediendo, porque es en lo cotidiano que estas violencias acontecen permanentemente.[14] No se trata de brindar una sola respuesta en cuanto fórmula de talle universal, sino de abrir una multiplicidad de posibilidades que implican la supervivencia, modos de salir del lugar de espectador o de la víctima pasiva para poder intervenir y aprender a interrumpir las violencias cuando las notamos. Como expresan Ann Russo y Laurie Fuller, nos ponen en la cabeza que interrumpir situaciones tensas, conflictos, etc., implica usar la fuerza —generalmente, se plantea la idea de que un macho fuerte venga para detener, una suerte de sustituto del imaginario del policía que

---

[12] Iniciativas y grupos se han sostenido por décadas desde la práctica inspiradora de Mariame Kaba, Mimi Kim, Mia Mingus, los grupos y colectivos de Creative Interventions, Project Nia, Philly StandsUp!, CARA, The Audre Lorde Project, Generation 5, Challenging Male Supremacy, Survived and Punished. Recientemente, el espacio Transform Harm puso a disposición gran cantidad de materiales y preguntas que van gestando un laboratorio de cambio de mirada y sensibilidad que está disponible en https://transformharm.org/

[13] Ver nota 38 de la Introducción.

[14] El libro reciente de Ann Russo, *Feminist Accountability. Disrupting Violence and Transforming Power*, Nueva York, NYU Press, 2018, expone muchas experiencias muy útiles en contextos educativos y espacios callejeros.

llegue con su fuerza—.[15] Sin embargo, lo que las pedagogías feministas proponen es la idea de interrumpir como mecanismo para desescalar, algo en lo que necesitamos educarnos. Se trata de pedagogías feministas de intervención y defensa colectivas, que implican salir del océano de impotencia que genera el tabú de la violencia sexual, del abuso, del acoso, de ser constantemente espectadores de violencia sintiendo que no sabemos cómo hacer, cómo interrumpirla. Una clave es poder aprender a responder y a sentirnos parte de la solución que queremos, en lugar de repetir la impotencia que trae muchas veces el hecho de que la única opción que pensemos sea delegar al Estado, donde muchas veces se reiteran los ejercicios penosos del patriarcado: no creer, no escuchar, moralizar a las mujeres si no caben en las casillas de los estereotipos patriarcales; discriminar y penalizar a personas trans o no binarias; sospechar; asumir un «algo habrá hecho»; dilatar largos procesos que no concluyen por falta de evidencias, etc.. Necesitamos cambiar la forma de lidiar con esto desde nuestras vidas, experiencias y procesos. ¿Qué podemos hacer y articular como grupo con las personas que nos rodean? ¿Cómo podemos generar más escucha y herramientas? ¿De qué formas interrumpir instancias de escalamiento de las violencias en la malla cotidiana y detenerlas ?

#MeToo, marcos y horizontes

El hashtag #MeToo fue usado por primera vez por Tarana Burke en 2006, en su MySpace, para sacar del armario el abuso en las mujeres negras y generar herramientas de sanación colectiva y «empoderamiento».[16] Para que esa frase tuviera una recepción inmensa, tuvieron que pasar once

---

[15] Laurie Fuller y Ann Russo, «Feminist pedagogy: building community accountability», *Feminist Teacher*, núm. 26(2-3), 2016, pp. 179-197.

[16] Ver «MeToo. History & Inception», disponible en https://metoomvmt.org/get-to-know-us/history-inception/

años y que fuera usada por una figura del espectáculo de Hollywood. Cuando, en octubre de 2017, Alyssa Milano, lanzó el hashtag para que las mujeres que hubieran pasado por situaciones de abuso sexual y psicológico agregaran el #MeToo, la respuesta se hizo masiva e internacional. Como con todo acto de masividad, el hashtag emergía como una suerte de paraguas gigante de situaciones sociales, raciales, posiciones de clase, cultura, etc. Su versión hollywoodense tomó el sendero de las denuncias judiciales y las actrices se enfocaron en crear fondos que permitieran que las mujeres tuvieran la posibilidad de cubrir los gastos legales. La meta, en general, era la denuncia, el encarcelamiento de la persona culpable y la reparación económica, sobre todo cuando las figuras en juego, como lo fue el juicio de Weinstein o el de Epstein, implicaban a personas con muchos millones de dólares. Además de las denuncias en ese nivel, siguieron los mecanismos de denuncia virtual en las redes y las cartas de denuncia en diferentes instituciones y organizaciones. En las universidades, se activaron las denuncias a través de los protocolos para denunciar situaciones de abuso de poder y sexual. En los países de América Latina, una de las formas en que se fue propagando la denuncia, además del uso de las redes sociales, fue la reactivación del «escrache», como práctica que emergió desde la agrupación H.I.J.O.S. (hij*s de desaparecidos durante la última dictadura militar argentina), cuya historia conecta con las violencias y abusos, torturas y desapariciones realizadas durante las dictaduras militares de los años setenta y ochenta. El escrache era un proceso sobre todo de intervención barrial para interrumpir y visualizar la impunidad de las violencias extremas de la dictadura; de este modo se generaban brigadas que marcaban con el nombre del militar, torturador, etc., su participación en el genocidio dictatorial. Así, en el marco de #MeToo, la práctica del «escrache» fue retomada en diferentes países, ya fuera en México, Chile, etc., para pasar de la mera virtualidad de las redes a una práctica que iba a los territorios, generando una visualización de los abusadores y, en muchos casos, una interrupción de su participación en eventos o en la universidad, conferencias, charlas, etc.

Hay una dimensión del #MeToo que tiene que ver con el grito y con el hacer explícito y público en las redes sociales el conflicto que social e históricamente se ha mantenido oculto. Trae eso que el texto sobre lo siniestro de Freud manifestaba: sacar de la invisibilidad algo que socialmente tiende a permanecer oculto. Lo siniestro tiene que ver con la casa, con lo familiar, lo más normalizado y difícil de percibir. La fuerza de la masividad del #MeToo puso sobre la mesa aquella característica que la larga lucha feminista popular enfatizaba como punto crucial: salir de la excepcionalización del abuso sexual y psicológico para ponerlo en la malla de una cotidianeidad y una familiaridad que se oculta activamente a través de mecanismos culturales, legales, sociales. Sin embargo, el hecho de leer el #MeToo desde los análisis que los feminismos populares han puesto en el centro por décadas dificulta su comprensión porque nos hace preguntarnos por el horizonte al que la acción se puede destinar y las trabas que nuevamente pueden terminar trastocando un movimiento contra la violencia en una herramienta más de las formas de proceder en la «casa del amo», como diría Lorde.

Un texto reciente publicado en el espacio de recursos y lecturas Transform Harm nos insta a sospechar de ese interés tan grande de los medios de comunicación en publicar y hacer circular los casos de mujeres que denuncian a personas famosas en la industria del espectáculo, los juegos olímpicos, etc.[17] Si el quid en el pasado y en el presente de los feminismos desde abajo, es decir, de mujeres, disidencias, personas no binarias, trans y travestis, que no gozan de todo ese espectáculo ni posición de celebridad, era poder hacernos ver cómo el problema de «QUIÉN» actúa en esa violencia tenía que ver con el sistema mismo, ¿no hay ahora

---

[17] Ver el texto de Kai Cheng Thom, «Not Yet. Why I Won't Publicly Name Abusers», *Transform Harm*, 30 de noviembre de 2017; disponible online.

una trampa en poner el abuso individualizado como centro de un nuevo espectáculo? ¿Cuántos estereotipos hay en juego en el modo en que se lleva a cabo esa escenificación? Vemos a la «víctima» ahora «empoderada» y, del otro lado, al abusador, que era un ser fantástico hasta que las historias lo convierten en un monstruo, el lobo que salía a cazar a Caperucita. Seguimos en la retórica del sistema abusivo.

Una clave es asegurarnos de ir a fondo y preguntarnos: ¿adónde nos lleva esto? ¿Se está nuevamente controlando y capturando semánticamente una larga lucha por la justicia? Y también: ¿qué tipo de intervenciones podemos articular para no solo posicionarnos en la denuncia? Como sostiene adrienne maree brown, ¿cómo podemos problematizar esa lógica en nosotr*s y pensar formas para no reforzar desde nosotras mismas los imaginarios que se usan para dividir cada vez más? En este tono, han emergido universos importantes que intentan abrir otros caminos posibles para imaginar otro tipo de relaciones sociales que no se basen únicamente en la humillación y el castigo. En este sentido, me parece importante que pensemos lo que se desplegó en el Sur al compás de NiUnaMenos —«Nos mueve el deseo»— y en lo que en el Norte ha emergido desde los planteamientos de formas de activismo que vuelvan a basarse en el placer. Existen textos imprescindibles que ponen nuevamente en el centro el placer, el erotismo y la alegría, como elementos fundamentales para evitar reproducir la negación del cuerpo que caracteriza la política desde la «razón» patriarcal. Pienso en la idea de un «activismo placentero» que emerge en brown y en Federici, donde se retoman aspectos esenciales que vienen de la discusión entre el amor y el eros en los años setenta, como claves para pensar el «hacer» y lo que «sentimos» en el hacer, como decía Lorde.[18] Se abría con esto una pregunta

---

[18] Ver el libro de adrienne maree brown, *Pleasure activism: the politics of feeling good*, Chico, AK Press, 2019. Un texto de Isabella Paniz y Lola Varela reflexiona sobre el libro: «Activismo del placer: el erotismo es político», 21 de abril de 2021, disponible en https://www.happimess.co/activismo-del-placer-el-erotismo-es-politico/

honda por un amor «fuera» de la lógica de la propiedad y de la esclavización de las mujeres, en donde Federici y Lorde posibilitaron y posibilitan caminos diferentes porque, en ese otro modo de relacionarnos, emerge también otro sentido más integral de cómo afirmamos eso que el capitalismo destruye a través de la violencia en nuestros cuerpos. La destrucción de los lazos que hacen posibles los sentidos de comunidad han sido las formas en las que los procesos de acumulación han ido sembrando sus lógicas de expropiación. Muchos debates se han generado a partir de cómo la vertiente más *mainstream* del #MeToo, que los medios han promovido, se vincula con la mirada del feminismo carcelario (en el Norte) o punitivista (en los países hispanohablantes), con su dimensión liberal individualista que asume que la violencia se resuelve con su criminalización. ¿Qué tipo de sistema de responsabilización podemos articular junto con el #MeToo? ¿Qué preguntas?

Un experimento que llevaron a cabo «las pibas», estudiantes de secundaria en el Colegio Nacional de Buenos Aires, articula el tema del hacer público con el de desarrollar mecanismos que logren evitar más abusos, generando una trama social, cultural, educativa que hace pensar a fondo las capas que componen un proceso de responsabilización en varios frentes. Eleonor Faur lo investiga y analiza en «Del escrache a la pedagogía del deseo» y plantea que la clave fue el hartazgo en torno a cómo la institución promovía el miedo y el silencio si alguien se decidía a denunciar un abuso sexual. En 2017, se empiezan a movilizar para que haya modos de responsabilización y, para esto, convirtieron la experiencia en un proceso colectivo que ha ido cambiando y generando diferentes herramientas y procesos en varios campos. Como dice Faur con respecto a los procesos que empezaron a acontecer en el Colegio Nacional de Buenos Aires y en la Escuela Superior de Comercio Carlos Pellegrini, y en los respectivos colectivos Mujeres Empoderadas y Pibas Superpoderosas: «La marea feminista en estas instituciones implicó una revolución "desde abajo", diría Eric Hobsbawn, y cuestionó, de manera rotunda, pedagogías de género fuertemente arraigadas».[19] Como parte del proceso, fueron creando NoEsNo y desplegaron formas de sostenerse y cuidarse cuando alguien se decidía a hablar, aprendiendo a «transitar una práctica política horizontal y empática y, en sus grupos, debatieron las formas de gestionar las denuncias. Muchos varones se sumaron y apoyaron el proceso iniciado por las pibas».[20]

Una característica que me parece esencial en el relato que nos cuenta Faur a partir de múltiples entrevistas es que este proceso empieza a ir más allá del problema puntual que cada una de las pibas tuvo que vivir con relación a formas de abuso sexual, al tiempo que se trazan también las conexiones entre diferentes pedagogías. La de quién aparece con «derecho de desear y quién debe permanecer en un lugar pasivo» y también las diferentes formas en las que el propio currículum y el sistema pedagógico reforzaba toda una lógica de poder y de sumisión en la ausencia de textos escritos por mujeres o de eventos importantes en las luchas de las mujeres omitidos en las clases de historia. Esto se transformó en toda una pedagogía múltiple que acompaña procesos de escucha y de responsabilización, «grupos de varones antipatriarcales», «femiayuda» en bailes y encuentros, que tuvieron un impacto en la forma en que la que las instituciones tuvieron que replantearse su «habitus» y su modo de fortalecer las masculinidades. «El no es no de las pibas derivó en un ciclo en el cual las reglas fueron imaginadas, establecidas, implementadas y fiscalizadas por ellas». Como nos cuenta Faur, el proceso también implicó una instancia importante de reflexión y de intenso aprendizaje para los varones que empezaron a vincularse con ese sistema y, en lugar de irse a otros colegios, aceptaron el desafío de «aceptar ese espejo y aprender a mirarse con otros ojos, con ojos feministas».

---

[19] Eleonor Faur, «Del escrache a la pedagogía del deseo», *Revista Anfibia*, 2019, disponible online.

[20] Ibídem.

Existen muchos procesos como estos que nos hablan de algo que es crucial, pero que siempre es menospreciado, que tiene que ver con procesos pedagógicos que se despliegan desde la posibilidad de compartir la palabra y colectivizar problemas, trazando desde ahí caminos creativos para lidiar con estos. La imaginación es un espacio siempre deslegitimado en el que, sin embargo, pueden residir prácticas de supervivencia. Pasar de la situación de soledad que genera siempre una violencia para volver a experimentar la sensación de que es posible sentirnos parte de cómo lo atravesamos y colectivizamos. No es casual que diferentes procesos de este tipo, que se despliegan como búsquedas para realmente hacer frente a las violencias no solo del abuso, sino de la falta total de mecanismos para responsabilizar, para atravesar lo que esto genera y lidiar con ello, usen la palabra *pedagogía* para nombrase. El despliegue de aprendizajes feministas, como formas colectivas de cuidado mutuo y también de enfrentar la indiferencia total del sistema hacia nosotras y hacia nuestra palabra, se vuelve un puntapié inicial para lo que está siendo crucial en el presente: poder conversar, debatir y sostener cómo lidiamos con múltiples mecanismos a diferentes niveles para generar formas de responsabilización vinculadas a los deseos de las personas dañadas y al mundo que rodea y constituye la situación en la que la violencia acontece.

7

Intervenciones inspiradoras: reproducción social y responsabilización desde la comunidad

Cuando hablamos de comunidades fuertes que no necesiten policía, pienso siempre en la visión que materializa la experiencia de la municipalidad autónoma de Cherán, a más de diez años del sostenimiento de formas de autodeterminación comunitaria. El proceso de Cherán comenzó con la necesidad de enfrentar el miedo ante el incremento de la violencia cotidiana y el proceso de deforestación y tala del bosque que implicaba perder la vida.[1] Ese proceso se vinculaba con el monocultivo de palta, el uso de la madera y la instalación de narcolaboratorios, que hacían primar los intereses de las empresas extractivas, los cárteles y los políticos.[2] La progresiva tala y deforestación implicaba instalar la negación de la posibilidad de vida. Un mural lo expresaba claramente: «Los niños somos el futuro, pero sin naturaleza no hay nada». Frente al incremento de la violencia, un grupo de mujeres valientes decidió enfrentar a los talamontes con todo el riesgo que conllevaba, ya que detrás de esto estaban el narco, las autoridades y los políticos. Yunuén Torres, del primer Consejo de Jóvenes, recuerda la sensación de

---

[1] Alejandra Guillén, *Guardianes del territorio*, ob. cit.

[2] Para un estudio detallado de esta dinámica de múltiples violencias, ver el trabajo de Giovanna Gasparello, «Análisis del conflicto y de la violencia en Cherán, Michoacán», *Relaciones. Estudios de historia y sociedad*, núm. 39(155), 2018, pp. 77-112.

emergencia que producía el cambio en la geografía: *el paisaje se iba convirtiendo en otra cosa*. La agresión en los bosques iba acompañada de formas de abuso, extorsión, amenazas, donde las mujeres eran señaladas como el próximo territorio de conquista.[3] Se explicitaba una secuencia que yuxtaponía la instalación de una guerra contra la vida y la violencia sobre el cuerpo de las mujeres.

A partir del 15 de abril de 2011, se generó un repliegue comunitario con la centralidad de las fogatas, que se convirtieron en los sitios para compartir el calor, la palabra y abrir procesos de memoria, así como también conversar sobre cuestiones concretas de la reproducción social de la vida de la comunidad y el sustento cotidiano.[4] Era el espacio político para dar escucha a una memoria larga de cómo se lidiaba con la seguridad de la comunidad en otros momentos históricos. Una de las preguntas tenía que ver precisamente con qué prácticas de seguridad habían existido antes para proteger el territorio y la comunidad. Se llegó así a la ronda comunitaria como forma rotativa de protección de la vida y del territorio luego de que hubieran echado a la policía, a los partidos políticos y a los narcos.[5] La comunidad comenzó a reconocerse y reconstituirse como tal, procesando una memoria de saberes que habían sido

---

[3] En la memoria de las mujeres, se recuerda que los talamontes decían: «¡Cuando acabemos con el bosque, nos llevaremos a sus mujeres!»; ver «¡Nuestra lucha es por la vida!», *Fogata Kejsitani*, 15 de febrero de 2018, disponible online. Ver también la entrevista de Ana Cacopardo a Rosa Tomás Jerónimo, en «Historias debidas VIII: Adelaida Cucué Rivera - Yunuén Torres», Canal Encuentro, 5 de diciembre de 2017, disponible en https://www.youtube.com/watch?v=Qyxq0hKNack

[4] Ver la descripción detallada del proceso que hace Alejandra Guillén en *Guardianes del territorio*, ob. cit.

[5] Alejandra Guillén, ob. cit. y Susana Draper y Yunuén Torres, «Tierra y libertad: organizándose para la autodeterminación durante la pandemia de COVID-19 en Cherán, Michoacán, México» (Parte 1), *La abolicionista*, núm. 33, otoño de 2020, p. 5, disponible en https://criticalresistance.org/abolitionist/issue-33-covid-19/

denigrados históricamente al mismo tiempo en que fluían y se incorporaban nuevas formas de participación (mujeres, jóvenes, niñ*s) que iban gestando también diferentes prácticas de autogobierno.[6]

Desde entonces, se comenzó a abrir el camino de una experiencia singular y múltiple de autonomía. Junto a la fogata, como espacio de conversación en donde cuerpo y palabra afirman la capacidad de compartir conocimiento clave para la supervivencia colectiva, se instaló un proceso jurídico capaz de traducir el levantamiento en una forma de vida común sostenible en el futuro.[7] Torres enfatiza que todo el proceso legal y jurídico que llevaron a cabo gracias al acompañamiento del Colectivo Emancipaciones permitió dar un paso importante para que se les reconociera el derecho de autogobierno municipal autónomo.[8] Para esto, un eslabón muy importante es la capacidad de obtener una autonomía jurídica que hiciera posible el respeto constitucional del derecho de autodeterminación como reconocimiento de una voluntad *colectiva*. El proceso de reconocimiento de esta autonomía implicó la complejidad de lidiar con el aparato constitucional del Estado, desde una lucha que no viene de la tradición liberal de negociar derechos individuales, sino de buscar un reconocimiento legal al ejercicio autónomo de un pueblo como tal. Para eso, recurrieron estratégicamente a los «usos y costumbres» en un proceso no lineal, redirigiendo una legislación, que instaló lo indígena en el lugar fijo de un folklore, hacia un respeto de otra forma de hacer colectivamente.

Al quitar el reconocimiento a las autoridades que gobernaban la destrucción del pueblo y su territorio, se pudo

---

[6] El proceso de memoria activa y abierta se continúa en el espacio «Fogata Kejsitani: memoria viva», ver https://kejtsitani.wordpress.com/

[7] «Tierra y libertad, ob. cit.

[8] Torres, en ibídem. Para ver en detalle el trabajo del Colectivo Emancipaciones y los diferentes litigios que han facilitado, ver https://colectivoemancipaciones.org/

retomar una conversación interna sobre otros modos de organización e imaginar la seguridad como práctica de cuidado comunitario y de resguardo de la vida del y en el territorio. Como analiza Guillén en su detallado trabajo sobre el proceso, se activó la imaginación hacia la memoria de un «antes» como forma de volver a traer un tipo de cuidado comunitario que no pasaba por la presencia policial. ¿Cómo se hacía antes de que se hiciera normal la presencia policial en la comunidad?[9] Torres habla de la importancia de que haya una participación voluntaria de la propia gente de la comunidad, dándole a la ronda *un rol de cuidado y de participación, en lugar de castigo*, con el que se establece otro tipo de relación y ejercicio de poder.[10] El reemplazo de la lógica punitiva por la noción de un cuidado participativo entre quienes comparten el territorio de vida es un punto crucial para desplegar otras lógicas y sentidos. Se nombra la participación de tod*s como «resguardo» que se vincula a la importancia de habitar y compartir un territorio común, de un hacer y actuar en relación con ese horizonte. Hablando sobre la comprensión y el ejercicio de justicia, Torres explica que no se trata de plantear una idea de idilio en la que el mal pasa fuera y todo lo bueno dentro; la palabra *kataperakua* significa «donde todes podemos caer o caber», que implica también asumir que el mal o el daño puede pasar también dentro.[11] Esto es importante porque nos permite pensar y asumir el conflicto como parte del desafío constante de habitar y vivir colectivamente. Este es un punto que enfatiza las justicias transformadoras al romper el binario de «víctima» y «victimario» a través de

---

[9] «Emerge la ronda comunitaria», en *Guardianes del territorio*, ob. cit., extracto disponible en http://321ignition.free.fr/imp/es/ana/pag_016/docu.htm#_ednref124

[10] Susana Draper y Yunuén Torres, «Tierra y libertad: Organizándose para la autodeterminación durante la pandemia de COVID-19 en Cherán, Michoacán, México» (Parte 2), *La abolicionista*, núm. 34, invierno de 2021, pp. 10-11; disponible en https://criticalresistance.org/abolitionist/issue-34-neoliberalism-fascism/

[11] Torres, en ibídem.

figuras más complejas que apuntan a pensarnos con relación a las tensiones y conflictos de los que también somos capaces. La trama comunitaria que abrió el levantamiento de las mujeres en defensa del territorio plantea una forma de entender la capacidad política de otro sentido de *seguridad* que se vincula directamente con la posibilidad de participar colectivamente en la reproducción de la vida cotidiana y de determinarla.

La experiencia de Cherán nos permite trazar preguntas y desafíos para quienes habitamos ciudades más despersonalizadas, donde nos faltan muchas veces imágenes que nos ayuden a visualizar otros modos de pensar lo que entendemos por sentirnos segur*s en una red de cuidados.[12] Un punto fundamental viene de la capacidad de volver a articular otro modo de relacionamiento que empieza en cada cuerpo, como terminal de múltiples relaciones sociales en su barrio, y de la capacidad de empezar a compartir la palabra y las maneras de darle la vuelta a los problemas. Torres explica que no concebían la prisión como una solución para lidiar con el daño y la responsabilización, porque, cuando se envía a alguien a prisión por un tiempo largo, no solo se castiga a esa persona, sino que se daña a toda la familia y a personas cercanas. Entonces, en lugar de las fórmulas automatizadas por la cultura del mero castigo, nos permite atender a la capacidad práctica de preguntar acerca del *para qué y el cómo* se responsabiliza a alguien frente al daño dentro de un horizonte de vida que va más allá de la lógica individualizadora y del principio de lo desechable a muchos niveles. Volvemos aquí también al punto que enfatizó el colectivo Intervenciones Creativas al hablar de responsabilización comunitaria

---

[12] En su detallado y necesario análisis histórico sobre los diferentes procesos de autodefensa comunitaria en México, Luis Hernández Navarro nos permite entender también los diferentes estilos y desafíos que adquiere la práctica de la gestión colectiva de otros sentidos de seguridad según las articulaciones y las memorias en juego en diferentes regiones. Ver Hernández Navarro, *Hermanos...*, ob. cit.

como forma de hacernos volver a pensar acerca del daño y la violencia fuera de la lógica individualista e individualizante: cuando hay daño y violencia, esta no recae solo en la persona que la recibe o que la ejerce, sino que también repercute y tiene una trama en la gente de su alrededor. Es una enseñanza feminista que tiene que ver con el tejido del cuidado que implica vivir en relación de interdependencia con más vidas y deshacer el sentido tan fuerte que impuso el neoliberalismo de la libertad como *autosuficiencia* y de la seguridad como ideal de vidas cada vez más aisladas y recluidas tras cámaras de vigilancia y guardias.

Una clave importante en constante desafío tiene que ver con cómo el proceso de autodeterminación enfrenta el largo camino de desnaturalización de formas de violencia contra las mujeres. No se trata de idealizar y de decir que no existe más violencia contra las mujeres, sino de ver cómo. Algunos cambios que se pueden percibir como pequeños o desvinculados del tema van tramando otras formas de sentir una seguridad diferente. Al cambiar las formas de involucrarse en el trabajo de sostener la vida como algo que incumbe a todas las personas que cohabitan un territorio, se construye un tipo de participación diferente desde el debate y la escucha. *Esto hace más explícito que, para lidiar contra la violencia de género, necesitamos una textura más grande, en la que entran distintas economías en la cotidianeidad, que pasan también por la capacidad de tener un sentido en el hacer conjuntamente el día a día, en formas que van rompiendo la jerarquización patriarcal y sus economías.* Torres cuenta que, una vez, unas personas que estaban haciendo una estadía, se metieron con un grupo de mujeres jóvenes que caminaban por la calle y, ahí, ellas se dieron cuenta de hasta qué punto se habían desacostumbrado a esa violencia en los años de autonomía.[13] De inmediato, hablaron con la ronda comunitaria y la ronda habló con los forasteros. Una compañera que estaba de visita le preguntó cómo se había animado a hablar con la ronda y le parecía raro que

---

[13] Torres, en «Tierra y libertad», ob. cit., p. 11.

la hubieran escuchado y, sobre todo, que hubieran creído en su palabra. Estos ejemplos son imágenes de posibilidades en un aquí y ahora cuando las relaciones se tejen desde otro sitio. Por eso, creo que nos ayudan a entender las formas de lidiar con violencias dentro de un entramado más amplio en el que acontecen múltiples dimensiones de vida y de trabajo colectivo, en lugar de la abstracción.

De la experiencia de Cherán emerge una reflexión sobre el rol clave de activar una memoria de otras temporalidades desde la creatividad que la actualiza en varios sentidos diferentes. De ahí salen también «otras formas de pensar y ejercer lo jurídico», que, en lugar de enfocarse en lo punitivo, se dirigen más bien hacia los sentidos que implican la «restitución» y la participación en las decisiones de la vida colectiva.[14] Es importante resaltar que se trata de *un modo de entender lo jurídico que se engarza a un proceso material activo de participación en la reproducción de la vida a todos los niveles.* Es decir, no se trata de una abstracción del problema respecto a las condiciones que lo generan, sino que se trata de una experiencia que va enlazada a otras formas de relacionarse en el sostenimiento de la vida. Así, las decisiones sobre los sentidos de seguridad y de justicia son parte de la capacidad de *cohabitar* un lugar en sentidos que van metamorfoseándose desde diálogos y estilos intergeneracionales. En este sentido, la violencia contra mujeres y niñ*s va adquiriendo formas de perceptibilidad diferentes a través de una mayor discusión y debate sobre el tema en el reparto de tareas y actividades, y en la circulación de voces y de saberes.

El proceso de autodeterminación comunitaria, que implica la coparticipación en las tareas y las economías, desplaza la norma que automatiza el castigo con la cárcel, abriendo un tipo de proceso diferente para lidiar con la violencia desde otras formas de autoridad y mediante

---

[14] Esto es algo que analiza a fondo Pilar Calveiro en «Repensar y ampliar la democracia. El caso del Municipio Autónomo de Cherán K'eri», *Argumentos*, núm. 27(75), 2014.

procesos asamblearios. Esto se describe en el análisis que
realizaron Lucero Ibarra, Rocelia Rojas, Guillermina Tapia
y Yunuén Torres en torno al debate y a la movilización
tras el feminicidio de la joven comunera y defensora de la
tierra, Guadalupe (Lupita) Campanur Tapia, el 16 de enero de 2018. El feminicidio desplegó un proceso de debate
interno a la comunidad en los espacios de asamblea que
también generó muchas resistencias por parte de mujeres
y hombres frente a la propuesta de hacer una movilización
para manifestar el repudio frente a este feminicidio y la
exigencia de justicia. La principal diferencia es que, en una
comunidad que cuenta con formas de autogobierno, el automatismo de desplazar el problema a la corte criminal se
suspende porque hacer justicia y el castigo se significan
en múltiples dimensiones. Esto se percibe en la densidad
que tuvo el proceso de debate que describen sobre las movilizaciones en la comunidad, incluyendo la reflexión de
quienes son más jóvenes frente a las resistencias que continúan existiendo en personas más mayores para erradicar
la violencia contra las mujeres en lo cotidiano. Nos dicen:
«Cuando construimos unidad desde el dolor para demandar públicamente justicia para Lupita Campanur, reno-
vamos también nuestro compromiso con la participación
política de la comunidad y con las estructuras de gobierno
que fundamos desde la movilización social que cimentó el
proyecto político de Cherán. Perder la seguridad y volver
a una situación en que no podemos movernos tranquilas
por la calle nos lleva, en lo cotidiano, a un momento de
vida que ya habíamos superado».[15] La lucha en torno al
feminicidio no es un «aparte», sino una instancia que *pro-*
fundiza una serie de preguntas dentro del proceso de autonomía
política y la cohabitación territorial. Se siente otro horizonte
porque hay un hondo proceso de reflexión crítica sobre

---

[15] Lucero Ibarra Rojas, Rocelia Rojas Guardián, Guillermina Tapia Fabián, Yunuén Torres Ascencio, «La demanda por justicia
de género en una autonomía indígena: las mujeres de Cherán
contra el feminicidio», *Género y diálogo de saberes*, núm. 6, 2020,
pp. 139-166, p.160.

esta forma de violencia que conduce la pregunta por la autonomía al interior mismo de la comunidad y a la necesidad de trabajar grupalmente para poder atravesar todas esas violencias que persisten a través de roles y de dinámicas. A través de ese caso límite que involucró la muerte de una compañera querida en la comunidad y que tenía un peso importante en la historia de la rebelión, se hizo más patente el desafío constante de poder desarrollar sentidos de seguridad vinculados a las dinámicas cotidianas más imperceptibles. Al reflexionar sobre la autonomía y la lucha contra la violencia estatal, abren un pliegue que lleva también a la pregunta sobre las violencias que siguen al interior del proceso comunitario en formas naturalizadas, como en el caso de la violencia en la dinámica de la pareja, que, como venimos viendo, es una de las más complejas de sobrepasar. En este sentido, dentro del horizonte de lucha por nutrir autonomía, la pregunta clave venía de «cómo se expresa la lucha contra la violencia de género» y lo que «significa para los procesos y la construcción de autonomía».[16]

Cuando pensamos en la necesidad de desplegar otros sentidos de justicia desde y hacia la vida, es importante hurgar por la densidad de sentidos que posibilita la ruptura del automatismo que rige el ideal liberal y neoliberal de justicia entendida únicamente como castigo selectivo individual que, con cárcel y represión, refuerza las injusticias y desigualdades generadas por el sistema. Los saberes de las comunidades que articulan otros saberes ancestrales que pueden engarzarse con procesos vivos de memoria y su reactualización luego de siglos de violencia genocida sobre su existencia colectiva, nos permiten entender gran cantidad de dimensiones ausentes dentro de la limitación de la justicia a una gestión estatal automatizada. Sobre todo porque esa gestión va de la mano con procesos históricos de subyugación y subalternización de las formas de vida que son una amenaza para la lógica de progreso del capital. En este sentido, hay mucho que necesitamos

---

[16] Ibídem, p. 158.

aprender al recorrer procesos y dimensiones poéticas que se están poniendo en el centro de luchas claves en defensa de los territorios y de la vida, donde las mujeres juegan un rol importante. Lo vemos en la larga historia de asedio, apuntalamiento y asesinato de tantas lideresas ambientales, como aconteció con Berta Cáceres, y lo vemos en los procesos de levantamiento colectivo, como el acontecido Cherán o en largos procesos de sostenimiento comunal de la vida como en Totonicapán, Guatemala, donde, como analiza Gladys Tzul Tzul, la acción de las mujeres sostenedoras de la vida ha sido primordial.[17] Lo vemos también en los desafíos que están cruzando en este momento las comunidades mapuches frente a los intereses corporativos de empresas que, en coordinación con las élites locales y el poder judicial, lanzan al ejército a destruir la posibilidad de habitar los territorios ancestrales recuperados en lucha tras siglos de persecución y poder genocida.

Reunión: Lof Lauken Winkul Mapu es un texto coral y polifónico en el que la toma colectiva de la lengua conecta la dimensión poética con la posibilidad misma de lucha territorial y vital. El experimento poético emerge desde una forma singular de escucha y cocreación entre Dani Zelko y personas de la comunidad mapuche Lof Lafken Winkul Mapu, en donde se expresa una lucha compleja que no se limita a un tipo de segmentación de lo político en los esquemas de un partido, o sector, sino que implica «un modo de ser y de estar» que excede a la figura individual de la persona o del territorio como geografía de una «nación» para poder manifestar otra urgencia que tiene que ver con la capacidad de proteger todo lo que es.[18] Soraya

---

[17] Gladys Tzul Tzul, «Mujeres indígenas: historias de la reproducción de la vida en Guatemala. Una reflexión a partir de la visita de Silvia Federici», *Bajo el volcán*, núm. 14(22), marzo-agosto de 2015, pp. 91-99; «Las mujeres reivindicamos una larga memoria de lucha por la tierra», *Revista Amazonas*, 3 de abril de 2020, disponible online.

[18] VVAA, *Reunión: Lof Lauquen Winkul Mapu*, Buenos Aires, Museo del Libro y de la Lengua, Ediciones Biblioteca Nacional, Colección Cuadernos de Lenguas Vivas, núm. 3, 2021, p. 53.

Macoño señala: «Nuestro concepto de justicia no tiene nada que ver con el del *winka* / nuestro concepto de justicia no es una forma de castigo / *es una forma de conocimiento* / *que todavía estamos reconstruyendo*».[19] Se nombra la justicia mapuche como *una búsqueda* en donde, «primero de forma espiritual y luego de forma material», la comunidad debate sobre la forma de «reparar un daño».[20] Ir más allá de un sentido de justicia basado en la relación individuo-propiedad nos permite plantear una gran pregunta sobre la capacidad de cohabitar en la vida, sobre todo en un momento en el que cada vez se hacen más perceptibles los daños irreparables a la tierra que habitamos. La lucha por la defensa de la vida y el territorio que viene aconteciendo en el Puel Mapu dentro de un momento de intensificación de violencia estatal con la que se protegen los intereses de los capitales privados se posiciona como una movilización que nos incumbe a todas las personas que habitamos la tierra. Esta conexión es clave y abre la posibilidad de pensar cómo los sentidos limitados de justicia liberal y neoliberal están atados a un proyecto destructor de la vida.[21]

---

[19] Soraya Macoño, en ibídem, p. 91.

[20] Macoño, en ibídem, pp. 91-92.

[21] *Reunión* coraliza la rabia frente a una intensificación de la violencia hacia este pueblo mapuche que, luego de décadas, pudo volver a contar con una *machi*, Betiana Colhuan Nahuel, líder espiritual del *newe* y reconectar con una memoria larga que persiste y en la que late la posibilidad de supervivencia. El asesinato de Rafael Nahuel, *lamuen* mapuche, de 22 años al que le disparó la Prefectura el 25 de noviembre de 2017, el mismo año en que asesinaron al activista ambiental Santiago Maldonado de 25 años, habla de una secuencia de violencia que cristalizó oficialmente con la creación de un comando especial en octubre de 2022. Se lo llamó Comando Unificado y fue constituido por fuerzas de Gendarmería, Prefectura, Policía de Seguridad Aeroportuaria y Policía Federal como «medida preventiva» para actuar en coordinación frente a posibles «delitos». A la brevedad, esta fuerza actuó en el desalojo del Lof en Villa Mascardi, poniendo en prisión «preventiva» a varias mujeres mapuche con sus niñ*s, entre ellas la *machi*, intentando apresar así la fuerza espiritual de su

Redimensionar sus sentidos da pie a una serie de preguntas brújula: ¿cómo reaprendemos a coexistir de otras formas? ¿Cómo retomamos saberes que nos permiten parar la expansión cada vez más intensa de violencias dentro de los paradigmas de diferentes procesos de expropiación de tierras y vidas que se expresan como diferentes «guerras»?

Las memorias son clave para rearticular saberes que se hacen comunes aun en sus desafíos constantes y expresan otro tipo de relación vital de la comunidad que reconduce la pregunta en torno a la violencia hacia una pregunta por la posibilidad de la vida en todas sus dimensiones. Esta es una pregunta crucial que se activa también en los imaginarios abolicionistas urbanos en el presente, donde la memoria emerge como un sitio fundamental para la activación de saberes que el neoliberalismo ha controlado estratégicamente. Recordando las palabras de Mariame Kaba, hay una amnesia *impuesta* cuidadosamente por los imaginarios carcelarios cada vez más automatizados que nos impide volver a una pregunta clave y básica que viene de la historicidad: si el sistema industrial penal no existe desde siempre, ¿por qué nos es tan difícil imaginar «cómo funcionaba el mundo antes de eso»?[22] Ejercitar la memoria, llevar nuestra imaginación a contrapelo de las narrativas coloniales y capitalistas de «progreso» cada vez más violentas, nos ubica en otro lugar muy necesario en el presente. *Necesitamos activar pasados, dar con las preguntas que vienen de la forma novedosa en un presente y poder pensar juntas formas de respuesta creativa que «aseguren» un futuro para tod*s en la tierra.* En este sentido, se abren posibilidades que puedan también cruzar, atravesar, los sistemas de separación y etiquetación que el capitalismo neoliberal ha

---

pueblo. Al mantener por medio año en prisión «domiciliaria» a las mujeres y sus niñ*s sin que existiera una razón jurídica para ello, se manifestaba la arbitrariedad de esos poderes, en su carácter patriarcal y colonialista.

[22] Mariame Kaba y John Duda, «Towards the horizon of abolition. A conversation with Mariame Kaba», *The Next System Project*, 9 de noviembre de 2017, disponible online.

intensificado desde la captura de la noción de políticas de identidad. Como veíamos en el primer capítulo, cuando Combahee River acuñó el término «políticas de identidad», buscaba crear un lugar de habla que hiciera posible una comprensión múltiple y simultánea de formas de opresión que se intensifican cuanto más abajo se está en la pirámide social. Sin embargo, esto no significaba el no poder hacer en coalición, es decir, no se trataba de negar todo lo que no hablara desde esa posición. Cuando desde los partidos políticos se capturó estratégicamente ese concepto, se lo convirtió en un tipo de fórmula para separar grupos, colores, posiciones. Estamos en un momento en el que se hace necesario poder generar otros modos de hacer y de pensarnos en y a través de las diferencias. Necesitamos poder resistir y deseducarnos de la forma en la que nos imponen las diferencias como identidades hechas, fijas y desvinculadas de la materialidad de una transformación radical que tiene que ver con la sostenibilidad misma de la vida colectiva en la tierra. Es decir, poder dar con una capacidad política nueva que potencie formas de relacionarnos entre diferentes y sostenernos en una multiplicidad radical que no tenga como clave eso que el sistema, sobre todo imperial, impone de forma cada vez más directa, para mantenernos dividid*s y aislad*s en celdas invisibles que le hacen más sencillo el trabajo de expropiar y dominarnos. De este modo, la capacidad de relacionarnos y lidiar con los conflictos, como clave de búsqueda de otras justicias, es también una tarea que nos toca dentro de la cotidianeidad organizativa. Al dividirnos, nos arrancan toda posibilidad de enriquecer una lucha compartida, en la que aprender a abrir la mirada y a entender y a percibir otras posibilidades políticas.

Debilitamiento de la comunidad: separar, dividir, expropiar, precarizar

«Las comunidades fuertes no precisan policía», dice un mantra ambulante que circula por las calles sostenidamente desde las luchas contra las prisiones y la vigilancia policial. Con esto se apunta hacia la necesidad de ir a eso que el neoliberalismo destruye, que es la posibilidad de hacer comunidad. Muchas reflexiones contemporáneas sobre lo común nos instan a dar una vuelta de tuerca en la forma en que usualmente abordamos esa reconstitución de tejidos a partir de una activación de memorias de otros modos de hacer.[23] En *Producing the Common and Reproducing Life* [Producir lo común, reproducir la vida], Raquel Gutiérrez, Mina Navarro y Lucía Linsalata proponen claves para pensar un hacer común como proceso constante de memoria y recreación. Se trata de reconstruir tejidos para reimaginar una forma de politicidad que, siguiendo la inspiración de Bolívar Echeverría, implica repensar la capacidad «de dar forma» a nuestras vidas y dejar el efecto de constante delegación y subyugación en el que nuestras vidas son inscritas, una y otra vez, en sistemas no elegidos. Al mismo tiempo, le hacen frente al peligro de esencializar lo comunitario como algo cerrado e ideal que necesitamos recuperar. Así, nos plantean que *hacer común es un proceso lleno de devenires, transformaciones y esfuerzos colectivos por comprender y transformar las relaciones y condiciones sociales en que reproducimos nuestras vidas*. Uno de los puntos cruciales del texto viene del énfasis en la capacidad de atravesar y no cumplir el mandato de la división entre producción y reproducción que ha sido instalada también en el corazón de las políticas de izquierda. Al sostener esa división invisible de esferas, nos instan a reenfocarnos «en los procesos, relaciones sociales y formas políticas que sostienen la reproducción de la vida bajo las reglas del capital y las contradicciones de esas realidades».[24] Rebelarse

---

[23] Silvia Federici y George Caffentzis, «Comunes contra y más allá del capitalismo», ob. cit.

[24] Raquel Gutiérrez Aguilar, Lucía Insalata y Mina Navarro, «Producing the Common and Reproducing Life: Keys Towards Rethinking the Political», en Ana Cecilia Dinerstein (ed.), *Social Sciences for an Other Politics. Women Theorizing Without Parachutes*, Londres, Palgrave, 2017, pp. 79-92, p. 84, traducción mía.

a mantener las separaciones invisibles que han delimitado un modo patriarcal de comprensión de lo político es muy importante a la hora de ahondar a fondo en el sistema de violencias.

Uno de los aprendizajes que vemos en Cherán, como una suerte de cristalización de lo que puede una comunidad que no separa entre producción y reproducción, es que la violencia contra las mujeres comenzó a disminuir a partir del momento en que la conciencia de un hacer común implicaba a tod*s. Parte de eso es también la capacidad de transformación y maleabilidad que se tiene en ese dar forma colectiva a la vida que se quiere vivir y a las prioridades que así se establecen. Al hablar de cómo se van transformando los roles en una participación igualitaria rebelde, Torres decía que empieza a instalarse más la pregunta de por qué unos se sientan y esperan para ser servidos con comida por las mujeres. La participación de tod*s en la asamblea o en la ronda comunitaria son dos puntos claves en la autogestión de una vida cuidada entre tod*s. Con las rotaciones para la participación en la asamblea o en la ronda comunitaria, se empieza también a distribuir más la tarea de cuidados de l*s niñ*s en las casas, modificando los roles como parte de una serie de efectos que tuvo la transformación en la manera de organizar la vida y desde la vida, es decir, como parte orgánica de algo profundo y no como la imposición desde arriba de un deber no elegido ni procesado.[25]

Esto explica un tipo de transformación social y cultural al compás de otra configuración de la economía política cotidiana, algo que atraviesa subjetividades y nos instala más acá y más allá de la idea abstracta de legislación que muchas veces replica la división de esferas en donde lo legal parece ir a un ritmo y a tomar una dimensión diferente y abstraída de la vida. Por ejemplo, en el proceso de investigaciones y sondeos que se llevó a cabo para plantear la necesidad de una ley que garantice los cuidados como

---

[25] Torres, en «Tierra y libertad» (Parte 2), ob. cit.

derecho universal en Uruguay, un punto dominante que reiteraban las encuestas era la presuposición cultural de que las mujeres de la familia son quienes debían hacerse cargo y gestionarla a diferentes niveles.[26] ¿Cómo transformamos las condiciones materiales y culturales que asume la división sexual del trabajo y los mandatos de género derivados de esta sin pensarlos como un asunto «secundario» políticamente, sino más bien como parte clave en una malla compleja de dimensiones que se coimplican? ¿Cómo nos movemos con la relación Estado / comunidad, en medio de un contexto en el que mucho del «Estado» es una fuerza cada vez más represiva y la comunidad ha sido el foco de un despojo sistemático que acentúa las violencias contra las mujeres, travestis, trans y personas no binarias? ¿Cómo volvemos a trazar estratégicamente demandas que se dirigen al Estado (sea a través de legislación, sea a través de demandas presupuestarias) si queremos simultáneamente tener cautela con la dependencia respecto a las lógicas patriarcales y racistas del Estado?

Estas preguntas nos llevan también a pensar cómo evitamos entrar en la mera lógica de la protesta como movilización «anti» o «contra», que termina exigiendo todo como un milagro desde arriba y que genera, como dice Grace Lee Boggs, más dependencia, y abren también una serie de preguntas acerca de las formas en que podemos articular demandas y procesos de autonomía.[27] Cuando hablamos de la necesidad de redistribución económica para generar vivienda, salud, educación, entendidos como

---

[26] Para una exposición del proceso de elaboración conceptual del tema, ver «Los cuidados en la agenda de investigación y en las políticas públicas», de Rosario Aguirre, Karina Batthyány, Natalia Genta y Valentina Perrotta, *La construcción del sistema de cuidados en el Uruguay. En busca de consensos para una protección social más igualitaria*, Santiago de Chile, CEPAL - Serie de Políticas Sociales núm. 193, Publicación de Naciones Unidas, 2014.

[27] Grace Lee Boggs y Scott Kurashige, *The Next American Revolution. Sustainable Activism for the Twenty-First Century*, Berkeley, University of California Press, 2011, p. 67.

derechos básicos, estamos pensando en cierta infraestructura desde la posibilidad de redirigir la cantidad de dinero que se invierte en sostener la precariedad y el despojo con la excusa de más seguridad. Es decir, cómo redirigimos eso hacia la creación de condiciones que hagan posibles otros sentidos de seguridad que implican, entre muchas cosas, la desnaturalización del no valor del trabajo reproductivo y su traducción cultural en estereotipos de clase, raza y género. En la línea de Boggs, de proponer formas *para reimaginar* transformaciones sociales, económicas, vitales que no generen *más dependencia*, pienso en una distinción clave que maneja el manifiesto «Salarios contra el trabajo doméstico», de 1975, con relación a esa tensión. Me refiero al planteamiento de que cuando no hay condiciones materiales para la subsistencia real e inmediata, necesitamos distinguir entre la *exigencia o demanda que planteamos* y la capacidad de usar ese recurso *para nutrir y generar* procesos de determinación colectiva en lugar de mayor subordinación. Es decir, cuando se exige al Estado lo que nos debe, *evitar activamente* que eso implique un control mayor de este sobre nuestras vidas. Se trata de posicionarnos estratégicamente para que esa demanda no se convierta en una mera asistencia, que viene precisamente a aumentar el control del Estado sobre nuestras vidas, *sino como un modo de usarlo para reconstruir formas de autodeterminación de grupos y comunidades*. En «Salarios contra el trabajo doméstico», esta distinción necesaria se enfatiza en un momento clave del texto, cuando se explicita que, al hablar de salarios, necesitamos comprender la demanda como «perspectiva política» y no como un «fin» de la lucha en sí mismo. Federici nos recuerda que si solamente se lee «salarios» como un «fin», se está perdiendo de vista lo más importante de esa lucha, que es su *dimensión política*. Esto nos permite entender la utilidad que la invisibilización y la denigración del trabajo reproductivo no reconocido como tal ha tenido para el capitalismo y su reproducción. Respecto al cuidado de l*s niñ*s, nos dice por ejemplo: «Una cosa es organizar comunalmente la manera en la que queremos alimentarlos (nosotras mismas, en grupos) y exigirle al Estado que asuma este gasto y lo diametralmente opuesto es demandar al Estado que organice nuestros menús. *En uno de los casos adquirimos determinado control sobre nuestras vidas, de la otra manera le otorgamos más control sobre nosotras*».[28] Esta distinción entre la demanda para hacer posible otra infraestructura y la afirmación de autonomía colectiva resulta ser hoy una clave política muy importante para repensar de manera práctica la relación con el Estado en diferentes frentes y procesos. Es un punto fundamental en el manifiesto que generalmente se pasa por alto y que, sin embargo, postula una sintonía con experimentos comunitarios importantes, como el que analizaba anteriormente de mujeres organizadas como «Familias por una justicia como sanación». A tono con esto, podemos pensar también en «Californian*s unid*s por un presupuesto responsable», una coalición que cuenta con alrededor de 80 organizaciones que se movilizan en torno al presupuesto del Estado para cerrar cárceles y frenar la construcción de nuevos recintos. El propósito es poder *redirigir* ese presupuesto inmenso con el que se destruye la vida y el medioambiente, para invertir en una infraestructura necesaria para las comunidades que han sido más asediadas por el Estado carcelario. Su propuesta, «El plan del pueblo para cerrar las prisiones», postula una serie de prioridades que apuntan a desarmar la composición material y cultural de un Estado carcelario y generar las condiciones materiales que fortalezcan procesos de autodeterminación colectiva para la vida, incluyendo la necesidad de frenar la toxicidad que implican las prisiones para los cuerpos y el medioambiente.[29]

En estas visiones, se abren muchas posibilidades para ahondar más en los mecanismos que nos permitirían

---

[28] «Salarios contra el trabajo doméstico», en *Revolución en punto cero*, ob. cit., pp. 42-43.

[29] Californians United for a Responsible Budget (CURB), «The people's plan for prison closure», 2021, disponible en https://curbprisonspending.org/wp-content/uploads/2021/04/Peoples-Plan-for-Prison-Closure.pdf

también *desear* ser parte de procesos de determinación colectiva de nuestras vidas. Esto también implica poder nombrar y concientizarnos de que se trata de procesos complejos y llenos de dificultades y conflictos interpersonales, que requieren de un modo de organizarnos para atravesarlos para que no nos destruyan como colectivo. Como veíamos antes, poder abrir pliegues y posiciones complejas que no se muevan en la tradición de las lógicas disyuntivas paralizantes nos puede permitir aterrizar cambios a muchos niveles, activando nuestra imaginación para poder conectar lo que nos educan a separar. Es decir, se trata de poder exigir o demandar sin que esto se traduzca llanamente en una desactivación de la capacidad de nutrir lazos comunitarios y autonomías frente a un sistema que está destruyendo la vida. Es necesario romper el lugar pasivo en el que nos colocan y reconectar estratégicamente con aquello que está decidiendo sobre la posibilidad de vivir de la mayoría de las personas.

Esto tiene una relación clave con la lucha para poner fin a las violencias contra las mujeres entendida en un sentido abierto y amplio, porque, como veíamos en las luchas comunitarias, la capacidad de disminuir la violencia de género, como forma de violencia entrelazada a muchas otras, nos insta a nutrir y a reestablecer lazos comunitarios donde vivienda, trabajo, educación, sexualidades, capacidad y deseo de enriquecer la experiencia cotidiana más allá del «consumo» son todas partes cruciales en la lucha y no asuntos «exteriores» a esas violencias. Las cooperativas, los talleres de aprendizaje legal, las revistas para compartir la palabra situada en un hacer coordinado entre habilidades y experiencias y en desigualdad de clase, de color, de situación, como dicen en Mujeres de Frente, todo tiene que ver con la necesidad de replantearnos *los tejidos* que el neoliberalismo ha ido cortando, separando comunidades y generando violencias que expresan su forma más explícita en la cárcel.

La secuencia que describe Marx al hablar de acumulación originaria en *El capital* tiene los componentes

esenciales que vemos también en el presente: la expropiación territorial genera la necesidad de desplazamientos
forzados hacia otros territorios en donde los cuerpos migrantes se vuelven fuerza de trabajo barato para ser explotados tan solo para poder mantener la reproducción del
cuerpo. Al compás de la precariedad, de la falta de vivienda y de las condiciones de vida, se generaban y generan
nuevos procesos penales que criminalizan a quienes fueron y son despojados de la tierra y de la vivienda. Desde la
lógica corporativa del capitalismo financiero, esos nuevos
códigos de penalización crean actualmente nuevas figuras
criminalizables que plantean todo un sistema de ganancia a partir del encarcelamiento: «criminalizar» implica
generar más personas que llenarán las camas que man-
tendrán más ganancia. En el caso de la «guerra de contra
las drogas», es un negocio cerrado: como nos dice Paley,
no cambió casi nada en términos de tráfico, consumo o
venta, pero sí cambió todo en términos de vida para comunidades enteras. César Cuauhtémoc García Hernández
nos muestra con datos del 2017 cómo la industria corporativa de las cárceles en Estados Unidos, a 128,88 dólares
por día y cama, hace nada menos que 3,2 millones al día
con el ICE.[30] Para llegar a esta cifra, necesitamos ahondar
en el camino que nos trae hasta acá, que implica toda una
historia de intervencionismo imperialista y corporativo
acordado con las élites locales que va generando procesos
largos de destrucción, expropiación y dolor de comunidades enteras, que rara vez se muestra de modo íntegro en
un mismo mapa.

La lógica de guerra es construida permanentemente
como engranaje crucial para el mantenimiento de un sistema imperialista, es decir, de una expropiación permanente de países a partir de una creación de dependencia
donde la deuda es central. Codificar en guerra es producir

---

[30] ICE, como se ha señalado, son las siglas en inglés del servicio
de inmigración y control de aduanas (Immigration and Customs
Enforcement) que pertenece al departamento de seguridad
nacional.

una necesidad permanente de «defensa» militar y control territorial ilimitado «frente» al enemigo de turno. Desde los años ochenta, se vienen creando las condiciones de precarización y violencia que generan la necesidad de abandonar el territorio para poder sobrevivir. Al migrar y resistir la captura para ser parte de las bandas que se manifiestan funcionales al sistema, emerge una continuidad de la violencia al cruzar la frontera. Personas que sobrevivieron a esa violencia y necesitaron migrar son nuevamente violentadas cuando son detenidas en las cárceles migratorias, donde las corporaciones continúan el trabajo de extraer ganancias, sacando más de cien dólares por día y cama. Entonces, cruzar, migrar, no implica que se acabe la historia de ese horror orquestado desde la concertación entre nuevas legislaciones, ajustes y acomodos corporativos desde los Estados a partir de los planes vinculados a la «guerra contra las drogas». Cuando miramos desde las vidas y los cuerpos, la condición permanente de expropiación se mantiene cuando las personas migran para ingresar al meganegocio de las cárceles de migración. Se condensa un *mélange* de muertes construidas por el sistema.

Retejer memorias de otros tiempos

El abuso sexual, la toma del cuerpo de la mujer como terreno de conquista, la intensidad de feminicidios como parte del entrenamiento en un sistema de «dueñidad» a partir de una «pedagogía de la crueldad», como nos enseña Segato, implica una educación en separar, dividir y destruir comunidades. Betty Ruth Lozano pregunta acerca de las formas en que los nuevos mandatos de subjetividad masculina, dentro de lógicas de «desarrollo» y de conflicto, van tomando el cuerpo de las mujeres como «el camino más fácil para la demostración de esa potencia bélica y sexual con la que actualmente se necesita demostrar masculinidad».[31] Nuevamente, los cuerpos de las mujeres marcan la «necesidad» de un sistema aniquilador de masculinidades y poderíos. Este es el hilo crucial que recorre también las preguntas de Lorde sobre cómo se va replicando una vía de destrucción al interior de las tramas de comunidades que han sido históricamente asediadas por ese poder que el feminicidio viene a sustentar. Como expresa Lozano cuando analiza la situación de violencia en la zona del Cauca: «Toda esa transformación que se está haciendo sobre las comunidades, toda esta destrucción del proyecto histórico de ser pueblo negro está transformando no solo las economías solidarias, sino también todos los imaginarios, las subjetividades, los modos de pensar, los modos de ser y hacer y está transformándolo todo».[32] Esto se hace difícil de nombrar porque la lengua misma habla muchas veces a través de nosotras, desde esa valoración trastocada.

Necesitamos abrir la memoria de otros tiempos que han sido horadados y desplazados a capas subterráneas por este presente. Como analiza en detalle Mina Navarro, la memoria es un componente crucial de resistencia en las luchas contra el despojo. Un punto que menciona es la capacidad de prefiguración que esto implica para articular otros sentidos.[33] Parte del sistema de miedo y vio-

---

[31] Betty Ruth Lozano, «Conquista de territorios y de subjetividades», en VVAA, *Feminicidio y acumulación global. Asesinatos de mujeres en grupos étnicos y racializados. Luchas y reexistencias*, Buenos Aires, Instituto Nacional contra la Discriminación, la Xenofobia y el Racismo-INADI, 2022, pp. 139-140 (Memorias del Foro internacional sobre feminicidios en pueblos étnicos racializados. Asesinato de mujeres y acumulación global, que tuvo lugar en Buenaventura, Colombia, entre el 25 y 28 de abril de 2016); disponible online en https://www.argentina.gob.ar/sites/default/files/2022/03/libro_acces_con_isbn_final_2.pdf

[32] Ibídem.

[33] Mina Lorena Navarro, «La memoria como impulso de resistencia y prefiguración en las luchas socioambientales», *Tramas*, núm. 38, 2012, pp. 123-146, p. 127.

lencia funciona desde la creación del olvido, es decir, nos invalida la capacidad de sentir y recordar el antes, el cómo era antes. Al generar situaciones de división y violencia interna, y, a su vez, situaciones de desplazamiento forzado de comunidades enteras, se necesita modificar los modos de saber y de hacer. Dividir, horadar, separar a las personas entre sí es uno de los mecanismos que han probado ser más operativos y funcionales para mantener un sistema de expropiación. Cuanto más dividid*s estemos, más fácil será imponernos formas desde arriba.

Nietzsche decía que cuanto más destruidos están los lazos de una comunidad, más fuerza adquiere la *cuantificación del castigo*. En otras palabras, cuanto menos fuerza y confianza hay en los lazos de la comunidad, más fuerte se vuelve el *imaginario penal*.[34] Para Nietzsche, este universo penal configurado desde la primacía del castigo usa y abusa de un *imaginario de guerra*: poner a un enemigo enfrente, quitarle sus derechos, aplicar sobre su cuerpo la crueldad; y también, que el nivel de abstracción que emerge con el imaginario punitivo (aumentar o disminuir la temporalidad del castigo) implica una separación —abstracción entre *el hecho* (lo que produjo un daño) *y el sujeto que lo hace*— entre las condiciones, las relaciones entre su vida y el daño producido. Cuando pensamos en esto desde la pregunta por las condiciones de posibilidad del daño, usualmente esa división tajante se desdibuja: muchas personas que hacen daño son también sobrevivientes de múltiples otros daños a lo largo de su vida, daños que permanecieron en silencio o que fueron articulados para enfrentar una completa indiferencia.

En un texto escrito tras el doloroso asesinato, el 2 de mayo de 2014, del zapatista Galeano (José Luis Solís López) por parte de paramilitares orquestados por el gobierno, Ángel Luis Lara nos recuerda las raíces de las palabras

---

[34] Friedrich Nietzsche, *On the genealogy of morals and other writings*, Cambridge, Cambridge University Press, 2006, p. 47 [ed. cast.: *La genealogía de la moral*, Buenos Aires, Gradifco, 2007].

venganza y *justicia* para ayudarnos a comprender el sentido de la justicia en el mundo zapatista, así como también las claves en las que el sistema intenta, una y otra vez, capturar para su lógica algo que le excede. En el mundo occidental, la palabra *venganza* tiene su origen en el *vis* que es un vocablo latino que significa «fuerza» y es el origen también de palabras como *violación* o *violencia*. *Justicia* se relaciona con *yoh*, que se utiliza en sánscrito para hablar de sanar y salvar. Lara usa esta diferencia para explicar la forma en que la comunidad zapatista lidió con este asesinato tan significativo. Nos dice que, usualmente, la práctica paramilitar persigue la conversión de la justicia en venganza. La acción paramilitar tiene un doble propósito: la producción del miedo y la reproducción de su imagen especular en el seno del proyecto emancipador que trata de reprimir. Su objetivo es conseguir que el rebelde al que combate se envenene con sus mismas pasiones tristes: «"Ser como ellos", decía el otro Galeano».[35] Esta diferenciación entre *justicia* y *venganza* nos permite también plantear una pregunta respecto a las esferas en las que se ejerce la ley y la justicia. Dentro de las diferentes voces e historias que recoge Hilary Klein en *Compañeras*, la sección en la que se explora la justicia y la responsabilización comunitaria como parte de la autonomía zapatista hace hincapié en algo muy destacable: mucha gente de las comunidades no zapatistas en la zona acude de todas formas a la Comisión de Honor y Justicia Zapatista para lidiar con conflictos en lugar de apelar al Estado. El proceso implica una escucha diferente y una forma de resolución en la que es importante que haya un reconocimiento del error y que el proceso que le siga no esté predeterminado por números, sino que se decida en cada caso un tipo de medida a seguir.[36]

---

[35] Ángel Luis Lara, «Ética zapatista, la diferencia entre justicia y venganza», 8 de junio de 2014, disponible online en https://desinformemonos.org/etica-zapatista-la-diferencia-entre-justicia-y-venganza/

[36] Hilary Klein, *Compañeras. Historias de mujeres zapatistas*, Buenos Aires, Tinta Limón, 2019, pp. 107-108.

Mirando desde otros lugares

Las distinciones que creamos desde los espacios reflexivos y críticos pueden abrir espacios prolíficos para imaginarnos de manera diferente los sentidos de la legislación y las justicias. Existen muchas intervenciones feministas recientes que impulsan la necesidad de repensar radicalmente diferentes modos de ahondar en la ley y el rol de la legislación. Un texto reciente de Dean Spade analiza la complejidad de postular estrategias puntuales a nivel de la legislación sin terminar transformando esas demandas en el horizonte y meta de un movimiento rebelde.[37] Spade analiza cómo la fuerza de tantas luchas queer se fue neutralizando a partir de demandas de inclusión en formas heteropatriarcales del derecho, que hablaban de «igualdad» como forma de «adaptación» y adecuación (el «matrimonio gay,» por ejemplo). Sin moralizar entre la buena y la mala lucha, pero con un ojo alerta a la reiteración de esas capturas en el derecho, su análisis nos insta a ver la necesidad de insistir en sostener el sentido de un horizonte múltiple de las luchas. Nos habla de cómo mantener una relación claramente estratégica respecto a los cambios a nivel legal, recordando que ese logro *no sea postulado ni convertido en una única meta, para así poder mantener una mirada alerta al rol de las leyes en las sociedades en que vivimos.* Vemos a nivel del derecho la misma diferencia que se planteaba en relación con la demanda de salario doméstico: *no confundir una demanda con una meta.* Es una diferencia que puede ser muy productiva en el presente, porque apunta a lo que ha ido horadando las diferentes posibilidades de cambio cuando se mira solamente «desde arriba» y desde la lógica del milagro: tomar el Estado, cambiar el gobierno de derecha por uno de izquierda, etc., y ya todo se arregla. Se trata de un problema de escalas o niveles de procesos

---

[37] Dean Spade, *Normal Life: Administrative Violence, Critical Trans Politics, and the Limits of Law*, Durham, Duke University Press, 2015 [ed. cast.: *Una «vida normal». Violencia administrativa, políticas trans críticas y los límites del derecho*, Barcelona, Bellaterra, 2015].

de transformación donde atravesamos lo estructural legislativo, lo cultural espiritual, con la idea de romper con la
noción de «adaptarse» o ajustarse a modelos establecidos.

Un desafío actual que acompasa a las movilizaciones feministas y a los movimientos antirracistas viene
de cómo se piensan preguntas cruciales no solamente en
torno a cómo resignificamos las nuevas legislaciones en
cuanto derechos, sino a cómo establecemos *mecanismos
efectivos para su aplicación* (responsabilización) y a las relaciones entre dimensiones que interactúan y son cruciales
en la producción permanente de injusticia y de violencias.
Por eso quise mencionar la larga lucha en Cherán, dado
que cristaliza la multiplicidad de relaciones que van sosteniendo un proceso transformador de la vida en comunidad: defender el territorio, resignificar qué es seguridad,
reconectar con un sentido de vida y existencia colectiva
diferente que va cambiando al compás de nuevos desafíos.
La violencia de género empezó a disminuir a través de un
largo y sostenido trabajo cotidiano a múltiples niveles,
que atañen al sostenimiento de la reproducción de la vida
social en sentidos que implican la división del trabajo, la
recuperación de la palabra, el ejercicio participativo desde
la niñez y la juventud, la circulación del poder decir en la
fogata, el alejamiento respecto a los valores prioritarios del
capitalismo neoliberal y sus redes narcos en coordinación
con el poder estatal y local. Sin toda esa malla de transformación radical en lo que hace a la reproducción cotidiana
de la vida en un territorio común, no se puede entender
cómo las violencias, que estaban llegando ya a un punto
extremo, hayan ido ya disminuyendo.

En *The alchemy of law and rights* [La alquimia de raza y
derechos], Patricia Williams analiza cómo la ley se ha convertido en una mera *aplicación técnica*, separada totalmente
de un sentido de justicia, algo que recuerda de inmediato
a la retórica. Sin la posibilidad de redimensionar los sentidos de la justicia, sin ese horizonte, las legislaciones y sus
aplicaciones están reiteradamente condenadas a reproducir
formas constitutivas de injusticia. Partiendo de esa base, va
a las raíces de las palabras claves: *legal* viene de la raíz latina

lex para significar la ley en el sentido usual de códigos, reglas de conducta, obediencia, pero, nos dice, no contenía la
dimensión ética que habla de los sentidos y aspiraciones. En
este horizonte semántico, esto último vendría de la palabra
jus, de donde proviene *justicia*. Dice que cuando una sociedad solamente «obedece palabras sueltas, la ley se vuelve
estéril y formalista; *lex* se aplica sin *jus* y entonces se vuelve
injusta [...] Vivir tan solo acorde a la letra de la ley significa
que vivimos sin espíritu, que cada cual puede hacer lo que
quiera siempre que cumpla con ese sentido técnico».[38] La
«retórica» de la ley perpetúa las presuposiciones no cuestio-
nadas sobre las diferentes desigualdades e injusticias. Williams propone entender esto a partir del juego de las «omi-
siones constitucionales» desde quienes históricamente no
califican en las figuras de «persona» jurídica, pero se hace
como si esto no existiera a la hora de hablar de ley.[39] Cuando hablamos de redimensionar los sentidos de la justicia,
esta distinción es muy importante. La pregunta clave sobre
cómo transformar las condiciones que producen violencia y
daño en sociedades violentas y abusivas apunta al análisis
de dinámicas de relacionamiento social cotidiano, en lugar
de ver la violencia tal y como la representa la sociedad del
espectáculo: actos esporádicos y aleatorios de individuos
«enfermos» que actúan fuera de contexto.

Una de las claves que constituyen las diferentes intervenciones cada vez más expandidas en la búsqueda de
otros horizontes de justicia que no se limiten a la mera delegación a la burocracia estatal parten de la idea de que
podamos *volver a sentir una capacidad para intervenir en el
mundo cotidiano en el que nos movemos y donde acontece la
violencia en la trama de la vida*. Según diferentes investigaciones una parte importante de la violencia interpersonal
acontece entre personas que se conocen, sea familiares, redes de amig*s, grupos políticos, o de la escuela, liceo, universidad, personas que trabajan en el mismo sitio, trabajo,

---

[38] Patricia Williams, *The alchemy of law and rights*, Cambridge,
Harvard UP, 1991, pp. 138-139, traducción mía.

[39] Ibídem, p. 121.

vecin*s, del barrio, etc. Hablando de metodologías feministas para poder intervenir en situaciones de violencia o cuando nos cuentan acerca de ellas, Ann Russo explica que uno de los problemas que ha generado la delegación de la violencia interpersonal a la burocracia estatal es que perdemos *la capacidad de saber cómo responder, intervenir y actuar en nuestra vida más próxima en tiempo real*.[40] En los aprendizajes que vienen de las justicias alternativas, se enfatiza que las situaciones de violencia más extrema rara vez se dan en el vacío, porque existe un proceso en el que generalmente esta va escalando. Poder actuar antes de que se desencadene una situación de violencia más intensa es algo que muchas veces puede salvar vidas, pero vivimos en sistemas en los que se pone el énfasis en la acción posterior al hecho. Ese es un mecanismo que viene de las nociones retributivas de la justicia, que se enfocan más en medir el tipo de castigo que en la necesidad de atender a las condiciones de posibilidad de las violencias y a las maneras en que podemos interrumpirlas, imaginando mecanismos que nos permitan evitar los daños que generan contextos cada vez más injustos y violentos. Un modo de hacer frente a esta suerte de olvido respecto a cómo actuar nos hace dimensionar la necesidad de desplegar mecanismos de intervención a múltiples niveles, de conectar lo que nos enseñan a «separar» como luchas distintas. Insistir en la pregunta por la justicia desde estas zonas de cuestionamiento social que se van encarnando en nuevas lógicas desde los feminismos abre un sentido crucial para poder salir de la retórica del sistema de siempre. Nos permite ir más allá de la retórica inerte de hacer «como si» el sistema judicial fuera justo e imparcial y recobrar nuestra capacidad de preguntar y de imaginar prácticas para ir más allá de las nociones de «soberanía» patriarcal individualista en las que se basa el sujeto jurídico. Esa zona es un sitio de posibilidades que implican otro modo de atender a la configuración de otros sentidos de justicias en el contexto de una vida digna colectiva.

---

[40] Ann Russo, *Feminist Accountability*, ob. cit.

Agradecimientos

Un libro es un acto polifónico que expresa formas de interdependencia entre lecturas y conversaciones sin las cuales no existirían los saberes. Estas páginas serían imposibles sin los saberes que fueron gestados por personas, colectivos y organizaciones a lo largo de décadas. Un agradecimiento infinito a Silvia Federici, por su energía vital infatigable con la que nos enseña a pensar en relación con múltiples dimensiones y horizontes, atendiendo a la sabiduría gestada desde las luchas en torno al sostenimiento de la vida en común.

A l*s compañer*s de Critical Resistance, por las enseñanzas constantes que se generan en una organización que fue indispensable para la lucha abolicionista en Estados Unidos y que ha podido sostenerse a lo largo de dos décadas y media sin perder sus principios, integridad y análisis. En particular, a la práctica de aprendizaje cooperativo en la colectiva editorial del periódico *La abolicionista - The abolitionist*: Molly Porzig, Billy Ray Boyer, Rehana Lerandeau, Dylan Brown, Mar Golub, Jess Ho, Luigi Celentano, Liz Atkins-Pattenson.

A Verónica Gago, por la amistad y complicidad sostenida a lo largo del tiempo y por su generosidad para leer y comentar las diferentes versiones de este libro.

A Rafaela Pimentel, por la amistad y la enseñanza vital de lo que implica organizar en torno a los trabajos y saberes que sostienen la vida y que el sistema más denigró a lo largo de la historia.

A mi vecina Belén Marco, por las conversaciones haciendo barrio y el ánimo constante para confiar en lo que tramamos.

A las compañeras de Ni Muertas Ni Presas: Myrna Lazcano, Rosalba Palma, Gloria Ramírez, Marlene Ramos, Belén Marco, Ángeles Donoso, Cinthya Santos Briones y Amanda Sommer, con quienes compartimos el momento pandémico desde la intensidad de organizarnos para la liberación de las compañeras presas por migrar.

Especial mención también a los pozoles de Doña Felipa y a tod*s los grupos que en red incondicional permitieron una infraestructura sin la cual no es posible la salida de detención: Rosa Santana, con First Friends y el New York Immigrant Freedom Fund, hoy Envision Freedom, el Immigrant Defense Project, la red de Abolish ICE NJ-NY, las llamadas semanales del Queer Detainee Empowerment Project, l*s compañer*s de Cosecha y del Ridgewood for Black Liberation.

A las compañeras de la Colectiva de investigación feminista sobre violencias / Feminist research on violence: Silvia Federici, Begoña Santa Cecilia, Alejandra Estigarribia, Belén Marco, Jesal Kapadia, Lewanne Jones, Elizabeth Downer, Alice Markham-Cantor y Anna Fox, con quienes tramamos y sostenemos red desde el afecto a lo largo del tiempo.

A l*s compañerxs y colectivas de La Laboratoria, con quienes compartimos saberes militantes y formas organizativas desde la conversación y el afecto: Marta Malo, Cristina Vega, Verónica Gago, Lotta Meri Pirita Tenhunen, Fernanda Martins, Nazaret Castro, Ana Julia Bustos, Ana María Morales, Beatriz García, Luci Cavallero, Andrea Aguirre, Marianita Collaguazo, Débora Ávila, Helena Silvestre, Kruskaya Hidalgo.

A las compañeras de Mujeres de Frente en Ecuador y Nociones Comunes en Madrid, por el sostenimiento de espacios de lucha en donde se gestan saberes claves.

A las amigas y compañeras que en espacios universitarios me invitaron a compartir estas reflexiones: Marisa Belausteguigoitia y Leticia Farfán, del PUEG en la UNAM, Ana Sabau y Dan Nemser, en el programa de Lenguas Romance en la Universidad de Michigan, y a Mariana Menéndez, María Noel Sosa, Victoria Furtado, Siboney Moreira, Mari Ana Folle, Valeria Garabino y Rossana Falero, en el semillero del programa interdisciplinar «Mujeres, luchas sociales y feminismos» en Uruguay. Mucho de este libro comenzó en los talleres de feminismos y justicias en Montevideo, tramados desde la universidad y desde la red de Minervas en el año anterior a la pandemia.

A Tinta Limón, por la confianza y el trabajo para hacer posible esta publicación; especialmente, a Andrés Bracony y a Elina Kohen, por toda la dedicación y artesanía que implicó la edición de la versión final del texto. Y a Traficantes de Sueños por la edición española.

A Vicente y Simón, por acompañar de múltiples formas la gesta de este libro desde el amor y la complicidad que irradia la magia de sostenernos en convivencia.

A mi mamá, Susana, por enseñarme muchos sentidos de la palabra *luchar*.